区块链

赋能万物的事实机器

[美] 保罗·维格纳（Paul Vigna）
[美] 迈克尔·凯西（Michael J. Casey）◎著 凯尔◎译

THE TRUTH MACHINE

The blockchain and the future of everything

中信出版集团·北京

图书在版编目（CIP）数据

区块链：赋能万物的事实机器 /（美）保罗·维格纳，（美）迈克尔·凯西著；凯尔译. --北京：中信出版社，2018.7（2019.10 重印）

（万向区块链实验室丛书）

书名原文：The Truth Machine：The Blockchain And The Future Of Everything

ISBN 978-7-5086-8975-3

Ⅰ.①区… Ⅱ.①保… ②迈… ③凯… Ⅲ.①电子商务—支付方式—研究 Ⅳ.①F713.361.3

中国版本图书馆 CIP 数据核字（2018）第 101919 号

区块链：赋能万物的事实机器

著　　者：[美] 保罗·维格纳　[美] 迈克尔·凯西
译　　者：凯　尔
出版发行：中信出版集团股份有限公司
（北京市朝阳区惠新东街甲 4 号富盛大厦 2 座　邮编　100029）
承 印 者：中国电影出版社印刷厂

开　　本：880mm ×1230mm　1/32
印　　张：13
字　　数：230 千字
版　　次：2018 年 7 月第 1 版
印　　次：2019 年10月第 5 次印刷
京权图字：01－2018－3597
广告经营许可证：京朝工商广字第 8087 号
书　　号：ISBN 978-7-5086-8975-3
定　　价：58.00 元

目　录

推荐序　**区块链：账户革命** / *1*

前　言　**管理自己数据的新世界** / *9*

引　言　**一个构建社会的工具** / *13*

第一章　**上帝协议**

信任泡沫 / 7

信任与“账本” / 12

上帝协议 / 18

一个就事实达成共识的新工具 / 21

第二章　**“治理”数字经济**

黑客的梦想 / 30

设计层面上的安全性 / 35

一个带有中心化信任的去中心化经济 / 40

互联网缺失的一环 / 44

代码并非法律 / 47

第三章 **技术与政治**

密码朋克的圣杯 / 62
比特币的“内战” / 72
以太坊：一个无法停止的全球计算机，但它有漏洞 / 82
是否有一种更好的比特币 / 91

第四章 **代币经济**

勇敢的新型广告经济 / 100
淘金热 / 110
美国证交会给的是警告还是绿灯 / 124
开放协议的黄金时代 / 130
数字化的物物交换 / 131
信誉代币 / 134
通往代币经济 / 137

第五章 **赋能第四次工业革命**

从根源拯救物联网 / 147
可信计算 / 151
区块链能源 / 160
追踪我们制造的东西 / 169

第六章 **保守势力的新造型**

华尔街在寻找另类方案：私有区块链 / 189
金融危机的修复方案 / 193
另一种模式：央行的法定数字货币 / 200
超级账本联盟的内部斗争 / 204
许可型方案的局限性 / 210

第七章 **用区块链造福社会**

各式证明 / 218
数字化时间戳 / 222
释放“呆滞资本”的重大希望 / 228
土地领域以外的应用 / 232
所有人都能使用的货币 / 236
利用社区关系 / 243

第八章 **一种自我主权的身份机制**

重新定义身份 / 257
这实现起来并不容易 / 264
我们能承担身份问题得不到解决的风险吗 / 268

第九章 **任何人都是创造者**

恢复艺术家的控制权 / 286
建造元数据银行 / 298

第十章 **数字时代的“新宪法”**

让互联网重新去中心化 / 313
技术的光芒在权力的殿堂绽放 / 316
将“无须信任”的软件带到信任的社区里 / 321
公民权利的崛起 / 325
我来过，我的人性很重要 / 327

致 谢 / 330
注 释 / 335
索 引 / 365

推荐序　区块链：账户革命

众所周知，人类社会最基本、最核心的经济关系就是交易。为了快速、有效、低成本地开展复杂的交易活动，社会在漫长的发展过程中衍生出一系列的记账方法和账户体系，这极大地扩展了人类经济活动的规模。在现实经济中，每个人最基本的账户体系是银行账户，在这之上又衍生了诸如养老金账户、保险账户、证券账户，甚至包括互联网钱包等形式的账户，但这些都是基于银行的账户体系建立起来的。从 2009 年开始，区块链、分布式网络、密码学算法等新兴技术带来了一套新的，不依赖于现有金融账户体系的记账方法、账户体系和记账单位（分布式账本、密码学账户和加密数字货币）。这种改变是具有颠覆性和革命性的，它会带来很多全新的金融交易模式和经济交易模式，这也是本书所探讨的内容之一。

账本的历史演进过程

过去 500 多年，人类使用的是名为复式记账法的记账体系

（借方：贷方，资产方：负债方，收入方：支出方等）。如果你看过莎士比亚的戏剧《威尼斯商人》，就知道在文艺复兴时期，意大利因它特殊的地理位置——地中海东岸，发展成为全球的贸易中心。意大利通过地中海，在中东和亚洲进行了很多跨国、跨洲的贸易。即使到了今天，这种形式的贸易也仍然是非常复杂的，这自然就需要复杂的金融服务体系的辅助。1494 年，一位意大利数学家依据文艺复兴时期威尼斯商人在记账方法上的尝试和创新，总结出了一套复式记账法。第一家现代意义上的银行诞生在威尼斯，它建立的背景就是基于威尼斯在全球贸易当中的角色，以及复式记账法在当地得到推行的先决条件。直到今天，复式记账法依然没有脱离当年的框架。

复式记账法被引入中国是近代的事情。在这之前，我们一直只记收入与支出，也就是我们通常所说的“流水账”。这也是现代商业或现代金融服务很晚才在中国出现的原因之一。当现代意义上的银行业一进到中国以后，清朝末年的传统票号、钱庄等就丧失了竞争力，因为它们还在依靠年终盘点才能知道当年是盈是亏。复式记账法最大的特点是把借方、贷方、资产、负债、收入和支出都做了平衡的记录，从而为上述问题提供了解决方案。但是，随着人类社会经济活动规模的扩张，复式记账法也开始暴露出一些不足之处，这从本书相关章节描述的问题中可见一斑。

分布式账本产生的背景及特性

区块链及分布式账本技术带来了一种具有颠覆性的账本模式。第一，分布式账本是基于分布式共识算法建立的，记录的是数据流，不再是简单的一串数字。第二，记账方法属于第三方记账（我们都知道复式记账法是各自记各自的账）。第三，共享记账，所有人在同一个账本上共享及共同管理账目信息。第四，它是一个全信息的账本，不仅记录资金流，也记录信息流，所有东西都可以共同记在一个账本上（同一个全局的数据库里面）。

分布式账本诞生的背景，实质上是人类社会的“数字化迁徙”。简单来说，就是人类社会正在从工业社会走向信息社会，从物理空间走向信息空间，从原子状态走向比特状态，从低维走向高维。最近几年，一系列的新技术都不约而同地进入爆发期：人工智能、生命科技、移动互联、云计算、大数据、区块链等，它们就像三级火箭一样，助推人类社会更快地飞向数字世界新大陆。

何谓低维走向高维？在中国有两个非常鲜明的案例。一是外卖。网上有一个段子，“打败康师傅方便面的不是统一方便面，而是外卖”。当你在家里半小时内就能吃到各国各地的美食之后，就不会再选择吃方便面，因此，方便面的销量大幅下降。但是创造互联网外卖的这些人，初衷并不是和方便面竞争，他们其实站在更高的维度。另一个案例是手机支付，“打败小偷的不是公安，而是手机支付”。现在很多中国人已经不会携带大量现金了，因此小偷的“职业”就受到了很大的冲击。但是，支付宝和微信支付的初衷并不是打击小偷。可见，在更高的维度建好商业模式以后，旧世界的很多东西自然就要被淘汰、被消灭。这就是分布式账本产生的大背景。

当在数字世界重建了这样一个数字经济体时，我们需要有新的记账方法（分布式账本）和新的账户体系（密码学账户），甚至是新的记账单位（加密数字货币）。现有的体系已经难以满足数字世界里一整套新的、在更高维度建立起来的经济体。

从工业社会向信息社会的迁移，导致经济出现了一些新的规律和规则。在过去几年里，已经有不少观察家和经济学家对此做过总结，比如谷歌的首席经济学家撰写过一本书叫《信息规则》，还有凯文·凯利的《新经济新规则》等。

分布式账本带来的变革

首先从交易成本来说，分布式账本的边际成本为零。大家都知道，我们需要公司这种组织形式，是因为它能把某一部分市场流程内化成为企业内部流程，以此来降低交易成本。可见，企业存在的边界，就是内部成本必须低于市场成本。但当边际成本为零的时候，还需要“公司”这种形式吗？

有一本书叫《零边际成本社会》，而“零边际成本”只有在数字世界才可以实现。过去分享 1 首歌给 1 万个人，需要刻成 1 万个 CD，只要涉及原子，涉及物理状态，边际成本一定是增加的。但是通过互联网分享 1 首歌给 1 万个人的边际成本是零，因为给 1 个人听和给 1 万个人听，成本不会显著增加。零边际成本直接导致了企业的存在价值被质疑。在区块链世界里，几乎没有中心化的商业组织。以比特币区块链为例，其所有的知识成果是开源的，它没有股东会、董事会、员工、办公场地、营运收入等。这样一个非常纯粹的去中心化、无人掌控的商业系统，我们也找不到它在哪个国家、哪个辖区注册，甚至不知道创造它的人是什么性别。

在传统的经济体当中，一个连创始人是谁都不知道的商业项目，还能发展近十年，并且吸引全球数千万人参与其中，这肯定是不敢想象的。自主组织、自主治理在数字时代会成为数字经济常见的组织形态，它不存在股权架构，无法用出售股权的方式来融资，因此它开始用代表某种使用权的凭证去融资。假如这种模式可行的话，整个数字经济体甚至可以靠算法来驱动，从而脱离董事会、股东会等决策机制，也不会存在人力资源部门、财务部门、办公室等。但是它总要有一套规则来运行，这个规则就是“算法”。

不仅是比特币区块链，所有类型的区块链都是由一整套的算法构成的，如非对称加密算法、哈希算法、共识算法、零知识证明算法等。其实，人工智能也是由算法驱动的，它是数据、算法与计算能力结合的产物。由此可见，人工智能和区块链的核心都是算法。当然，区块链侧重于加密算法和共识算法，而人工智能侧重于深度学习、自然语言等智能算法。所以说，在一个以计算机代码为通用语言的数字世界里，一切都是并且只能是由算法来驱动的。算法驱动下的数字世界，摩擦系数更低的经济自组织，自然就取代了摩擦系数更高的公司制度。

在这个数字化的“新世界”、“新大陆”里，一切都被“数据”重新定义。分布式账本为这些新经济、新规则提供了一套记账方法和账户体系，可以帮助这个新经济更好、更高效、更低成本地运行。记账方法是一整套方法体系，记账方法要落地，需要落在账户上面，所以账户是记账方法的基础。在分布式账本上，账户发生了崭新的变化。

分布式账本相较现有账本体系的优势

第一，区块链账户和现有的银行账户体系有很大的不同，它的开户不一定需要去银行柜台提供个人资料及接受银行的资料审核。在公有的区块链上开通账户不需要任何人的许可，只需要用非对称的加密算法生成一对密钥，这个账户就开通完成了。

第二，加密账户体系实际上是计算机程序，是一串代码，对这个账户可以进行编程，使它可以智能化，可以跟智能合约结合在一起做很多事情。

第三，这个账户已经法人化了，唯一能够证明你持有加密货币的权属就是私钥，没有任何第三方中介机构来帮忙确认数字货币的权利，也就是我们的产权。

第四，开户者无特定对象。在加密账户体系上不仅个人可以开账户，机构可以开账户，未来互联网上的上万亿台传感器等设备也可以在上面开设自己的账户，这是和银行账户巨大的不同。将来更多的账户、交易是在机器和机器之间完成的，而不是人和人之间。如现在发展迅猛的物联网边缘计算场景，需要上百亿、上千亿台机器各自在本地计算，若要将海量数据实时、全量发送到某个数据中心处理，那显然是不现实的。再比如无人驾驶汽车，如果它在路上行驶的时候要把所有的影像传回一个中心化的服务器，再发出指令给司机，那么这样的延迟将有可能造成很多交通事故。所以，在未来有很多交易会在机器和机器之间直接发生。这样的交易甚至能够以无须许可的方式实现。

但有一个问题，如果开户无须许可，那怎么评估一个人的好坏，怎么评估他的信用，怎么决定提供什么样的金融服务给他呢？这也是本书所探讨的一个内容。区块链有另外的一套方法来确保一个坏人即使开立了区块链账户，他的恶意行为所造成的影响也是有限的。其数学算法能确保一个坏人在区块链上没有办法作恶，或者他的作恶成本和收益不成正比，导致他不能或者不想去作恶，这是数字世界一套新的治理规则。

第五，它是无中心化的、依赖数学规则的记账方式。现有的体系有记账的确认者，但区块链没有。区块链是多方共同记账，共同来维护一个账本，使得信息完全对等透明。完全对等透明就使我们可以通过算法博弈论，来得出最优的结果。如果在一个信息不透明的环境里，两个人去博弈，往往会出来最坏的结果，即所谓的囚徒困境。倘若能改善信息的透明度，就能更好地解决此类问题。

第六，在区块链上，多种事务可以在一个账户上记账。这使数据维度更多，事务的真相更透明。除了有资金流，还可以有信息流、物流以及社会关系。也可以把社交网络的信息和账户对应起来。这样可以用另外一套办法做风险管理，从而使金融服务可以达到“秒”级响应。

第七，区块链的账户体系是真正实现了穿透原则的账户体系。银行都希望能够穿透，可是有谁能够穿透得像区块链账户那样呢？最原始的数据、最原始的资料、最原始的信息都可以被掌握和穿透，而且不可篡改、永久保存、可以追溯。记账依靠共识算法，交易清算和结算是同步完成的。因为是同步完成，所以区块链上记账的时间单位是“秒”，结算方式是实时逐笔结算，交易方式是全球 7×24 小时跨时空交易。

值此《区块链：赋能万物的事实机器》出版之际，谨以此为序！

肖　风

中国万向控股有限公司副董事长

万向区块链实验室发起人

2018 年 6 月 15 日

前言　管理自己数据的新世界

此前在《加密货币时代》（*The Age of Cryptocurrency*）一书中，我们对比特币（Bitcoin）这种数字货币进行了探索，并分析了它作为一套更公平的全球支付系统的前景，它将无须依赖银行或其他金融中介机构也能运作。正在该书将要印刷之际，比特币更广泛的应用崭露头角。人们开始思考，人类社会在进行资产交易、合同签署、财产确权，分享有价值或敏感的信息时，如何利用比特币的核心运作机制，解决彼此之间的信任问题？各国的公司、政府及媒体都对这项技术产生了浓厚的兴趣（甚至狂热），这就是后来被称为“区块链”的技术。

众所周知，建立信任是一个长期存在的难题，而区块链技术被视为解决这个难题的希望。在无须将数据记录过程依托于一个中心化的中介机构的情况下，区块链技术让一个社区可以追踪其中发生的交易，这样人们就有可能绕过那些控制着社会价值交换过程的中介机构。例如，在一个由“产销者”（prosumers）家庭构成的社区中，各家庭既需要消耗电能，又会通过装设在自家房顶的太阳能电池板来生产电能。这些家庭就有可能通过区块链技术在一个去中心化的市场里互相进行能源交易，而无须遵从那些追逐利润的公共事业公司所设定的费率。还有类似的例子，房产持有人、买家及住房抵押贷款者无须再将契约和留置权的记录单独存放在不可靠的政府登记处。利用区块链技术，就能够在去中心化的网络中建立一个不可篡改的数据库，用于存放这些记录，这是一个更可靠的解决方案，而且它出现腐败、人工错误或盗窃等风险的概率会更低。现在已经有很多新的应用案例，让人们开始关注这种创新性的想法，而以上例子仅仅是其中的一部分。

公众意识觉醒的时代潮流给我们的生活带来了两个重要的影响。首先是我们中的一员迈克尔·凯西（Michael Casey），他对区块链技术改变世界的潜力非常兴奋，决定结束长达 23 年的记者生涯并全职参与区块链产业。在《加密货币时代》一书出版后不到六个月，他离开了《华尔街日报》，加入了麻省理工学院（MIT）的媒体实验室（Media Lab）。该实验室的主任伊藤穰一（Joichi Ito）见证过互联网发展早期的软件发展状况，并注意到比特币的兴起与前者的相似点。作为一个狂热的爱好者，伊藤穰一再次感受到人们对一个全新的去中心化架构的热情，后来他构思了一个计划，将有影响力的学术和金融资源，引入发展这个新兴技术的关键任务中；而他的工作成果，就是麻省理工学院的数字货币计划组织（Digital Currency Initiative）。在这个旨在促进协作的中心，知名学者及密码学、工程学、金融学等领域的学生，可以与《财富》500 强企业的战略家、创新型初创企业、慈善家及政府官员合作，共同设计“价值互联网”（Internet of Value）的数字化架构。当迈克尔·凯西收到加入该计划的邀请时，他很庆幸在这场经济革命的起步阶段就得到了如此千载难逢的机会。

第二个影响，就是你正在阅读的这本书。在此前的《加密货币时代》一书中，我们主要关注了比特币核心技术的单一应用案例，即其颠覆货币和支付体系的潜力。不过，自从该书出版后，我们意识到撰写技术文章的风险，毕竟技术始终在改变，而印刷在纸上的文字却很难改变。实际上，在这三年，很多事情都发生了变化，所以我们只能再写另一本书。本书将我们在 2015 年开始的研究进行了扩展，它将会探索比特币技术及其各式分支应用将怎样引领社会组织架构的重构并带来更多全新的应用方案。

在 21 世纪，权力掌握在那些有权收集、存储、分享数据的机构手中。控制了信息就等于控制了世界，我们可以从谷歌（Google）和脸书（Facebook）这样的技术巨头持续增长的影响力印证这个现象。这些高度中心化的公司一直在收集我们的信息，而这些信息又与我们的身份及社会交往息息相关。如果你还不明白为何这是个大问题，可以参考一个现实案例：我们知道，2016 年美国总统大选期间出现了不少爆炸性的议题，而脸书幕后的算法其实起到了推波助澜的作用。脸书毕竟是个商业机构，其平台的算法肯定是以其商业利益为重。在脸书的影响下，社交网络的成员会更倾向于创造和传播半真半伪的信息，以在同好者的圈子里寻求共鸣和兴奋感。可想而知，这对我们的政治环境会产生什么样的不利影响。

区块链背后的思维方式带来了一场风暴，人们开始思考如何彻底改变权力集中化的结构，将控制和管理信息的权力迁移到一个无人掌控的去中心化系统中。它让我们想象一个并非由谷歌、脸书甚至是NSA（美国国安局）控制的新世界。在其中，民众作为全球社会的核心要素，将有权主张管理自己数据的方式。

我们深感将此主张宣扬开来的重要性，而本书正是我们为达成这个目标所做的尝试。

引言　一个构建社会的工具

在约旦首都安曼以西 9 700 米处，有一片面积为 14.5 平方公里的土地从约旦沙漠中延伸出来。这片干燥、崎岖、多石的土地，就是联合国难民署阿兹拉克（Azraq）难民营的所在地。

在这里，一排排白色钢瓦楞板房，以行军式的阵列排列开来，成为 32 000 名处于危急关头的叙利亚人的庇护所。阿兹拉克难民营正面临着相当于一个小型城市的后勤挑战。虽然联合国难民署和其他援助机构能够为难民提供食物、庇护所和一丝希望，但由于这里缺乏普通城市中常见的，能为居民提供有序、安全和运作保障的各种机构和基础设施，导致这些救援机构一直无法解决这里的后勤问题。

难民营，顾名思义，缺乏政治学者所说的“社会资本”（social capital）。社会资本是指由长期的关系和信任纽带凝聚而成的网络，这些网络让各种社区能正常运作、参与社交互动并进行交易。而不难看出，阿兹拉克难民营在这方面尤其匮乏。这里有警察，但他们都是约旦人，并不归属于此地的民众和社区。虽然此地的犯罪率低于临近的萨塔里（Zaatari）营地（该地有13万叙利亚人，联合国的一份报告将其居住状况描述为“法外之地”），但这个炎热、干燥、崎岖、多石的地方也不太受人欢迎。2014年，阿兹拉克营地的设立被视为代替混乱的萨塔里营地的选择，但难民抱怨这里缺乏生存所需的基本条件。这里电力设施奇缺，意味着无法给手机充电，也就无法与家人和朋友联系了。这里没有运作正常的、可信任的社区，这让难民笼罩在可能被极端组织绑架的恐惧阴影之下。一开始，很多人拒绝搬迁到阿兹拉克营地。虽然最近该营地的入住人数增加了不少，但与其能够容纳13万人的设计容量相比，人数还是远远不足。

人们试图寻找全新的社区治理、机构创立和资源管理的模式，而这个拔地而起的城市，急需可运作的“社会资本”，因此，它作为这场实验的试点，可谓是恰逢其时。比特币的底层技术“区块链”（一种去中心化的账本记录系统）在这个实验中作为核心角色，提供了一种更可靠、更及时的追踪交易方式。

世界粮食计划署是联合国的机构之一，它负责为全球范围内的8 000万人提供食物。这个机构正通过一个使用区块链技术的试验项目，为1万名阿兹拉克营地的难民提供协调度更好的食物分发机制。为实现这一点，该机构正在解决一个管理上的难题，即在这种盗窃现象猖獗、大部分人都没有携带身份证明文档的环境里，应如何确保食物分配的公平性？

43岁的纳贾·萨利赫·阿尔－穆罕默德（Najah Saleh Al－

Mheimed）是因长久、残酷的内战，而被迫离开家园的500万叙利亚人中的一员，她也是这个项目的参与者之一。2015年6月上旬，日趋严峻的食物短缺问题和临近村庄女孩被武装分子绑架的报道，促使纳贾·萨利赫·阿尔-穆罕默德和她丈夫做出了一个重大决定——离开几代人居住的家乡哈沙卡（Hasaka）。在阿兹拉克营地工作的世界粮食计划署工作人员，代表我们进行了一场采访。她在采访中说道："我向上帝祈祷，希望没有人会再见证如此惨况。"[1]

以前叙利亚曾是一个统一的国家。在抛弃了房子、资产、邻居和家庭圈子以及与叙利亚这个国家的关联后，她也失去了我们习以为常但极为重要的东西—— 一个负责构建信任、身份及保存记录的社会体系。这个体系将我们的过去与现在联系在一起，让我们立足社会。这个信息融合的体系本可证明我们作为社会的一员可以被信任，但这个体系在历史上就一直依托一些机构而存在，这些机构会记录和确认我们的各种生活事件、证书（如银行账号、出生证明、地址变更、教育记录、驾照等），也会追踪我们的金融交易。如果失去了这些信息（这对被迫成为"无国籍"的难民来说是家常便饭），人们就会处于岌岌可危的境地，这就让世界上声名狼藉的犯罪组织和恐怖组织有机可乘。如果无法证明自己的身份，你的命运就可能被陌生人掌控。在联合国难民署和世界粮食计划署这类机构所做的事情中，设立替代性的社会机构是一个核心任务，这个任务与提供食物的重要性不相上下。

区块链：赋能万物的事实机器

在全球范围内，流离失所的人们居住在脏乱的“帐篷城市”中，而这些人道主义机构必须面对在此类城市重构社会信任系统的严峻挑战。实际上，这是在重新构建社会。区块链技术就提供了实现这个任务的工具。

以前，在这个领域，人类需要依赖可靠的机构去记录人们的社会互动、证明人们的各种主张有效，而区块链技术自身就可以实现这些功能。在这个系统中，因为基于区块链的程序具有的复杂特性，带来了一套不受任何中心化实体控制而所有人在任何时候都能观察、校验的交易记录，这是一种以前从未有过的新事物。因此，我们无须再依托各式机构去维护交易记录并为我们提供担保了。这意味着两个改变：没有人能够通过修改数据来满足自己的私利；所有人对自己的数据都有更高的掌控权。现在，你应该明白为何这个想法会为数百万流离失所的叙利亚人带来新希望。

在难民营中，食物供应非常短缺，而有组织的犯罪团伙一直通过盗窃和囤积食物获取利润。就如区块链和分布式账本可以确保用户无法“重复花费”（double – spending）自己持有的货币（即防止猖獗的数字化造假行为）那样，阿兹拉克营地的区块链实验能够确保人们无法重复花费自己的食物津贴，这在难民营是一个很重要的需求。这意味着像纳贾·萨利赫·阿尔–穆罕默德这样的难民可以持续证明自己的账户是有效的。在现金—食物券体系中，经常会出现周期性的混乱，影响食物分发记录的可靠性，为食物供应工作带来严重影响，这也使管理者一旦检测到不一致的异常后，就觉得自己需要先中断受影响人群的食物供应，直到状况解决为止。上述的区块链实验将可能终结这种困局。

在这场新实验中，难民和食物商家之间的支付行为，通过扫描该难民的虹膜就能完成。这样，人们的眼睛实际上就成为某种数字钱包，他们不再需要现金、食物券、借记卡或智能手机等，并在一定程度上降低了被盗的危险。（当然，你可能对扫描虹膜存在隐私方面的忧虑，我们会在下面讨论。）对世界粮食计划署而言，由于这个机制移除了此前负责支付体系的汇款服务机构和银行等中间机构，这样的转账电子化变革会节省数百万美元的费用。

因此，当难民用自己的“数字现金”买面粉时，其交易记录就会自动登记在一个透明的、无法篡改的账本中。这个永久保存、持续更新、高度可靠的记录保存模式，意味着世界粮食计划署即使没有维护中心化的记录，也能够在任何时候看到全部的交易流程。这个组织可以在无须承担银行或支付机构的中心化角色的情况下，就能实现一套覆盖整个营地的支付系统。

与此相反，联合国难民署整合到世界粮食计划署区块链解决方案中的身份识别项目，却是在一个中心化的数据库中，这让批评家产生了忧虑。这样的系统将大量的数据集中在一个地方，提供了单一的攻击向量，很容易受到黑客入侵。在这个案例中，理论上这样的风险会让这群本来就很脆弱的人遭受威胁。试想一下，万一载有生物标识的数据库落入了“伊斯兰国”这样具有种族清洗思维的组织手中，那将会有多么可怕。在这些批评的声音当中，不乏区块链领域的参与者。他们平时对隐私权的保护尤为重视，而一些人正思考如何使用区块链技术将身份识别信息的控制权分散，这样人们就不会再受到单一的数据库被入侵的威胁了。但是，世界粮食计划署和联合国难民署已经决定，除非批评者倡导的“自我主权”解决方案走向实用阶段，否则这套无缝的、无现金的体系所带来的收益，还是远远超过了它可能带来的风险。

据世界粮食计划署发言人亚历克斯·斯隆（Alex Sloan）所说[2]，这场实验已经展示出成果：它节省了不少费用，而且创造了更高效的方式，用以处理难民账户中出现的不一致记录。因为这个实验非常成功，所以该机构正寻求将服务的覆盖范围扩大到 10 万名难民。亚历克斯·斯隆说，在不久的将来，2 000 万名接收现金补贴的食物救助计划受益者，将可以参与这个区块链项目。现在，全世界面临着有史以来最大的难民危机，这是人们的贪婪和为私利追逐权力而带来的结果，也与西方失败的调和政策分不开。我们有必要为这些人的生活带来一点安全感，为他们提供一个构建信任的平台，让他们重获新生。或许，区块链技术最有可能实现这个目标。

世界粮食计划署在阿兹拉克营地的实验，只是国际机构探索用区块链技术解决贫困问题的例子之一。2017 年联合国纽约总部的一群区块链爱好者建立了一个网站，号召联合国的雇员一起协作。这个组织很快就在全球范围内招募了 85 名联合国雇员，现在正与挪威等政府一起，进行多个利用区块链技术解决发展问题的尝试。2017 年 6 月，世界银行成立了一个新的区块链实验室，并注入了资金，以探索用区块链技术建立不可侵犯的产权记录及安全数字身份，从而解决贫困问题。美洲开发银行（Inter - American Development Bank）与麻省理工学院的数字货币计划一起，试图探索贫困的拉丁美洲农民如何通过商品仓库里经区块链验证过的可靠记录来获取贷款。像世界经济论坛（World Economic Forum）和洛克菲勒基金会（Rockefeller Foundation）这样的非营利性国际组织也在探索这个领域。

密码学自由主义者与“密码朋克”运动（Cypherpunks）为我们带来了比特币，并构建了无政府主义数字技术。那么，究竟这些已有数十年历史的国际组织在这项技术中看到了什么闪光点？其实，前面提到的阿兹拉克这类难民营总是会出现社会资本短缺的情况，而这些国际组织认为，区块链的去中心化计算模式能够为解决这些问题提供帮助。通过创造一个任何人或中介机构都无法篡改的记录，并存储社区成员的交易和活动数据，联合国的区块链实验创造了一个信任的基础，让人们可以彼此安全地互动并进行价值交换。这是一个可解决长久的信任问题的更新颖、更强大的方案，意味着它可以帮助各式的社会构建社会资本。对很多发展中国家来说，这是一个很有吸引力的想法，因为它们将可以像发达国家那样运作经济活动。例如，低收入的房屋持有人可以得到住房抵押贷款；街头小贩可以得到保险。对我们来说，参与经济活动似乎是一件理所当然的事情，但对数十亿的贫困人口来说，这种实验将有可能让他们第一次得到参与经济活动的机会。

不过，除了在发展中国家、非营利性机构及发展事业领域，区块链技术在其他领域也显示出其潜力。在发达国家及财富 500 强公司的董事会中，有一股力量也在试图发掘这个被认为是进一步推动经济增长的主要动力的技术。这是因为人们认为区块链技术有能力替换陈旧的、中心化的信任管理模式，这会直接关系到社会及经济的核心运作方式。

我们一直依赖诸如银行、政府登记处等中介机构参与经济活动。这些“可信任的第三方”替我们维护相关记录，这样我们就可以依靠这套体系去彼此互动、交换价值，并期望可以建造生机勃勃、运作良好的社会。问题是，这些收取费用的机构就像守门人一样，控制着我们在商业互动中交往的对象，为我们的经济活动增加了耗费及摩擦，而且这些机构还常常让我们失望。回想一下，2008 年的经济危机就是银行违反了诚实记录的职责所引发的；还有，它们总是滥用收费的权力哄抬价格并收取昂贵的费用；此外，在一些场所，特定的信任缺失状况让人们无法进行商业来往，而指望这些收费高昂、低效的机构解决这类场景中的问题，在经济上是不现实的。因此，如果我们可以绕过这些中介机构，不但能省下不少钱，还能开创此前无法存在的商业模式。

在区块链发明之前，互联网就已经让我们走上了去中介化的路径。但值得注意的是，在每一项移除了传统中间人的互联网新应用中，总会有一个技术去帮助人们处理长久存在的不信任问题。十年前，谁能想到人们会乐意乘坐刚从手机上找到的陌生人所驾驶的汽车？优步（Uber）和来福车（Lyft）这类打车软件整合了信誉评分机制去评价司机和乘客，让我们迈过了这个不信任的问题，而这个机制是由社交网络和通信业的发展支撑起来的。这两个公司的模式表明，如果我们能够用技术解决信任问题并让人们有交易的信心，人们就有意愿和能力去与陌生人直接交易。这些想法让我们踏上了点对点的经济路径。

区块链技术让我们意识到，我们不应该止步于优步这样的模式。我们为何需要这个每次车程都收取25%的费用，并总是以“上帝视角”窥探乘客车程的公司[3]？要不要干脆来个完全去中心化的解决方案？这就好比总部在以色列特拉维夫的区块链共享汽车应用通勤者（Commuterz）那样，没有任何人能掌控这个平台，这跟比特币基于任何人都可以下载的开源软件协议的特性是一样的。在这样的模式中，没有所谓的“通勤者有限公司”会收取25%的费用，与此相反，用户拥有一套数字货币系统并在其中交易，让他们有动力共享车程以减少交通拥堵状况，并为所有人降低交通费用。

这个总体思路是，将信任的管理分发给一个由共同协议引导的去中心化网络，而非依赖某个可信的中介机构，再引入全新的、数字化的货币、代币和资产，我们可以改变社会组织的根本性质。我们可以鼓励此前无法存在的新型协作方式的出现，革新一系列产业，转变组织的设置方式。确实，区块链技术具有广泛潜力。下面列举了一些潜在的例子，但并没有覆盖所有的可能性：

· 不可侵犯的产权记录，人们可以证明对自家房产、汽车或其他资产的所有权；

· 银行和银行间实时、直接进行的证券交易结算，这可能会开启一个万亿美元的银行间市场，替代涉及数十个特定机构并需 2 ~7 天才能完成的模式；

· 自我主权身份识别机制，无须依赖某个政府或公司去建立个人身份；

· 去中心化计算，能够通过普通用户的计算机硬盘和运算能力代替各种公司的云计算和网站存放业务；

· 去中心化的物联网交易，在其中设备能够直接进行安全对话和交易，移除了中介机构带来的摩擦，为运输产业和去中心化能源网络带来很大的发展潜力；

· 基于区块链的供应链，其中各家供应商在某种特定商品的生产流程中，可以使用一个共同的数据平台去分享其业务流程，最大限度地提高可追责性、效率及融资机会；

· 去中心化的媒体和内容平台，这将为音乐家和艺术家赋能，此外，在理论上，任何人在网络上发布有价值的信息后都可以管控和追踪这种“数字资产”。

去中心化的核心目标，启发了参与建造互联网 1.0 的早期网络先锋，而区块链技术可以帮助实现评论家所说的互联网 3.0 时代[4] 的愿景，即将去中心化这个目标引入网络的重构当中。事实证明，单纯地让计算机网络直接共享数据，并不足以防止大型的公司机构把控信息经济。硅谷那些反对现有体制的程序员没有料想到信任的挑战，也没有意识到社会在传统上就是依托于中心化的机构去处理这些问题。这样的失败在接下来的互联网 2.0 时代越发明显了，它释放了社交网络的力量，但也让那些先驱公司将网络效应转化为根深蒂固的垄断力量。这样的反面例子包括脸书和推特（Twitter）这样的社交媒体巨头，也包括优步和爱彼迎（Airbnb）这样的网络市场“共享经济”的成功案例。区块链技术与互联网 3.0 时代包含的其他想法一样，致力于移除这些中介机构，让人们塑造属于自己的信任纽带，以根据自己设定的条件建造社交网络和进行商业往来。

不过，区块链技术的潜力并不限于颠覆互联网巨头。很多在 20 世纪就开始运营的大型营利性公司也相信这项技术可以帮助它们解锁新的价值、追求新的赢利机会。它们中的一些成员认为这是个很大的机会，另一些却认为这是个很大的威胁。不管怎样，很多大公司现在感到有必要试验和探索这项技术，以观察其走向。

取代金融领域现有设施是比特币的设计目标之一，而在金融领域，银行家开始正视区块链技术用于替代银行间证券和资金转移、清算、结算这类复杂流程的可能性。通过此项技术，银行联盟可以实时更新一个可靠的分布式账本，这将可能降低后台运作费用并释放出大量可用于投资的新资本。这对如高盛这样的投资银行来说是好消息，但对富国银行这样的托管银行或美国证券托管结算公司（Depository Trust and Clearing Corporation，DTCC）这样的清算机构来说并非好事，因为其商业模式就是负责处理这些后台运作功能的。无论处于这个颠覆性想法的哪一边，各种机构都认为有必要参与这个领域的研究和开发。

例如，位于纽约的区块链技术开发公司 R3 CEV 联盟就从世界上 100 多个大型金融机构和技术公司中筹集了 1.07 亿美元，致力于开发一个专有的分布式账本技术[5]。R3 CEV 联盟的探索是由区块链技术所启发的，但它并不使用区块链这个标签，而其 Corda 平台是以遵从银行商业模式及监管模型的方式设计的，同时致力于精简银行间每天数万亿美元的证券转移流程。

非金融领域的公司也试图参与这项技术，超级账本（Hyperledger）是一个分布式账本及区块链设计联盟，致力于开发标准化的、开源的区块链技术，以在供应链管理等领域使用。这个联盟是由著名的开源软件社区 Linux 基金会负责组织的，将国际商业机器公司（IBM）、思科、英特尔、数字资产控股等公司组织到了一起。其中，数字资产控股是一家由摩根大通前高管布莱思·马斯特斯（Blythe Masters）领导的公司。

人们对区块链的热情从媒体公司 CoinDesk 的年度“共识”（Consensus）会议的发展历程中可见一斑，这是一个高端会议，瞄准那些对区块链技术有兴趣的机构。在 2015 年的首次会议上，出席人数只有 600 人[6]；2016 年增加到 1 500 人；2017 年增加到 2 800 人，并额外有 10 500 名注册用户观看了在线直播视频。2017 年会议的参加者来自 96 个国家，并有超过 90 个赞助商和展商，其中包括咨询机构德勤、丰田公司研究部门、澳洲政府贸易办公室及 Cryptonomous 这个为数字代币而设的初创公司，足见参与者的广泛性。

有些人可能认为，只有各类公司和国际发展机构员工会使用这项技术，但实际情况并非如此。在我们写这本书的几个月间，发生了一场快速致富的疯狂浪潮，让 2013 年比特币价格暴涨也显得相形见绌。这股“淘金热”是由 ICO（初始代币发行）这种基于区块链的初创团队众筹工具所驱动的，它有 20 世纪 90 年代末网络股泡沫的所有特征。就如 20 年前的那场泡沫一样，这次爆发是以喜好风险的投机狂热为特征的，人们认为这样的金钱疯狂下潜藏着一种变革性新技术及新型的商业范式。

ICO 背后的初创企业在兜售新型的去中心化应用平台，并称其有潜力颠覆从在线广告到医学研究等领域的一切事物。这些服务带有一些特殊的代币，在一开始就销售给大众，作为筹集资金和建造用户网络的方式。这有点像 Kickstarter 这种众筹网站，不过在 ICO 这种模式中贡献者有在二级市场交易而赚快钱的可能性。在写这本书时，有一个 ICO 项目筹集了 2.57 亿美元，其发行者为技术团队 Protocol Labs，它售卖的是一种名为 Filecoin 的代币，其设计目标是提供激励机制，让人们为一个新型的去中心化网络提供硬盘空间。虽然很多 ICO 项目会与证券监管相冲突，而这个泡沫一旦破裂会让无辜的投资者受损，不过这场泡沫也带来了一些崭新的大众参与者。大量的终端投资者正在进入早期投资的轮次，而这些投资机会以前总是保留给风投资本家和专业人士的。

为了不被新生事物超越，比特币作为加密货币世界的始祖，开始展示力量——在价格上反映出来。虽然比特币的开发者与校验其网络交易记录的矿工之间发生了一场激烈斗争，使这种货币分裂成两个具有不同软件代码的品种，但 CoinDesk 的比特币价格指数表明，比特币价格在 2017 年 11 月末到达了 11 323 美元的新高度，使其市值超过了 1 900 亿美元。这标志着自《加密货币时代》一书在 2015 年 1 月出版后，比特币价格上涨了 4 800%，而与其在 2010 年 7 月首次于一个流动性一般的平台上的交易相比，回报率为 19 000 000%。如果你在比特币刚开始交易时投资了 6 000 美元，你最终会成为一个亿万富翁。这样的结果印证了加密数字资产分析师克里斯·伯尼斯克（Chris Burniske）和杰克·塔塔尔（Jack Tatar）将比特币称为“21 世纪最令人激动的另类投资”的说法[7]。

实际上，区块链是一种在去中心化网络的计算机中共享的数字账本，它的更新及维护模式使任何人都可以证明其中的记录是完整的、未经破坏的。区块链在一个通用的软件中嵌入特定的算法，并让网络中的所有计算机运行该软件，从而实现上述目的。这个算法一直在驱使网络中的计算机就何种新数据需要添加到账本的问题达成共识，并引入了经济交换、所有权主张及其他形式的有价信息。区块链网络中的每一台计算机都会根据极其重要的共识算法去更新各自版本的账本。当新的账本记录被引入后，特定的加密算法保护机制保障它无法回滚和改变。计算机的持有人要么能够获得数字货币作为酬劳（这让他们有动力维护系统的完整性），要么作为对某个联盟的承诺而承担任务。这样的结果是很独特的：一群为自身利益各自为政的人，在一起就能为群体利益服务，创造出一个不可篡改的记录机制，任何人都可以信任它，而且它不会被某个单一的中心化中介所掌控。

一些计算机组合起来，用奇特的数学工具管理数据，这看上去并不算什么。不过，就如我们将会在后面解释的那样，维持记录的系统（特别是账本）处于社会运作模式的核心位置。如果没有这样的系统，我们就无法产生足够的信任以进行交易、开展业务、创建组织及组建联盟。因此，若能改善该核心功能，并移除其对中心化实体的依赖，将带来深远的影响。

这种模式应该可以让真正的点对点商业成为现实，并在各种商业运作中移除对中间人的需求。正因为它有潜力启发我们数据记录中的信任元素，这样个人和公司就可以在经济活动中进行互动而无须担心被欺骗，这意味着一个数据开放和透明的新纪元。实际上，这会让人们更乐于分享。这样的开放共享模式对经济活动网络有着积极、倍增的效应，更多的经济往来将会创造更多的商业机会。

区块链将整个数字经济指向了被人们称为“价值互联网”的时代[8]。在互联网 1.0 时代，人们可以直接相互发送信息；而在价值互联网时代，人们可以在相互之间发送有价值的事物（货币、资产或此前因保密敏感性而无法在网上传输的有价值的信息）。如果互联网的上一个阶段是帮助人们突破边界进入主场互动，为财富创造和新型商业模式提供了重大的机遇，那么下一个阶段就有希望将这些边界都拆除。理论上，这意味着任何有联网设备的人都可以直接参与到全球经济当中。因此，我们寄希望于极大地扩展开源的创新成果，在此之上可以诞生各种重要的想法。

回想一下，在互联网早期阶段去中介化是如何变革全球经济的，你就会明白这个下一阶段的影响将会有多广泛了。例如，技术服务、网页设计甚至是会计服务的外包，对西方国家的就业都带来了冲击，也带动了印度的班加罗尔等地的经济增长。分类广告服务网站克雷格列表（Craigslist）让人们无须任何成本，就能在一个有全球关注度的网站上刊登广告，这完全摧毁了分类广告业务，最终让数百份地方报纸走向倒闭。如果区块链技术真的能让我们的经济走向高度的去中心化和去中介化，前述的冲击与区块链可能带来的冲击相比就显得微不足道了。

就如我们前文提到过的那样，在这项技术走向大规模应用之前，还有很多需要改进的事项。实际上，它的可扩展性可能永远难以满足现实需求。尽管如此，每个产业的参与者都开始认可其潜力。他们意识到解决信任障碍问题能让我们更好地利用所拥有的各种“资本”，将我们的资产、想法、创意投入我们认为有成效的地方。如果有人向我声称他拥有某种教育证书、资产或专业的名声，而某个去中心化的系统能够客观地校验这些信息，我就能直接与这个人进行商业往来了，我也能给他一份工作，甚至我还能与他共同协作创业，或与他分享敏感的商业信息。而这些过程，都不需要依赖律师、担保代理或其他可能增加成本、降低效率的中间人。这类合约的达成是经济增长的动力，会推动创新和繁荣。换言之，任何技术若能降低此类协作的摩擦并促成协作，应能为所有人带来福祉。

不过话说回来，现在还没有证据表明此技术的发展方向一定会让世界利益最大化。我们曾目睹互联网是如何被各种大公司利用的，而这样的集中化也带来了很多问题，这包括大量的个人数据集中在少数人手中，使黑客有盗取的机会；社交网络鼓励不实信息泛滥的行为也干扰了我们的民主体系（即社交网络对选举带来的影响）。因此，我们不能让那些有权有势的人，将这项技术推向只为他们狭窄利益服务的方向。就如互联网发展的早期阶段那样，我们还需要做很多事情，才能让这项技术足够安全、可扩展，并照顾到每一个人的隐私。

区块链是一个社会性的技术，是一个关于如何治理社区的蓝图，这里所说的社区既包括在约旦某个荒凉的前哨里居住的惊恐万分的难民，也包括银行间市场（世界上最大的金融机构每天在其中的交易额达数万亿美元）。显然，若要让区块链技术走向正确的方向，需要社会各个方面的贡献。你可以将此视为号召，我们期望社会各界都关注并参与到这项技术的发展中。

第一章

上帝协议

这是金融界最具有颠覆性、最有争议性、最反对集中权力的想法，它的力量如此惊人，以至世界上每一个政府都在研究要利用还是禁止它；最狂热的自由主义者和暗网成员对其无比痴迷。如果你知道它的实质其实就是一个账本，可能会有点惊讶。

是的，就像会计账本那样。

这个具有颠覆性想法的起源显然就是比特币，它其实就是建立在一个数字账本上的交易及业务记录。这个账本上存储的是称为“区块链”的交易记录，而这种记录创建及维护的方式，恰恰是这种账本的突破性所在，也是其极具争议性的原因。比特币是在2009年由一个（或一群）化名为“中本聪”（Satoshi Nakamoto）的人发布的，其设计目的是绕过银行及政府机构，而这些机构在过去几百年间一直扮演着金融体系守护者的角色。在传统的金融体系中有各种流程，这些流程时刻都被此类机构所扮演的中间人掌控，在每一笔交易中都抽取一部分作为利润；而在最坏的情况下，这些流程会成为某些人为造成的经济危机的根源。比特币的区块链技术提供了一种新的方式，让我们有望绕开这些流程。

在买这本书的时候，你可能指望能从中读到有关数字化未来的狂野想法，而我们现在给你展示的却只是“账本”而已。不过你要明白，在过去千年间的文明发展历程中，账本一直扮演着不可或缺的支撑性角色。书写方法、货币及账本三者的结合，让人们在亲属团体之外也可以进行商业活动，因此造就了更广阔的人类定居点；货币和书写方法在这其中的贡献广为人知，而知道账本作用的人一般都有研究过会计这门枯燥学科。

人类历史上首个账本技术的发明，可以追溯到约公元前3000年的古美索不达米亚（现伊拉克）。古美索不达米亚人留下了成千上万块泥板，其中大部分都可以归类为账本，包括税收、付款、私人财产、工人薪资等方面的记录。古巴比伦的法律体系，即著名的《汉穆拉比法典》，就是写在这样的“账本”上，不过大部分的国王都有属于各自的规则[9]。这类账本的兴起与第一批大规模的文明兴起有对应关系。

为何账本在人类历史上一直如此重要？商品和服务的交换定义了社会的扩张，但这只有当人们能够追踪相互之间的交易时才能实现。在一个小村庄里，每一个人都会记得某个猎人宰了一头猪，并信任吃了这头猪的人迟些会给这个猎人报酬（可能是一个新的弓箭箭头，也可能是其他有价值的东西）。我们在本书中会不断看到“信任”这个词。不过，如果在一个大规模的陌生人群体中，要管理好跨社会阶层的经济关系，特别是考虑到在亲属团体的边界之外很难建立信任的情况下，那就是另一个问题了。账本就是一种能够辅助处理这类问题的工具，这类问题通常具有复杂性，并涉及信任问题。人类社会是建立在各种交换行为的基础上的，而账本能够让我们追踪、记录这些行为。若离开了账本，21 世纪这些巨大、繁荣的城市就不可能存在了。当然，人们处理一些涉及经济价值的事务时，总是会将一些人工判断及估算的因素引入记录的过程中，因此账本自身并不代表绝对意义上的事实，它只是一种让我们更接近所谓“大家都认同的事实”的工具。但是，各种社区和团体往往会将账本所代表的“事实”视为绝对真理，当账本掌握在那些图谋私利并有能力篡改账本的人手上时，问题就随之产生。其中一个典型例子是，在 2008 年，缺乏监管的雷曼兄弟（Lehman Brothers）等机构的所作所为，让全世界遭受了金融危机的重创。

金钱本身与账本的概念有天然的联系。像金币和纸币这样的实物货币其实类似于一种保存记录的工具，它们也为社会性的记录任务提供帮助，其记录功能并非体现于某个书面的账户交易记录中，而是被分离到像金币和美元钞票这样的代币里；这样的代币，反映的是持币人从过去的劳动中应得的某些权利，这些权利可以用来交换商品和服务。

当人类开始进行跨越地域的金钱交换活动时，代币再也难以扮演这种保持记录的角色，毕竟付款人在向收款人付款的过程中，很难确保负责运输实物代币的人不会监守自盗。后来，文艺复兴时期的一群银行家倡导了一种称为“复式记账法”的新型记录工具，为上面这个问题提供了解决方案，我们会在下文对此进行讨论。在采用了这种记账法后，这些银行家推动了银行业向支付业务的方向发展，然后在接下来的几百年中，这种工具极大地扩展了人类交易活动的规模。可以毫不夸张地说，银行业的这个想法建造了我们所熟悉的现代社会，但与此同时，也放大了一个总是与账本相关的问题。这个问题就是，社会真的能信任负责记录的这些人吗？

比特币通过对账本机制的重新思考，试图解决上面这个问题。银行家自身并不一定可信，而且他们可能会通过不透明的收费来侵害你的利益。比特币正视这个问题，并首次将确认及维护交易账本的责任交给了由一群用户组成的社区，这些用户会检查彼此的工作成果，并就一份共同的记录达成共识，以此作为他们共同认可的“接近事实”的记录。中本聪将银行及其他中心化的记账者称为“可信第三方”，而如果能实现没有单一实体能够控制的去中心化计算机网络，就有望取代这些记账者的角色。这样的去中心化计算机网络集体产出的账本，就称为“区块链”。

在比特币网络中，一台台独立的计算机会集体对所有记录进行校验，因此其中的交易能够以点对点（即人和人之间）的形式发生，这与我们现有的信用卡及储蓄卡支付系统有显著的差异。在现有的复杂系统中，交易会在一长串的中介机构中流转，其中至少会涉及两家银行，一两家支付机构，一家银行卡网络管理机构（如 Visa 和 Mastercard，即维萨卡和万事达卡），以及一些其他机构（取决于交易发生的地点）；这套系统中的每一个实体都会维护自己的账本，随后必须与其他实体各自的记录进行对账，这个过程会消耗时间和增加成本，并带来风险。当你在一家服装店里刷卡时，你可能以为钱立刻就转出去了，但事实上，整个过程需要耗费几天时间，才能让资金经过重重关卡最终到达店主的账户里，这样的延迟会增加风险及成本。如果使用比特币的话，尽管它还存在一些需要开发者解决的性能瓶颈问题，但你的交易只需等待 10 ~ 60 分钟就能清算完毕。这样，你就不再需要依赖那些各自独立的可信第三方去代表你处理这些交易了。

区块链账本的分布式特性，是比特币等点对点加密货币系统的关键架构特性。这样的去中心化架构是由一种独特的软件程序支撑起来的，它利用了强大的密码学算法及突破性的激励机制，引导记账人的电脑达成共识。在历史记录被大家接受后，任何人都几乎不可能再对其进行更改。

这样的结果是令人惊叹的，它实现了一种记录机制，为我们带来了一个共同认可的事实版本，其可靠性比我们所知的所有“事实”都要高。我们将区块链称为事实机器，而它的应用范围远不止货币领域。

为了更好地理解区块链的“上帝视角”所能带来的价值，我们在此先不继续讨论比特币，而是开始研究传统的银行系统，因为该领域所存在的问题，恰恰是区块链应该去解决的。

信任泡沫

2008 年 1 月 29 日，华尔街的雷曼兄弟公布了其 2007 财年的财务报表。这个机构在 167 年前始创于美国亚拉巴马州，它在华尔街扮演着基石的角色[10]。虽然在 2007 年，股票市场遭遇了一些冲击，且房地产市场也不太景气（房地产市场在此前已经火热很多年了，也是投资银行和商业银行的一个主要收入来源），但该年对雷曼兄弟来说还是个不错的年份。该机构在 2007 年录得 590 亿美元的收入及 42 亿美元的利润。这两个数字超过该机构四年前相应记录的两倍。单从其“账本”来看，雷曼兄弟的前景可谓是蒸蒸日上。

然而 9 个月后，雷曼兄弟却走向破产。

雷曼兄弟经常被视为 21 世纪信任破产现象的头号证据。它看着像是华尔街的一头雄狮，但真相揭露后，人们才知道它只不过是依靠可疑的会计方法，以图苟延残喘的一个负债累累的空壳。换句话说，这家银行当时在操纵自己的账本。有时，这样的操纵会涉及在财报季到来之际将一些债务排除在账本外。在其他时候，它为一些“难以估价”的资产人为地赋予过高的价值。当市场上资产抛售的现象出现后，残酷的真相带来了巨大的冲击，人们发现这些“难以估价”的资产完全没有任何价值。

2008 年的经济崩溃为我们揭示了当时华尔街信任骗局的主要情况，这其中涉及大规模的账本操纵问题。人们发现，这些账本上记录的各种资产（包括那些带来灾难的信用违约掉期合约）的价值，到最后都只是空中楼阁。雷曼兄弟事件所带来的震惊之处，并非在于它的发生，而是在于大部分专家完全信任这些账本，直至一发不可收拾为止。

世界各地的政府及央行花费了数万亿美元去收拾这个残局，但因为它们没认识到问题的根源，致使它们所做的仅仅是恢复了旧有的秩序。它们对此事的既定认知是，这是一场流动性危机，市场因缺乏短期资金而崩溃，它们认为，“如果你曾经碰到过还差几百美金就能支付每月账单的时候，你就明白这事看着像什么了”。实际上，这些银行坐拥着据称很有价值的资产，但它们在现实世界中根本难以估值。它们只是简单地为这些资产赋予一些缺乏依据的价值，并将其记录到账本上。我们对这些银行投以信任，我们也相信这些账本所声称的事实。但真正的问题根本不在于流动性或市场崩溃，而是信任的崩塌。当信任崩塌后，其对社会（包括我们的政治文化）的冲击是致命的。

危机发生后，当局信誓旦旦地称，它们对问题已有解决方案。它们通过了相关法案，迫使银行业服从监管，并约束华尔街最恶劣的投机习惯。但对大众而言，当局所做的事情仅仅是救活了银行和大公司。大众的怒火逐步恶化，转化成 Tea Party（茶党）及占领华尔街等运动。危机发生多年后，大众对这个体制的信任仍未恢复。我们只需要看看真人秀电视明星到美国总统的选举就明白了。当人们为特朗普（Donald Trump）投票并表达对精英阶层的反感时，他们可能会感觉良好，但至少对我们而言，很明显特朗普所能提供的仅仅是同样老旧的经济主张（只不过稍加粉饰而已）。我们现在并不比 2008 年的情况好多少。

现在，有一些指标可以表明美国经济已经恢复了。在撰写本书之际，美国的失业率几乎要创新低了，而道琼斯工业平均指数已创新高。但那些增长并非均匀分布的：顶层阶级的薪资增长比中间阶级高出六倍，而与底层阶级相比差距就更明显了。这样的现象已持续数十年之久，但2008年的金融危机，还有此后支撑金融市场（其中聚集了富人的资产）的政策，让这种收入差距变得更为严重了。这是美国内外的民众觉得他们被这些曾在20世纪带来进步与繁荣的机构欺骗了的原因之一。Pew Research（皮尤研究中心）在对美国政府信任度展开的纵向研究中很明显地反映了这个问题[11]。2017年5月，对政府表示信任的公众仅占20%，差不多创了历史新低。Gallup（盖洛普调查）所做的另一项调查表明[12]，对美国国会表示信任的美国公民的比例已从1979年的40%下跌到2017年的12%；对报纸表示信任的比例已从38年前的51%跌到2017年的27%；而对大公司表示信任的比例已从32%跌到21%了。

在撰写本书时，连传统的美国共和党党员也在思考两个问题：一是特朗普到底是如何有机会当选为美国总统的？二是为何这么多人似乎都成为哗众取宠的不实信息及阴谋论的牺牲品？特朗普显然是个罔顾事实的谎言家，不过更大的问题是，在一个信任已被严重侵蚀的世界里，美国政府毫无作为，曾提供铁饭碗的公司现在都将工作外包出去，或干脆使用机器人，因此特朗普的谎言在选民所感受到的更系统性的失信行为面前，显得微不足道了。曾经备受信任的新闻机构，现在也不得不参与到那些传播可疑、不实信息的在线媒体的竞争当中，它们两者都被指责在贩卖假新闻。公众对机构的信任日渐被消耗，而缺乏修复这场崩塌的解决方案的话，美国的民主制度会日渐在政治家以及只会粉饰太平的媒体的掌控中持续恶化。

信任，尤其是对各种机构的信任，是一种重要的社会资源，也是所有人类互动行为的真正润滑剂。当信任得以维系时，我们对它习以为常；我们会排队，遵守交通规则，并假设其他人都会做同样的事。在这些互动背后的信任并非出现在我们的显意识中。当缺乏信任时，各种事情就会一团糟了。这个残酷的事实可以在像委内瑞拉这样的地方得以体现。在那里，人们对其政府的治理及货币失去信心，这带来了恶性的通货膨胀、商品短缺、饥饿、暴力、骚乱及大规模的社会动乱。不过，在西方世界，这个事实会以更温和的方式体现出来。随着政府官员和央行的银行家寻求刺激投资增长及创造工作岗位，它们开始印刷更多的纸币，或为有权势的参与者提供更多的便利，各处的民众开始对整个体制表示不满。这为世界带来了“美国总统特朗普”及英国脱欧事件，也带来了经济的失调。如果人们不再信任我们的经济体系，他们就不会承担风险，也不会再花钱。这里面的输家就是经济增长和发展。

账本及记录保持工具与信任问题有着固有的联系。为理解这一点，我们会探索一个鲜为人知的故事，其中涉及一位热爱数学的方济会（Franciscan）修士，他完善了一套系统，在欧洲从黑暗时代进入繁荣扩张时期的过程中，其影响比直接为该扩张提供资金支持的 Medici（美第奇）家族的银行家都更为直接。

然后，我们会联想到雷曼兄弟的案例，推导出像区块链这样更为完善的会计系统，如何能为前述的社会问题提供答案。

信任与“账本”

一个公司怎么会在某年赚取了42亿美元，9个月后就走向破产呢？雷曼兄弟操纵自己的账本只是其中一个原因，另一个原因是，它利用了其股东、监管者及大众的信任。在会计层面，雷曼兄弟利用各种诡计粉饰自己的账本，而这些账本恰恰是投资者及其他利益相关者在与一家机构来往并判断相关风险时，最为依赖和最重要的财务记录。雷曼兄弟的会计人员会在某个季度末期，将数十亿美元的债务从资产负债表上划走，并将其藏匿到一种称为“repo transaction”（回购交易）的记账方法中，但这种方法本来应用于短期融资，而非藏匿债务[13]。这样，当财报发布时间到来之际，这家公司似乎并没有过度负债。然后，当财报正式发布后，这家公司就会重新将债务放回账本上。这就像该公司在维护两套账本，一套是给公众看的，另一套是保密的。大部分公众接受了公开版本的账本上的数据，即雷曼兄弟发布的“事实”。2008年9月，这套账本上反映出来的严重造假行为越来越清晰。不过，问题的起源在于公众对该公司提供数据的盲目信任，而这种“信任”问题由来已久。

复式记账法在15世纪末的欧洲开始流行起来[14]，很多学者认为它为文艺复兴的盛行及现代资本主义的兴起创造了条件，但很多人并不知道具体原因。为何像“记账法”这么平凡的东西，会对欧洲的重大文化运动有如此重要的影响？

在将近700年间，“账本”已在我们的心中（虽然只是潜意识）等同“事实”本身了。当我们怀疑某个候选人的财产状况时，我们就想看一下他的银行记录（即其个人资产负债表）。当一个公司希望从公开市场上融资时，它必须将其账本公开给潜在的投资者；为在市场保有一席之地，它需要会计人员定期检查这些账本。得以良好维护的、清晰的账本，应是神圣不可侵犯的。

记账等同某种程度的“事实”，这样的发展经历了几百年；而它的起源，是在复式记账法出现之前，欧洲基督教界对借贷行为的敌视。其实古人对债务并没有抵触情绪，古巴比伦人在著名的《汉穆拉比法典》中也对此定调，为处理贷款、债务及还款提供了规则。不过，犹太基督教（Judeo - Christian）对商业借贷持有很强的反对意见。《申命记》第23章第19~20节写道：“你借给弟兄的，都不应收取利息。”《以西结书》第22章第12节写道：“你们中间有人在做职业杀手，有人收利息榨取暴利。且因贪得无厌，欺压邻舍夺取财物，竟忘了我。这是主耶和华说的。”随着基督教开始兴盛，这种反对利息的文化持续了上千年。在此期间，欧洲在黑暗时代失去了古希腊和罗马的荣光，也失去了大部分的数学理解能力。只有那些试图算出正确的复活节日期的僧侣，才真正需要数学这门学科。

在12世纪及十字军东征期间，欧洲人开始与东方世界进行交易，他们此时才接触到阿拉伯世界及亚洲创造出来的数学方法[15]。13 世纪，一个名为斐波纳契（Fibonacci）的意大利商人[16]旅经埃及、叙利亚、希腊及西西里岛，并收集了很多数学论文。在他所写的《算盘宝典》（*Liber Abaci*）一书里，到处可见整数、分数、平方根及代数等概念，展示了这些新型数学工具在货币转移及利润计算等商业领域的用途[17]。我们今天或许对一些事物的计算方法习以为常，但在斐波纳契之前，欧洲商人对这些概念可谓一窍不通。他教会了他们如何计算比例，如何将一捆干草分开并收取合理的价钱。他教会了他们如何在一个企业里分配利润。斐波纳契的数学教会了人们此前并不知道的方法，让他们可以在处理商业事务时更为精确。

斐波纳契的新型计算体系在商人阶层大受欢迎，在其后的几百年间一直是欧洲数学知识的主要来源。不过，另一同等重要的事物恰好也在这段时期出现，欧洲人开始从阿拉伯人那里了解到后者从公元 7 世纪就一直使用的复式记账法。佛罗伦萨及意大利的其他城市开始将这种新型的会计方法应用到日常商业往来中。斐波纳契为商业带来了新的度量方法，而复式记账法提供了将度量结果记录下来的途径。一个重要的事件终于发生了，1494 年，即意大利航海家克里斯多弗·哥伦布（Christopher Columbus）首次踏入美洲两年后，一位名为卢卡·帕西奥利（Luca Pacioli）的方济会修士写下了第一本有关这种会计方法的全面指南。

卢卡·帕西奥利所写的《算术、几何、比及比例概要》（*Summa de arithmetica*，*geometria*，*proportioni et proportionalita*），

是用意大利语而非拉丁语书写而成，目的是让公众更容易阅读。这成为第一本有关数学及会计学的流行书籍。这本书中有关会计学的章节取得了良好的反响，以至于出版商特意将其独立出版成册。卢卡·帕西奥利提供了通往精准数学的捷径。“没有复式记账法的话，商人夜晚就没那么容易入睡了”[18]，这是卢卡·帕西奥利在书中写下的话。他的书将技术性的描述与实用性的描述融为一体，逐渐成为商人阶级的自助书籍。

作为一名神职人员，卢卡·帕西奥利对复式记账法的关注有更重要的意义，因为他的方法帮助商人克服了教会对高利贷的蔑视。商人必须向教会证明自己的生意实际上对人类有贡献，而非有罪。在对中世纪的描述中，作家詹姆斯·霍（James Aho）写道：“人会贪图利益，但基督徒若如此，则会触犯怒火。”[19]复式记账法无意中为这个问题提供了一个解决方案，但这到底是什么呢？答案藏于《启示录》（*The Book of Revelations*）这本书中，该书讲述的是基督教有关最终审判的故事。该书写道：“我看见了逝者，不论其地位如何，都站立在上帝面前；一本书卷打开了；而另一本书卷也打开了，该书是生命之书；逝者会根据书卷上所记载的记录，据其所作所为接受审判。”

我们来解读一下：逝者站在上帝面前，打开了自己的书卷，而上帝打开了他的书卷（第二本书）。你可以将此称为“复式记账法”。“谁的名字没有记载在生命之书上，就得被扔到火湖里。”通过这种简单的会计方法，商人阶级略施小计，使他们可以在生意往来时进行借贷活动。詹姆斯·霍写道：“复式记账法是基督教商人从幕后走向前台的共谋。”

卢卡·帕西奥利的书中可见圣经记录和会计记录的刻意关联。在首次介绍其复式记账方法时，他写道：“商人在记录生意往来时[20]，在每一笔交易中应该以公元纪年作为时间，这样他们总是能记着要遵从道德规范，而行事时总能谨记上帝的圣名。”

当高利贷从基督教对商业的不信任中解脱出来后，人们开始重新从事这种行当了。佛罗伦萨的美第奇家族是最先开始的，它将自己打造成欧洲境内匹配资金流转的中间人。美第奇家族的突破与其总是使用复式记账法是分不开的。如果一个罗马的商人想卖东西给威尼斯的顾客，这些新型的账本就解决了相距较远的人们之间的信任问题。通过在付款人的银行账户上记上“借”，而在收款人的账户上记上“贷”，这样的复式记账方法，使银行家可以在没有运输实物钱币的情况下，就能实现资金的转移。通过这种方法，他们变革了整个支付产业，为文艺复兴和现代资本主义的发展打好了基础。同样重要的是，他们开创了银行家作为社会的中心化的信任提供者角色，使银行家在500多年间持续占据着重要的地位。

因此，复式记账法的价值并不仅在于效率。账本被视为某种道德指南针，它的使用给相关的人带来了共同认可的道德准绳。当时的商人是虔诚的，银行家也是有圣洁之处的。16世纪及17世纪的三位教皇都来自美第奇家族，而做买卖的人会以崇敬之心开展交易。先前不被信任的商人成为品行端庄的社会栋梁。詹姆斯·霍写道：“卫理公会教派的创立者约翰·卫斯理

（John Wesley）、丹尼尔·笛福（Daniel DeFoe）、塞缪尔·皮普斯（Samuel Pepys）、浸信会福音派（Baptist evangelicals）、自然神论信仰者本杰明·富兰克林（Benjamin Franklin）、震教派（Shakers）、哈摩尼协会（Harmony Society），以及英国爱俄拿社区（Iona Community）在最近也表示过，一丝不苟地维护财务记录是一个主张诚实、有序和勤勉的通用行为规范中不可或缺的一部分。”

得益于在十字军东征期间从中东传入的数学概念，会计学开始成为现代资本主义崛起的道德基石，而精打细算的资本主义会计开始成为一个新型“宗教”的“牧师”。大多数人（当然不是全部）今天都很难将圣经所写的内容看作真理，但他们却很容易将雷曼兄弟的账本视为真理，直到其中的差异之处被揭露出来为止。

2008 年金融危机最大的讽刺之处在于我们对会计体系的信任是如此之深，我们对此却毫无感知，我们在欺诈行为面前变得十分脆弱。即使会计人员是诚实的，有时候他们做出来的会计记录也不过是对事实的猜测而已。现代的会计工作，特别是在大型的国际银行中的会计工作是如此复杂，以至于它在实质上并没有多大作用。2014 年，彭博社的专栏作家马特·莱文（Matt Levine）解释了一家银行的资产负债表为何如此不透明[21]。他注意到，在该资产负债表上的一大部分资产的“价值”仅仅是建立于银行对其所贷出款项、所持有债权的可回收性及这些资产在市场上可售出价格的猜测之上，这些猜测都是以银行债权债务的抵销及同样模糊的估价过程为基准的。即便某个猜测只有 1% 的偏差，它也可能会让一个季度的盈利变为亏损。若要猜测某个银行是否有盈利，就如同一场突击考试一样。“我向你保证，这场考试根本没有答案”，他写道，“一个人根本不可能知道美国银行在上一季度到底是盈利还是亏损”。他称一个银行的资产负债表实际上只是一系列“对估值的合理猜测”。如果像雷曼兄弟和其他陷于困境的银行那样做出了错误的猜测，那么就会破产。

我们在此并非想贬低复式记账法或银行。即使我们真的想这么做的话，将复式记账法的利弊加起来对比，它也显然是利大于弊的。我们的目标还是希望展示出在对这类会计方法信任的背后，所折射的深厚的历史和文化根源。现在的问题是，在我们遭遇 2008 年经济危机这样的重创后，是否有一种特定的技术，能够提供不同的记账方法，让我们在经济体系中重构信任？区块链的可靠性并非由某个银行担保的，它是一个由很多不同的计算机共享及集体维护的账本，它需要持续地接受公众的检验，其可靠性是通过一系列经由数学算法验证的账本记录来保证的。那么区块链是否能够帮助我们重构已失去的社会资本？

上帝协议

2008 年 10 月 31 日，世界正深受金融危机之苦，中本聪发布了一份并没有多少人注意的白皮书[22]。这份白皮书上描述了一种名为比特币的电子货币，它无须任何国家背书。中本聪的电子货币的核心部分是一个能够让所有人查看但难以篡改的公共账本。这个账本实质上是一种数字化的客观事实表征，而在随后的几年被称为区块链。

中本聪将几个元素组合起来，发明了比特币。但就如几个世纪前的斐波纳契和卢卡·帕西奥利那样，中本聪并非唯一试图利用当时的技术去创造一个更完善系统的人。早在 2005 年，一位名为伊恩·格里格（Ian Grigg）的计算机专家当时在一个叫 Systemics 的技术公司工作，他提出了一种名为“三式记账法”的试验性系统[23]。他的工作领域是密码学，这个学科可以追溯到古时使用加密语言分享秘密的时候。自从阿兰·图灵（Alan Turing）的计算机破解了德国军队的 Enigma（英格玛）密码机的加密方法后，密码学成为我们在计算机时代的大部分成果的基础。如果没有密码学的话，我们就无法在网上传输隐私信息，也无法在银行的网站上发起交易而不被别有用心之徒窃听。随着我们所用的计算机的性能呈指数级增长，密码学对我们生活的影响也越来越大了。伊恩·格里格认为这会为我们带来一个可编程的记录保持系统，从而杜绝欺诈。简单地说，三式记账法这个概念使用了现有的复式记账体系，并增加了第三套账本，即一个独立的、开放的、由密码学担保安全性的账本，任何人都无法篡改。伊恩·格里格将此看成是打击欺诈的利器。

伊恩·格里格对此是这样描述的：用户会维护各自的复式记账账本，但这样的数字化账本会嵌入时间戳，即用密码学为每一笔交易生成一个安全的、经签名的收条。在密码学中，“签名”的概念意味着一种比手写记录更为科学的方法，它会使用两串有关联的数字（或“密钥”）的组合，其中一个是公开的，而另一个是私有的，这样就能在数学上证明发起签名的人确实有权限这么做。伊恩·格里格预想其三式记账法可以作为一个运行于大公司或组织内部的软件程序，而那些经由签名的收条的顺序信息会存放到第三本账本上，并可以公开地实时检验。如果在此过程中出现了任何与带有时间戳的记录不一致的情形，就意味着有人试图欺诈了。想象一下，像伯纳德·麦道夫（Bernard Madoff）这样的骗子，他的手段只是虚构各种交易并记录到完全虚假的账本上，你就会明白一个能够在实时校验的账本所提供的价值了。

在伊恩·格里格之前的20世纪90年代，另一个有远见的人也发现了数字账本的潜力。尼克·萨博（Nick Szabo）是一名早期的密码朋克，他提出了一些与比特币底层技术相关的概念，这也是有些人怀疑他是中本聪的原因之一。他提出的协议的核心是在一个多方可以访问的“虚拟机器”（如由相互连接的计算机组成的网络）上存放的电子表格。尼克·萨博构想了一个复杂的系统，里面同时存有公开的和隐私的数据，既可以保护隐私身份，也可以提供足够的公开信息，以构建一个可验证的交易记录。被尼克·萨博称为“上帝协议”的系统概念[24]，从提出距今已经超过20年了，但它与我们在接下来的章节将会介绍的各种区块链平台及协议，有惊人的相似之处。尼克·萨博、伊恩·格里格等人首创的这种方法有潜力创造一种无法被修改的历史记录，这样的记录即使是伯纳德·麦道夫或雷曼兄弟的银行家都无法篡改。这样的方法或许能够在我们用以相互交易的体系中恢复信任。

一个就事实达成共识的新工具

如果各个社区要开展交易，并构建正常运作的社会，他们必须寻找一种方法，作为共同认可事实的基础。在21世纪的数字化时代，很多社区是在网络上成立的，它们之间的交易跨越了边境和不同的司法辖区，那么以前负责为我们建立信任体系的传统机构，要在这里发挥良好作用的话，似乎就没那么容易了。

区块链解决方案的倡议者称，这样寻找事实的过程最好是以分布式的、没有任何单一的实体可以掌控的方式进行，这样就不会受到腐败、攻击、错误或灾难的影响。

而且，这里面的结果，应该使用难以破解的密码学方法处理，这样就能防止任何人在未来对其修改。这个方法利用了密码学，从一组庞大到不可想象的数字中，抽取一些代码，用以保护数据。由于可能性太多，通过穷举法去猜测每一个可能的数字需要耗费的时间几乎不可想象。比特币在2017年8月集合起来的哈希算力每秒能够尝试七百万兆组不同的数字。即使是这样，网络也需要花费 45×10^{39} 年才能遍历SHA－256（用以保护比特币数据的哈希算法）可能产生的所有数字。需要注意的是，这个时间是现今对宇宙年龄的最佳猜想数字的 3.6264×10^{28} 倍之多。比特币的密码学还是很安全的。

不过，该系统的会计记录的诚实性还是需要除密码学外的其他手段去保障的。它需要将其可追踪的、相互链接的顺序性交易记录开放给公众检验。这意味着账本需要公开，且支撑其运行的算法需要遵守开源的原则，它的代码需要让所有人阅读和检验。

同时，这套系统必须有足够的隐私特性和保护措施，为人们的身份及其数据提供保护，否则如果人们担忧自己的个人身份和专有的商业机密可能会被全世界看到，就不会使用这套系统了。为解决这个问题，比特币只使用了由数字和字母组成的一次性“地址”，这些地址是在用户接收比特币时随机生成的，也不会包含任何与用户身份相关的资料。不过这并非一个完全匿名的系统，将其称为“伪匿名”似乎更为合适。在比特币中，是可以通过监视一个地址到另一个地址的交易流来追踪资金的，若其到达一个可以识别用户身份的地址时（例如用户在某个受监管的比特币交易所里提取现金的话），这个交易所就会记录用户的姓名、地址及其他资料。对那些极为重视隐私问题的密码学家来说，这个机制还不足够。因此，一些密码学家正在开发另类的加密货币，如 Zcash（零币）、Monero（门罗币）、Dash（达世币），它们拥有超出比特币的隐私保护性能，因为它们不但在账本上保留了足够的信息，以让负责校验的计算机可以确保账户并没有被入侵或操纵，同时也采取了更完善的机制，去混淆用户身份。

不管是否需要这种程度的隐私保护方案，我们在上面展示的这种新型的账本系统，其分布式的、由密码学担保的、信息公开又能保护隐私的特性，可能会让人们恢复对社会的记录保存体系的信心，而且能鼓励人们重新参与经济交易，愿意承担风险。

托米卡·蒂勒曼（Tomicah Tillemen）说道，为了让社会正常运作，我们需要“就事实达成共识”[25]。他是华盛顿新美国基金会（New America Foundation）的主任及全球区块链商业理事会的主席。“我们需要设立一个共同的现实，让所有人都可以绑定到上面。在发达国家，我们有负责建立这些基本事实的机构，但这些机构正广受抨击。区块链有潜力抵抗侵蚀，创造一种新的景象，让人们可以就核心事实达成共识，但同时确保与隐私相关的事实不会泄露出去。”

比特币在货币这个重要的场景中展示了这个想法，它为货币用户提供了就交易达成共识的机制，让陌生人可以在互联网上利用一种独立的货币，安全地向另一个人付款，即使在没有美联储这类中心化记账机构参与的情况下，也能确保无法造假。

不过，这其中更重要的启示在于，一群人可以在不依赖于中心化实体负责仲裁的情况下，也能就各种事实达成共识。如果我们能像《人类简史》作者、以色列历史学家尤瓦尔·诺亚·赫拉利（Yuval Noah Harari）那样思考[26]，即人类社会组织的力量是如何来自我们构造并深信的一些有意义的故事（如宗教、国籍、共同货币的概念），我们就可以明白这种系统的重要性了。人类文明的历史并非来自所谓的绝对事实（毕竟即使是科学认知也可能会有修改的时候），而是来自一个更为强大的事实概念——共识，即我们共同认为什么才是事实。这是一个社会范围内的协议，让我们可以越过疑心，建造信任，协作互动。思考区块链技术的最佳方法并非将其视为取代信任的工具（即无须信任的解决方案，这是很多加密货币的狂热爱好者极度推崇的概念），而是将其视为社会用以构建更大规模的信任、创立社会资本、带来一个更美好的世界所需的共同故事的工具。

这个赋能的想法，解释了人们认为区块链能够为一切事物提供解决方案的热情，这样的热情还在持续增长。但这些热情有时候是过火了，或用错地方了。随着不同领域的人开始探索区块链在各自产业中实现去中介化及解锁新价值的潜力，他们意识到区块链并不只是一个金钱机器。如果区块链能够提供在比特币上达成的那种共识，那么最好将其理解为一个“事实机器”。

第二章

“治理”数字经济

2011年9月的一个晚上，一位名为彼得·西姆斯（Peter Sims）的企业家收到了他的朋友茱莉亚·埃里森（Julia Allison）发来的文字信息，问他是否在纽约第33街及第五大道附近的一台优步多功能车上。彼得·西姆斯确实就在这台车上[27]，他认为这位朋友肯定是从另一台车上看到他了。

实际上，茱莉亚和彼得根本就不在同一个州，她当时在芝加哥的一个派对上庆祝优步在该城市的开业。她看到优步团队展示了其最热衷的派对戏法，即人们俗称的“上帝视角”。这其实是一个实时的地图，上面显示了优步打车网络中的汽车和乘客（精细到姓名）的位置。优步并不只在追踪汽车的行踪，它还追踪人们的行踪。当茱莉亚解释了她是怎么知道其行踪后，彼得感到无比震惊，并写下了一篇博客文章，讲述了该可怕经历。

之前，优步雇员中的性骚扰事件让其声名狼藉，它也采取了强烈的手段试图解决这些问题，这是其首席执行官及联合创始人特拉维斯·卡兰尼克（Travis Kalanick）被迫辞职的一个重要因素。但上文提及的这个隐私保护的问题同样重要。这个公司不仅控制与乘客旅程有关的敏感信息，而且至少在公司早期发展阶段，其高管表现出滥用这种力量的意图。2014 年 11 月，在巴斯菲德热门快报（BuzzFeed）记者约翰南 · 布伊扬（Johana Bhuiyan）举报优步公司纽约区总经理使用了“上帝视角”去监视她的行踪后，该公司对这位总经理发起了调查[28]。此事引发的抗议及其与隐私相关的忧虑，使优步公司与纽约司法部长埃里克 · 施耐德曼（Eric Schneiderman）达成和解协议[29]，前者同意对乘客的名字及地理数据进行加密。

不难看出，优步及其主要竞争者来福车很快会将它们融入我们的日常生活中。当某个公司的名字成为一个动词，如“Xeroc”（复印）、“Google”（在谷歌上查找）、“Uber”（用优步打车），你就明白其影响有多么深入人心了。虽然优步有着与交通事业大众化相关的品牌推广策略，让司机和乘客可以聚在一起并分享行程，但优步实质上还是一个中心化的运作模式，它完全不是旨在去中介化。这个营利性的公司是司机与乘客达成的每一笔交易的把关者，会收取 25% 的费用。而且，它并不是唯一一个通过控制数据这种新型手段来赢利的公司。优步、脸书、谷歌及 21 世纪的其他技术巨头处理数据的方式，已经成为一个严重问题。

如果你还没有意识到，那么我可以告诉你，互联网是被掌控的。实际上，少数处于主导地位的公司已经控制一切了，这些公司包括谷歌、亚马逊（Amazon）、脸书、苹果等，有些人将这四个公司统称为 GAFA（四个公司的英文名的首字母）。我们对它们信任，让它们作为中介去处理我们的邮件及社交媒体互动，去管理我们的互联网搜索，去存储我们的数据等。在一定程度上，这些公司还做得不错，但这是以我们让渡给这些公司的权利为沉重代价的。作为大众，我们是这些公司里不领薪金的产品开发者，实际上在为这些公司创造价值，在生产内容的同时也将我们宝贵的数据拱手相让。作为回报，我们或许得到了相应的服务，但这样的不平等关系是很有问题的，这在我们的民主体系中更明显不过了。

在 2016 年美国选举后，公众开始意识到脸书和谷歌控制了我们看到的新闻。试想一下，脸书的秘密算法选择了那些满足读者意识形态的新闻，创造了由有相似想法的愤怒或兴奋的读者构成的“回音室”，这些读者最想做的，就是获取并分享能够证实其既定政治偏见的可疑信息。这就是为何在 2016 年美国总统竞选期间[30]，马其顿共和国的一群青少年有机会编造假新闻，称教皇对特朗普表示支持。这些假新闻比有资金支持的正规新闻机构推出的真新闻，所获得的“点赞”“分享”及广告费数量要多得多。

不仅这样，脸书和谷歌已经成为庞大的社交集散地。这些数字世界的庞然大物，对互联网上传播的最重要的、有社会影响力的数据，已经有了史无前例的掌控力。在这样的“免费增值”模式中，我们将这些公司的服务看成是“免费内容”，这其实是个伪命题。我们或许没有将美元形式的货币付给谷歌、脸书等公司，但我们却将更有价值的“货币”，即我们的个人数据，拱手让出去了。对于个人数据这种“货币”的掌控，让这些公司很容易就变成了垄断力量，成为数字化时代的新型既得利益者。当然，其他人早就提过这个问题了[31]，我们对此重新讨论，只是为了展示对互联网信息的集中化掌控，是如何将互联网中心化架构的核心问题暴露出来的，以及为何未被解决的信任问题是导致这种中心化的原因。

黑客的梦想

2016 年，美国执法机构联邦调查局（FBI）要求智能手机制造商苹果公司将顾客的加密信息开放给自己，就此引发了一场法律论战[32]，而消费者可谓是左右为难。如果我们希望生活在数字化经济时代，那么我们要么就得让私营公司控制我们的数据（由此可能产生滥用行为），要么就让政府控制这些私营公司，使我们遭受类似爱德华·斯诺登（Edward Snowden）披露的美国国家安全局那套侵犯隐私的行径。不过，我们并非完全没有选择余地。解决方案可能藏于第三种方式之中，这种方式涉及对在线数据的存储架构的重新思考。

比特币及区块链技术背后的想法，给我们提供了解决这类问题的新起点。这是因为“谁控制我们的数据”这个问题应该起源于一个更根本性的问题，即我们为进行商业往来、获取服务或参与到现代社会中，到底需要信任哪些人或机构？我们可以看出完全重构这个世界的数据安全范式的想法极具说服力，而这是从思考互联网用户能如何直接信任对方开始的，这样做的目的是避免将如此多的数据送到目前处于用户在线关系之间的中心点。要解决数据安全问题，首先需要摆脱所谓的中心化信任模型，走向去中心化信任的模型。

在一个技术本应能降低准入门槛的时代，人们却发现那些中心化的信任管理系统是成本高昂且极具限制性的。试想一下，世界上还有20亿人难以使用银行服务。这样的模式早已彻底失败。根据咨询机构高德纳（Gartner）的估算，2015年整个世界在网络安全上花费了750亿美元[33]，然而该年网络欺诈及盗窃所产生的总损失仍高达4 000亿美元[34]，这是英国保险市场参与者劳合社（Lloyd's）的首席执行官印加·比尔（Inga Beale）给出的数字。如果你被这个数字震惊了（你也应该如此），还有一个数字是2.1万亿美元，那是朱尼普研究公司（Juniper Research）在将现有的趋势与设想中的更为高度互联的2019年结合起来推理后，预测到时因欺诈行为可能带来的损失[35]。为更好地理解这个数字，以目前的经济发展速率来看，这相当于世界GDP（国内生产总值）总量的2.5%[36]，而且这些数字不只反映被黑客盗取的数额，它还包含了法律行动、安全升级等成本，以及每年因无数攻击所造成的业务损失。正因如此，有数据表明，黑帽子（黑客）是互联网时代获利最多的“创新者”。

保护全球商业的努力如此失败，是因为我们用于处理和存储信息的中心化模式，与全球共享经济追求点对点、设备对设备的去中心化趋势无法相匹配。随着人们通过点对点社交网络及使用在线服务连接起来，以及所谓的物联网设备（如智能恒温器和冰箱甚至是汽车）加入网络中，创造了越来越多的访问点。黑客会利用这些访问点接入互联网上持续增长的中心化数据库中，从而盗取或滥用这些内容。

2016年10月，注册域名系统提供商Dyn（Dynamic Network Service，动态网络服务）遭受攻击，将前面所提到的矛盾趋势中潜藏的危机暴露出来[37]。这事是这么开始的：一名黑客注意到，用户虽然会定期为家用计算机下载安全升级补丁，却忽略了在游戏终端和笔记本这样的微型计算机系统上做同样的事。当这些系统被攻克后，就可以作为攻击互联网其他系统的跳板了。在黑客将入侵指南发布出来后，一些不法之徒闻风而动，跃跃欲试。这些不法之徒在控制了多个设备后，就对Dyn这家公司的系统发起了一场大型的分布式拒绝服务攻击（DDOS），这是通过不停地向该公司的网站服务器发送海量的域名查询请求来实现的。这种海量请求的压力，最终使包括推特、声破天（Spotify）、红迪网（Reddit）及其他大流量网站（均为Dyn公司的客户）在内的网站服务陷入瘫痪状态。这就是我们之前提到的悖论带来的直接后果。域名注册服务是由不断增长的大型、中心化的第三方公司所管理，而轻量级的物联网设备却逐渐普及到毫无准备的大众手中。这样的组合可谓是黑客的梦想。

我们收集的这些海量的数据，很可能会成为黑客的玩物。2014年，IBM预计人类每天生产出2.5艾字节（exabytes）的数据，该数值也可表达为2.5百万兆字节（quintillion）[38]。由于云计算时代极大地降低了存储的费用，这些数据的大部分都会永久性存储下来，而非像以前那样直接销毁。为了更好地理解这个体量的数据的概念，我们将这个数字展开成一个带有17位0的数字，即2.5×10^{18}字节（也可以理解成2.5万亿份《加密货币时代》的PDF版文件的大小）。根据IBM团队的说法，这个数字意味着人类在两年内已经创造了历史上积累的所有数据的90%多，而这些数据的大部分都是存储在IBM这类云服务提供商的服务器上。

我们认为，若要保护好这些数据，并减慢攻击的步伐，唯一的方法就是将其从中心化的服务器上移走，并构建一个更具有分布式特性的存储架构。对数据的控制权应该归还到数据主人（互联网服务的顾客及终端用户）的手中。以前，我们的数据都是存储在一个个大型的数据孤岛中，归根结底都是存放在某个对服务商而言比较便利的位置，那么黑客只需要找到进入这个大型数据孤岛的弱点并加以利用，就能将数据偷走。而使用分布式架构的话，如果黑客想偷走数据，他们就必须逐个对我们发起攻击，这样的成本就高昂得难以想象了。为了实现这个目标，我们需要拥抱去中心化的信任模型。

在我们深入探讨这个解决方案之前，首先来深究一下为何它对人类来说如此重要，这不仅仅是与钱有关。对隐私的保护是一个正常运作的社会必不可少的元素，而隐私保护与数据安全面临的挑战有不可分割的联系。当这层保护网被攻克后（这是经常发生的），很多人的生活就毁于一旦了：钱和资产被偷走，身份和信誉被绑架，面临被敲诈和勒索的风险，与其他人共享的亲密时光被暴露在大庭广众之下。在线的身份盗窃与抑郁症甚至自杀行为已有关联[39]。如果这还不够可怕的话，专家相信我们会很快碰到网络谋杀行为，因为接入互联网的汽车及其他有潜在杀伤力的设备可能会成为“黑客型杀手”的目标。其实，这类谋杀可能早就发生过了。有一些人怀疑马来西亚航空公司的 MH370 航班的失事[40]，是与机载的计算机被入侵有关，现在看来不一定是阴谋论者的妄想了。我们必须尽快为这种问题做好准备。

在这样的模式中，个人并非唯一的输家，公司和机构也会蒙受损失。最近美国标普 500 指数榜上有名的大公司也成为网络攻击的目标，它们包括摩根大通、家得宝、塔吉特、索尼、温迪国际快餐连锁集团等。它们都为此付出了沉重的代价，这包括法律费用、补偿用户及升级安全系统的成本。除美国公司外，美国政府也遭受了攻击。还记得美国人事管理办公室在 2015 年被入侵后，1 800 万人的背景调查信息蒙受威胁的情景吗[41]？当然，还有据传的俄罗斯黑客在 2016 年对美国民主党全国委员会系统的入侵，使一场全面的政治危机在特朗普内阁上任的第一年就爆发出来了。

对公司及其他机构的 IT（信息科技）部门而言，这些持续的攻击会带来高昂的成本。黑客公开出来的每一个新漏洞，都会导致新的安全系统补丁升级，而最终黑客又会找到新的攻击方法。这不可避免地会增加对网络安全系统的投入，但最终还是会被入侵或需要更多的补丁更新。这些公司持续投入更多的资金去建造更高的防火墙，最终却只能意识到它们的对手持续地以更快的速度拿到“更长的梯子”。

显然，我们需要一个为安全而设的新架构，而区块链技术中蕴含的想法可能会对这个目标有所帮助。在区块链环境的分布式架构中，参与者无须依赖中心化的机构去维护网络安全基础设施（如防火墙等）以保护大量的用户。与此相反，在这样的模式中，安全性是一个共同的责任。每个个体（而非可信的中介机构）会负责维护自己敏感数据的安全，而任何共享的信息会由一个社区共识过程去检验其真实性。

这个概念的潜在力量是由比特币的例子开始的。虽然比特币的区块链技术或许不能为上面的需求提供最终的解决方案。但需要注意的是，比特币里没有经典的中心化网络安全工具（如防火墙等），加上在本书英文版将近印刷时，比特币的市值已经达到1 600亿美元，这对黑客而言是个很大的诱惑，但到目前为止比特币的核心账本，已经被证明是无法入侵的。基于该账本自身的可靠性标准，比特币九年的生存历史，已能可靠地展示其核心机制在用户之间提供去中心化信任能力的生命力。这意味着在比特币区块链的非货币应用中，最重要的场景之一就是“安全防护”。

设计层面上的安全性

比特币能生存如此之久，是因为它没有提供让黑客入侵的地方。该公共账本并不包含其系统用户的身份信息。更重要的是，没有任何人能够掌控这个账本。这里面没有单一的“权威版本”。区块链上每一个新增的所谓“区块”中，都包含每一批新增、经确认的交易记录，这些新区块代表了账本的更新版本，它会被传输到每一个节点上并存储下来。因此，这里面并没有一个中心的攻击向量。如果该网络中的一个节点被攻克了，某个人希望撤回或重写该节点本地账本上的交易记录，那些持有共同认可版本账本的数百台节点，只需要在更新的区块中拒绝将该被攻克节点的数据包含进去。如此，大量的“正常”版本与那份篡改过的版本之间的差异，就会自动地将这个被攻克的节点上发布出来的区块标记为虚假版本。就如我们会在本书进一步讨论的那样，不同的区块链设计方案中有不同程度的安全性，例如，那些所谓“私有”或“许可型”的区块链就需要依赖中心机构去接纳新的成员节点。与此不同的是，比特币建立在一个完全去中心化的模式之上，它避开了中心机构的许可机制，并预期系统中的参与者都在乎自身经济利益，因此会尽力保护系统。不过，虽然区块链的种类繁多，但最基本的区块链账本共享、复制的特性大多是一样的，这样对事实的共同记录就会存放在多个地点，支撑了“分布式安全”的核心思想，多个“冗余”的版本就降低了系统失效的风险。

不过，大公司对安全性的想法往往不是这样的。2016 年 3 月，金融市场证券结算及清算机构美国证券托管结算公司举办了一场座谈会，大量的银行家及支持其运作的公司代表出席了会议。该会议提出了一个问题：若有 1 000 万美元经费的话，在场代表明天会用来投资到什么 IT 部门里？投票者会根据所提供的选项给出自己的答案，其中“网络安全”排首位，而“区块链”排第二位。当时，区块链及分布式账本服务公司 Chain Inc. 的首席执行官亚当·鲁德温（Adam Ludwin）看到该结果，并利用此机会在台上指出[42]，华尔街的机构无法看出区块链所提供的全新的范式。亚当·鲁德温的客户包括家喻户晓的维萨卡、纳斯达克等品牌，他称自己明白人们对网络安全服务的持续需要，毕竟听众中有不少专门从事数据入侵防护的人士。不过，这些听众的答案表明，他们并没有意识到区块链提供了一个解决方案。“与其他系统性设计的软件将网络安全作为一个附加选项的做法不同的是，”他说道，“区块链技术的安全性本来就是一种设计目标。”

华尔街机构通常倾向于探索所谓“许可型”的区块链，这种区块链是一种分布式的账本模式，其中加入网络的所有验证节点必须事先经过批准。对这种区块链而言，亚当·鲁德温的“设计目标”概念仅指其中的数据是在多个节点上分布式存储而非由单一实体掌控。这种架构的优势是它创造了多个冗余（备份），即使某个节点被攻克，这些冗余的节点也能让网络保持运作。另一个更激进的解决方案是去拥抱比特币及以太坊（Ethereum）这样的“非许可型”的开放性区块链。这样，整个安全范式（如何提供安全性）的概念就改变了。它的目标并不是建造一个防火墙去保护某个可信第三方掌控的、充满了有价值数据的中心化系统，而是将掌控信息的权力散布到网络的边缘及人们的手中，并限制公共传播的身份信息的数量，更重要的是想要极大地提高窃取有价值信息的成本。

人们似乎很难相信，一个匿名的系统会有更高的安全性。但事实上，这些软件程序对系统中的参与者施加的激励机制及成本已被证明是相当安全的。值得注意的是，比特币系统从未被成功入侵过。现在最主要的挑战是让那些一直维护我们数据系统安全性的“可信”机构放手，将安全性的工作交给某种去中心化的网络处理。它们不应将安全性作为某种高级加密方法及其他外部保护措施的功能去考虑，而是要将安全性视为一种经济问题，目的是增加攻击成本，让攻击者知难而退。

让我们将当前为保护信息而设的“共享秘密模型”与比特币中区块链技术提供的新型“设备身份模型”进行对比[43]。以前，服务提供商和顾客会就某个共同的私有密码或助记词（如宠物名字）达成一致，以控制访问权限。但这会让无价的重要数据承担被入侵的风险（因存在中心化数据库）。而通过“非许可型”的区块链，控制数据的权限就会留在顾客的手中，这意味着攻击的脆弱点是在顾客各自的设备上。现在维萨卡的服务器储存了数以亿计的持卡人用于访问支付网络的关键身份信息，而在区块链模式下，访问网络的权限只会由你在手机或计算机上控制。黑客可以针对每一个设备进行攻击，试图盗取在去中心化网络中用以发起交易的私钥，如果他们幸运的话，或许可以盗走价值几千美元的比特币。但与攻击某个中心化服务器上存储的更有价值的目标相比，这样的攻击无疑会消耗更多的时间，而且收益也不是很高。

虽然在新模式下，我们会面临用户设备保护的新挑战，还有与管理私钥及加密策略相关的培训任务，但至少我们可以看到这会极大降低攻击的数量。其中的关键之处在于每一次攻击为黑客带来的潜在收益会变得更低。在以前，黑客可以一次性地访问数百万个账户，而在新模式下，黑客就需要逐个对设备发起攻击，以获取相对微不足道的利益。这是一个以激励机制（动机）衡量的安全性概念，它的安全性蕴藏在设计之中，而非通过补丁实现。

显而易见，数字经济会从拥抱区块链驱动的分布式信任架构中获得巨大收益，不论它只是利用了分布式系统提供的数据备份功能，还是采用了一个更激进的开放系统的想法（这是由一个较高攻击成本、较低攻击收益的机制去保护的）。当我们开始这么想时，就可以去探索更多管理数据的新模型，这些模型会将控制数据的权限归还到数据的生产者手中，这样会为数据保护提供更强的安全性。

医疗产业无疑会对这样的解决方案激动万分。现在，高度敏感的医疗记录分布在由保险公司、医院、实验室管理的数据孤岛里，每一个机构都在维护一个容易被入侵的数据池。这些机构会受到严格的保密规则的限制，这些限制是由那些用心良苦、高度严格的病人隐私相关法案（如美国《健康保险携带和责任法案》）所施加的，如果机构无法保护病人数据，就会受到严惩。可见，这些机构肯定十分希望摆脱这个烫手山芋。

针对医疗产业的攻击一直在持续。2015 年，一场针对保险公司 Anthem Health 发起的网络攻击[44]让 7 800 万客户的记录泄露出来。“想哭”（Wanna Cry）勒索攻击[45]将世界范围内不同医院的病人的医疗记录进行加密，而发起攻击的黑客要求收取比特币作为赎金，才能解锁这些数据。这样的攻击主要针对医院及其他机构，而这类机构存储的数据一般是生死攸关的。

这样的攻击中最大的输家是病人。这样的架构增加了时间耗费，降低了效率。我们听到不少可怕的故事，其中有因为无法将重症病人关键的记录从主诊医生那边取出来并交到急诊人员手中，导致急诊人员无法采取合适的措施。此外，因为数据并非自由共享，也阻碍了那些可能会拯救生命的疗法的研究。可以说，美国医疗保健系统用以管理医疗记录的一切手段都是有问题的。

这就是为何 MedRec 这样的医疗记录项目[46]能展示出这么大的潜力，它是由美国麻省理工学院媒体实验室学生阿里尔·埃克布诺（Ariel Eckblaw）、亚萨·阿扎利亚（Asaph Azaria）及庭格·易厄瓦（Thingo Yieira）在以太坊区块链上创建的。这个想法与洛杉矶的 GEM 和旧金山的 Blockchain Health 这样的初创企业的不同形式的探索类似，都是让病人决定谁能够看他们的医疗记录。在这种模式下，数据依然会保存在各家医疗服务提供商那里，但病人可以使用其私钥（比特币用同类工具付款授权），决定其愿意向医疗服务提供商透露的数据的维度，以及谁有权访问这些数据。

一个带有中心化信任的去中心化经济

起初，人们对互联网的期望是一个乌托邦式的概念，希望它带来一个公平的环境，以至于《纽约时报》专栏作家托马斯·弗里德曼（Thomas Friedman）也曾主张“世界是扁平的”[47]。可是，互联网从这样美好的设想，转变成今天由少数“守门人”掌管的状态。那么，我们如何才能到达一个去中心化信任构成的世界，以低成本实现安全、可靠的在线交易呢？要寻找答案，就需要思考这种转变发生的原因。

让我们从互联网出现之前的线下经济时代展开这个问题。那种经济体系是从20世纪继承下来的，那时候我们能想到的模式就只有中心化信任模式。直到今天，我们在那种体系下将记录每一个人的交易及价值交换的任务，委托给了银行、公共事业部门、证书机构、政府机构，以及无数的其他中心化实体和机构。我们对它们投以信任，让它们监测我们的活动（包括开支票、电力消费、送报纸、电话服务的月度付款等），并指望它们能够可靠及诚实地将这些信息更新到其掌控的账本上。在对这些信息拥有得天独厚的优势后，这些实体获得了决定我们商业来往的各种能力的特殊地位。它们决定我们是否能透支、是否能从公共事业电网获取电能、是否能打电话。而且，它们还会利用这种特殊地位向我们收费。

这样的体系，天然与无人掌控的分布式互联网框架互不相容。互联网的设计目标，就是让任何人都可以接近零成本地向任何地方的任何人发布及发送信息，这带来了很多新兴的经济机会，但也带来了信任管理方面的独特挑战。与你进行交易的人现在可能用一只狗的照片作为头像，他使用的代号是“Voldemort 2017”。你怎么能够确定他会履行你正在签署的合约上的义务？点评网站Yelp和电子商务网站易趣（eBay）这类服务所提供的评分机制，试图解决这个问题，但这也很容易被虚假身份和虚假评价糊弄，这就像脸书的“点赞”功能一样。在涉及高价值的交易时，这种模式难以确保可靠性。当互联网公司发现其无法解决这些挑战后，就被迫邀请中心化的实体去作为中介机构代表我们的利益。从当时来说，这或许是必须采纳的解决方案，但现在看来这是个有缺陷的方案，它已暴露出一系列安全和隐私方面的问题。

分布式的系统让骗子更容易歪曲自己的身份。他们也可以复制、编造或伪造有价值的信息。因此，当企业家在 20 世纪 90 年代中期推动电子商务时，在设计反欺诈的在线支付模型上遇到了挑战。由于无法向顾客及商户确保其银行账户和信用卡数据的安全性，它们首先专注于那种带有隐私保护功能的电子现金方案（这也是后来中本聪的比特币所针对的概念）。它们认为，如果现金可以被电子化，那么人们就可以像使用钞票一样，在进行在线支付的时候无须公开其个人识别信息。前面提到过的“密码朋克”是一个松散的程序员联盟，其成员有强烈的自由主义倾向，对使用密码学去保护网络隐私也十分痴迷。在探索电子现金的过程中，密码朋克和其他互联网先锋进行了对私人加密货币概念的探索，而银行和政府部门也在悄悄对基于主权货币的电子现金（e-cash）进行实验[48]。

这些早期的数字货币实验深受前面提到过的“双重支付”问题的困扰，即居心不良的用户总是可以找到复制其持有的货币的方法。克服这个问题非常关键，因为即便我们乐意将一个文档复制几份并分发出去，但在任何货币系统上这么做的话，都会毁灭其内在的价值。技术专家曾尝试开发一套系统去解决此问题，但这比你想象得困难多了。

最终，在比特币出现之前，电子商务产业选取了一个折中方案。像Verisign这样的认证企业率先提出一个发行SSL（Secure Sockets Layer，安全套接层）证书的模式，以检验网站加密系统的可信程度。同时，发卡银行也加强了各自的反诈骗监测力度。某种意义上的“可信第三方”加入了复杂的全球价值交换系统。这只能算是另一种临时应急的解决方案，意味着中心化的账本保持解决方案（即社会在五百年间用以解决双重支付问题的银行体系）被拙劣地嫁接到表面上应该是去中心化的互联网上，并作为其核心信任基础设施而存在。

现在，顾客有足够的信心，认为自己不会被欺诈，这使在线购物业务蓬勃发展。但前文提到过的这些充当“守门人”的金融家现在增加了系统的成本，降低了其效率。这样使每一笔交易的成本太高，以至于小额交易（即金额非常低的付款，如几分钱的交易）根本不现实；而对小额交易的支持若能实现，可能就会开启一个在线业务模式的新世界。前面提到的种种问题，扼杀了早期有远见者的梦想，他们本预想能够接入一个全球化的市场，使软件、存储、媒体内容及运算能力都能够以零头的份额进行出售，求得效率最大化。这样的妥协意味着信用卡这种原本是精英阶层才能使用的工具，成为电子商务基础设施里不可或缺的组成部分，这也使我们的支付体系与银行更脱离不了关系。在这样的模式下，银行会向商户收取约3%的交易费用，以覆盖其反欺诈成本，这为我们的数字经济增加了一项隐形的“税收”，使我们要支付更高的费用。

同时，互联网治理的其他方面也需要信任一些中心化的实体。这包括域名（DNS）管理者及主机服务提供商，这些公司的服务器占有 URL（Uniform Resource Locator，全球资源定位器，可简单理解为网址，用于在互联网上导航），存放了构成网站内容的文件。任何希望搭建一个网站的人，都需要与这两类机构打交道，而这些机构都会收取费用，你需要存储的内容或页面越多，它们收取的费用就越高。

这些解决方案对那些可以承担费用的人而言是很有效的。不过，这其中增加的交易成本最终会提高准入门槛，使现有的大公司占据竞争优势，这会限制创新，并剥夺了数十亿被排除在金融体系外的人通过互联网提供的诸多机会去寻求发展的可能性。这就是我们最终面对互联网垄断巨头的原因。这些有先发优势的参与者不仅拥有网络效应的优势，也间接地被庞大的交易成本保护起来，这样的门槛对那些寻求增长到同样规模的竞争者来说是相当高的。实际上，信任管理的高成本助长了一种经济状况，使亚马逊、网飞（Netflix）、谷歌、脸书等企业能够持续击败竞争者。这也意味着这些垄断巨头成为我们持续增长的重要、敏感数据的全能管家。

互联网缺失的一环

这并非蒂姆·梅（Tim May）的密码朋克宣言（Cypherpunk

manifesto）及其追求自由主义的志同道合者设想的状况[49]，这些人当时倡导的是密码学、隐私及为个体赋能的网络世界。这些起源自 20 世纪 90 年代的旧金山湾区的反叛极客希望实现一个理想的互联网，政府和公司都不能对其控制。它将会是一个可自由表达观点而没有审查机制、让人们能够与任何人交易并使用自己选择的身份进行标识的去中心化在线经济体系。像特德·纳尔逊（Ted Nelson）的 Xanadu 这类项目[50]希望实现一个崇高的目标，即实现一个由独立的、互联的、完全自治的计算机组成的全球网络，希望能够让个体掌控更多的运算能力及数据。可惜的是，这类项目命途多舛，距设想还有相当长的一段距离。因为他们的想法是在一个资源、经济体系及政治现实都与这些想法不相容的时代构想出来的。

不过，在 2008 年，当人们以为密码朋克已失去光辉之际，比特币来了。这是一种加密货币，其设计思路恰恰是从密码朋克的研究中抽取的，即使当年这些人也没有意识到这些研究的作用。现在，由谁控制数据的问题已经不重要了。比特币网络的可靠性是由一个去中心化网络所保证的，它会通过一个不可攻破的共识过程进行自我更新。当比特币的潜力被人们意识到后，很多曾参与搭建早期互联网架构的人对此眼前一亮。这些人中包括风投资本家、首个商业化的网页浏览器网景（Netscape）的联合创造者马克·安德森（Marc Andreessen）[51]，他告诉唐·塔普斯科特（Don Tapscott）和亚历克斯·塔普斯科特（Alex Tapscott）这样的作家，他们这类人突然意识到比特币及其技术是“互联网一直需要但从未有过的分布式信任网络”。

随着马克·安德森和其他硅谷资本家开始投资那些正在开发比特币及其“克隆”产物的开发者，比特币底层的区块链技术潜在的广泛应用开始清晰起来。对创新者推出的很多新技术而言，设计者正考虑区块链的概念如何成为一个通用的赋能框架的一部分：

·物联网解决方案将需要一个去中心化的系统，提供机器到机器之间的交易功能；

·虚拟现实内容创作，作家和程序员可以共同协作，产出未来的虚拟世界，其中可以使用区块链系统的智能合约去分享版税收入；

·人工智能及大数据系统需要确保从多个未知来源接收到的数据是可靠的、没有篡改过的；

·智能制造、3D 打印及灵活、协作的供应链，这样的“工业 4.0”体系需要一个去中心化的系统，用以追踪每一个供应商的工作流程及输入项。

所谓的第四次工业革命会带动“比特和原子”的结合，并依靠大量的经处理的全球数据蓬勃发展。简单地说，区块链或许可以提供架构框架，让第四次工业革命成为现实。它同时也使互联网“开放数据”的雄心壮志不再是空中楼阁。通过区块链技术，我们或许能解放全世界的数据，这样所有人都能对这些数据进行研究。数据的开放应该能让人类更好地协作，以探求我们面对的诸多问题的解决方案，并更高效地生产更好的产品。这是一个极度具有赋能意义的概念。

代码并非法律

正如我们在别处提到的，这个为全球数字经济而设的新型赋能平台的宏伟愿景并不一定能落到实处。除了我们将在后面的章节提及的各种技术及内部治理挑战外，还存在不少外部障碍。此外，在区块链或其他去中心化信任的系统可以完全支撑整个世界的交易及信息交换之前，还有一些棘手的问题需要解决。

监管者是这些挑战的来源之一，它们正努力紧跟加密货币的各种毫无先例的问题。纽约金融服务局（New York Department of Financial Services）花了两年时间，才为使用比特币这类数字货币进行货币转账的实践颁布了 BitLicense 这份监管文件及牌照体系。BitLicense 于 2015 年颁布，而加密货币的世界已经进入了智能合约及以太坊的时代。现在已经出现功能型代币、ICO、DAO（去中心化自治组织）了，而这些概念并没有被该监管条例的作者料想到。这其中一个风险是监管者会被这些并非常规的概念所混淆，这样在一些坏消息发生时（可能是当 ICO 泡沫破灭时发生大规模的投资者损失及出现诈骗），监管者就会采取过激行动。人们的担忧是，如果采用一网打尽的方式，会扼杀这个领域的创新，或将其逼到海外或地下。为对形势有更好的理解，像华盛顿的数字货币中心（Coin Center）及数字贸易商会（Digital Chamber of Commerce）这样的机构正竭尽全力，让官员意识到使自己的辖区保持竞争力是相当重要的，而这是一场在金融技术领域的全球竞赛。不过我们正处于难以预测的政治时代，而制定政策的人并非被理性的、有远见的原则所引导。监管者和立法者对其意向缺乏清晰度，也是这项技术发展过程中面临的限制之一。

我们需要监管体系，即一个用以理解区块链逻辑的新型组织及治理模型，能如何被传统的法律体系（不管是传统法律还是新法律）所解读的框架。在资产的权利被一个私有的匿名密钥掌控后，我们如何在法律上定义一个数字资产的所有权呢？当一个区块链的账本在全球共享时，根本无法知道全球网络内的哪台电脑会执行随机分配到的智能合约指令，那么管辖责任又落在何处呢？这些新想法的提倡者可能会认为这并不需要新的法律，但他们其实无法声称自己能够排除在监管体系之外。网络世界并不是一个独立王国，它建立于一系列法律与规则的广泛框架之上，这都是人类在这几百年间发展起来的。

一些具有自由主义思想的加密货币爱好者，希望生活在一个完全由区块链规则处理的世界里，并从对政府的依赖中解脱出来。他们总是喜欢引用哈佛大学教授劳伦斯·莱斯格（Lawrence Lessig）说的“代码即法律”这句话[52]。一些人对这句话做了过度解读。劳伦斯·莱斯格从未说过软件代码可以代替现实法律（即所有的争议都能由自动化机器解决），他只是说代码限制了计算机部件的行为，因此代码在一定程度上有法律的特质。若认为代码可以代替法律，则难免是过分贬低了法律的作用。假如法律仅仅是一系列指令和规则的集合，那么我们或许真的能在电脑上用算法协作，仲裁并执行我们所有的数字化交易活动。但法律的意义远非如此简单，它更为深刻、广泛。已故的瑞士心理学家卡尔·荣格（Carl Jung）曾提出“集体无意识”（collective unconscious）的理论[53]，这个理论认为我们的相处之道是继承各自的前人，并在数千年来不断地演化。若要提出“什么是法律”这样哲学性的问题，则可以引出不同的答案，但如果你深入研究这个概念，你就会发现越来越难将法律从卡尔·荣格所说的“集体无意识”中分割出来。我们其实无法将这样的东西简单地浓缩成计算机代码。

2016 年 6 月发生的 The DAO 去中心化投资基金攻击事件，让我们不得不直面刚提到过的问题。我们预计，也不会有其他教训比这来得更深刻了。

在 The DAO 项目出现之前，DAO 原本是 Decentralized Autonomous Organization 的缩写，它用于描述一类新型的、有潜在价值的自动化公司治理机制。通过借用这个通用的缩写来为自己的项目命名，The DAO 的创始人将自己的项目作为一种极端技术化的无政府主义理想的表达方式。The DAO 是由 Slock. it 这个技术团队设立的投资基金，后者是由以太坊前任首席商务官斯蒂芬·图阿尔（Stephan Tual）及其他两人创立的智能合约开发小组。The DAO 希望成为一个完全由软件代码治理的实体，其中不存在首席执行官、董事会或任何形式的经理人。对这类实体的理论讨论一直有不少，但他们是首批对此实践的人。这个项目的基本想法是该平台会让基金的投资者进行投票，以从一系列项目提议中选出优胜者，对其划拨资金。在传统的投资基金里，基金管理者的利益不一定与其出资人一致，而 The DAO 希望实现比传统基金更民主，或许更高级的投资逻辑。

这可谓是某种程度上的梦想。投资者受邀用以太坊的原生代币“以太币”购买 DAO 代币，从而在 The DAO 基金中占有股权，而对提交的商业提议书的投资决定则会由持有代币的人投票做出。在此之后，资金的划拨、分红和分配将会根据以太坊上的智能合约而非 The DAO 项目组来处理。这个概念在加密货币社区的去中心化理想主义者群体中激发了过度的热情，他们将此看成证明人们无须依赖第三方机构（无论是私营机构还是政府），就可以做出高效的经济决定的机会。

一些律师对此表示担忧，认为在碰到亏损时，这个机制缺乏救济措施。而像 Zcash 创始人祖科·威克斯－奥赫恩（Zooko Wilcox－O’Hearn）和康奈尔大学教授埃明·居恩·西雷尔（Emin Gün Sirer）这样德高望重的密码学家也发出警告，称其代码存在漏洞[54]，可能会让聪明的黑客盗走资金。尽管如此，投资者仅在 27 天内就投资了价值 1.5 亿美元的以太币去购买 DAO 代币。在当时，这个数额算是历史上最大的众筹活动了。

然而创始人对此项目的缺陷视而不见，以及投资者盲目自大、理想化的信仰，使这个概念注定要失败。在解释投资条款的宣传文档中[55]，Slock.it 团队写道：“The DAO 的智能合约代码治理着 DAO 代币的生成行为，其效力超过以前、现在及将来所有与 The DAO 项目相关的第三方或个体做出的任何与此相关的公共声明。”这是一个很大胆的说法，结果也表明了，这个声明并不成熟。它将哈佛大学教授劳伦斯·莱斯格所提出的“代码即法律”的概念以极端的（字面的）方式解读，并希望将人类极其模糊、主观的对错概念从方程式中移除。

这种逻辑中包含的缺陷很快就暴露出来了。在2016年6月17日（星期五）一早，The DAO以太币账号的观察者意识到这个账号的资金正被不停地提走。背后的原因是，一名身份不明的参与者发现，自己若能编写一个程序与智能合约互动，就可以持续要求提取并收到资金，并发送到一个其控制的非官方的DAO账号里。在发起攻击后，这名攻击者建造了一个虚拟版本的“失控提款机”，而这个提款机无法被这个完全自动管理的DAO系统关闭。在反制手段出现之前，这个攻击者已经取走了价值将近5 500万美元的以太币。

这个项目的组织者开始慌了，他们发现自己曾主张“任何事情的效力都没有代码高”，因此这是法律上的无人地带。无论软件代码做出什么行为，本应认为是有效的，而在这个例子里，软件确实是根据自己代码设定的规则将投资者的基金重新发送给了一位狡猾的用户。埃明·居恩·西雷尔教授在当天稍后发布了一篇博客文章中说道：“我并不确定这算得上是一次黑客攻击[56]。为了定义某种行为到底是黑客入侵、漏洞或设计范围外的行为，我们必须有一个具体的‘我们所希望的行为’的指标。但在The DAO上，我们根本找不到这样的指标。就如人们所说，‘代码就是自己的文档’。代码本身就是自己的细则。黑客比其他人（包括项目的开发者）都仔细研读了这些细则。倘若该攻击者因错误行为而丢失了资金，我相信项目开发者自然会觉得没收他的资金是没问题的。”并称，“这就是在这个勇敢的新世界里，可编程货币流转会碰到的现象。当这名攻击者持续从 The DAO 中将资金一笔笔偷走，很多人都会说‘干得漂亮’。”换句话说，根据 The DAO 创始人设下的条款，人们可以说这名攻击者并没有做错什么，只不过是利用了 The DAO 自身的特性而已。

在现实世界中，法律的精神总是优先于其字面含义，即其动机比法律条文（某种形式的“代码”）重要。在上述这个案例里，攻击者的动机可以从代币持有人的心情上清晰地反映出来。代币持有人感觉到很气愤，他们认为有人损害了自己的利益。不过，他们会对谁提起诉讼呢？这个“企业”并不存在特定的主人。他们都是这个无人运作的去中心化系统中的平等成员。不过，就如很多律师说的那样[57]，法律总是会找到绕过这个问题的方法。法律会寻找并找到应该负责任的人。在这个案例中，最可能的目标就是 Slock. it 团队及数位曾推崇并推广 The DAO 项目的以太坊创始人及开发者。即便他们能避免法律后果，他们的声誉及其所支持的系统也会受到牵连。

攻击事件发生的一年后，法律界确实注意到了这件事。在对 The DAO 事件展开调查后[58]，美国证交会做出裁定，这个项目的代币发行活动构成了未经许可发行证券行为，可能会触犯美国法律。在美国证交会决定不会起诉后，Slock. it 团队松了一口气。不过，美国证交会解释其决定的媒体通稿发出后，也是发出了一个警告。这份媒体通稿，不仅清晰地表明加密货币的代币发行者需要对监管问题保持谨慎态度，也提醒了大家，拥有美国法律作为后盾的监管机构，其管辖权力的影响范围是如此之大。

另一个与此相关的问题是，如何将人类的信任关系整合到区块链中。比特币的纯粹信仰者认为，用户在进行比特币交易的时候，无须相信任何人。用户的交易记录是根据一个无人掌控的分布式软件程序生成的，当货币转移到另一个用户的账户时，该行为会由一个去中心化的系统进行校验，该系统不需要“可信的第三方”去裁决，也不需要识别用户的身份。不过在现实中，比特币用户总是需要相信某人或某机构。举例来说，支付仅仅是交易的一部分，而这个软件并没有手段去确保商家在收到付款后会送达相应的商品或服务。比特币的用户同样需要相信输入到记录中的数据是可靠的。你怎么知道自己的智能手机或电脑在发出指令到比特币网络之前，没有被攻克了呢？你怎么知道当你在键盘上输入“6f7Hl92ej”这些字符时，传送到比特币网络中的就真的是这些字符呢？我们不得不相信苹果、三星及其他制造商的管理能力，并假设它们已经采取了严格的供应链管理系统，来确保攻击者没有将有害的程序放到芯片里。我并不想杞人忧天，因为即使在网络攻击持续发生的今天，我们依然选择相信自己的电脑。不过，如果你认为区块链系统真的工作在某种被密码学社区称为“无须信任”的状态，这种想法至少是不准确的，甚至还有点天真。

比特币只是区块链应用的其中一个方面。当我们开始在区块链上转移其他权利和资产时，就更需要依赖其他可信的第三方。例如，在区块链上反映出来的地契文档的真实性，就需要某种像政府登记处这样的权威机构加以证明。对这种需要依赖某种可信的中间人的场景，一些纯粹的加密货币信仰者会称这显然是降低了区块链安全功能的作用，使其变得不可靠。还有一些人基于这个原因，称区块链并不适用于很多非货币的应用场景。不过，我们认为这是一种取舍，并相信用区块链来记录现实世界资产的所有权并将其用数字化的方式来代表，还是有不少价值的。当然，我们要注意到这其中的信任环节，并设立一个可接受的标准，规定这些源头产生的数据应该如何收集并输入到一个基于区块链的系统里。

区块链技术并没有完全移除对信任的需求。实际上，它还为信任关系的建立提供了更多的机会，拓展了信任的边界。虽然软件利用区块链内的记账体系移除了对中心化机构的信任，但我们在“链外”的环境里还是需要信任其他人的。我们必须相信某个商家会信守将货物及时送达的承诺，或某个关键信息（如股票市场价格）的提供商提供了准确的信息，或我们用于输入信息的智能手机或电脑并没有在工厂的环节就被植入漏洞。当我们开始设计基于这项技术的新型治理体系，我们需要考虑它与信任的边界进行互动时的最佳实践，即所谓验证问题的“最后一公里”。我们需要一种与判定合约义务履行状况相关的标准与规则，这些规则应该设计成能够在这个新的数字化场景中被解读和理解的方式，而区块链技术应该成为开发这种规则的助推器。

最后，还有一个可能会持续与市场框架产生关系的问题，即哪些计算机可以控制区块链，以及这个系统需要多少力量，才能决定与其价格、访问权及市场主导地位相关的事项。许可型区块链是一类需要某种实体授权才能接纳校验节点加入的区块链，而这样的定义表明它容易受到控制者的影响，因此与比特币的非许可型的理想状况相比，许可型区块链中更容易出现垄断或寡头势力。（之所以说是“理想状况”，我们会在下一章提到，比特币的软件程序的某些方面在面临着所有权集中化的趋势，这种趋势并不是人们希望看到的，而开发者正试图克服这个问题。）

中本聪试图绕过那些可信的第三方，移除中介机构，但许可型系统恰恰会与某个可信的第三方关联起来，让其决定有权参与校验过程的计算机名单。因当前行业架构的限制，这样的选项对某些希望采用区块链技术而无法使用非许可型系统的行业来说，是一个可以理解的选项。在法律法规修改之前，银行还是需要面临不可逾越的法律及监管压力，如它们很难使用像比特币这样的系统，毕竟比特币是将记账过程中不同环节的责任，由算法随机地分配给世界范围内不同的、无法识别身份的计算机。不过，这并不意味着其他公司不希望审视这些许可型网络的设立方式。一个由世界最大的银行机构联盟掌控的分布式账本系统，会全心为公众的利益服务吗？大家可以想象“区块链因规模庞大而无法容许失败”的危险之处，即在这个共有的会计系统遭遇问题后，大型机构可以再次将自己的命运与我们捆绑起来，要求我们去收拾残局。这样的问题或许可以通过严格的监管来防止；或许这样的系统需要接受公众的监管。不管怎样，在未来，对区块链的控制需要广泛地代表各参与方的利益，使这种技术不会成为传统金融巨头用以串谋和形成寡头力量的工具，而在这个问题上，我们义不容辞。

R3 CEV 区块链联盟和超级账本等组织在主导的开源许可型账本模型的开发计划，也是相当重要的。R3 CEV 是一个由大型银行主导的联盟，而超级账本是像 IBM、英特尔、思科这类技术公司主导的联盟。这样的努力，使它们中间的传统势力看到了这项新技术在它们的旧有的、中心化运作流程中，可能产生的积极作用。而且，这类联盟在开发的一些东西，对广大的区块链开发生态系统来说，无疑也有很高价值。不过我们相信由比特币提出并被其后无数的另类“竞争币”及区块链仿效的“非许可”的想法，对整个世界来说是非常重要的，也需要受到广泛的关注。

比特币只是首个使用分布式计算及去中心化记账系统去解决陈旧的信任问题，并用这种开放及低成本的架构，去实现无中介的全球交易系统的尝试。它或许能成为那个胜出的平台，但这也未必是必然之事。或许另一种新事物会出现，这种新事物将会承担类似 TCP/IP 协议（Transmission Control Protocol/Internet Protocol，即传输控制/网络通信协定）在互联网时代所扮演的角色。总有一种事物，会成为世界各地的计算机进行价值交换时所依赖的标准、底层协议。这种事物可能会是比特币、以太坊或其他完全不同的东西，它会不会是一个能够让持有数字资产的计算机在这些互相竞争的区块链上直接交易，而无须经由第三方处理的协议？这就是开源项目发展过程中存在的挑战和机遇，即任何人都可以复制你的想法并将其继续完善。好消息是，这种无国界的努力和创新力量，将会继续研究如何基于现有的想法进行迭代，从而建造可能更完善的系统。这样的创新可能会最终让比特币受益，巩固其先发优势。或者，它可能会将创造价值的力量传播到范围较广的各种平台之上，直到另一种新事物出现为止。在下一章，我们会对区块链领域狂热的创新节奏进行探讨，并将会继续提出此类问题。

第三章

技术与政治

若有一个由匿名的计算机持有者组成的网络，要为其建立一个去中心化的经济体系，使里面的每一个人都会为该群体的利益服务，将会是一个令人生畏的技术挑战，也是一个不小的政治挑战。其中的难度，让我们联想到了将一群猫以放羊的方式管理将会遇到的问题。事实表明，若要在传统的政治体系外建立一个网络，需要做出很多政治决定。

去中心化的加密货币或区块链网络的成功，有赖于设计出一种合适的规则集合（软件协议），以决定参与者互动的方式。中本聪的比特币所取得的突破，让我们看到了即便在涉及庞大的资金、商业秘密以及其他重要事务的情况下，也能实现上述目标。不过，随着比特币用户及计算机持有者所组成的社区持续增长和改变，随着新加入的参与者要求增加新的功能和新的应用，比特币一直面临着需要升级和改变协议以实现这些需求的压力。问题在于，在一个真正去中心化的、开源的系统中，没有所谓的控制人，这就很难让这些有着不同需求、不同利益立场的人，去做出需要进行哪些变更的决定。

现在，大约有几千名极度聪明的程序员和企业家，希望这个软件走向成功。在一定程度上，他们就像美国的国父所扮演的角色那样。他们发现了一种新的、很吸引人的东西，如果能够合适地加以利用，就可能改变世界。“人人生而平等”这句话并非凭空出现在1776年7月的美洲殖民地版图上，它是在其出现之前数十年间不断发展（现在仍在发展）的古典自由主义思想的结晶。区块链运动的技术哲学家正在一个想法上进行多种迭代尝试，而他们需要找到最佳的解决方案。

密码朋克的圣杯

若要理解区块链的工作原理[59]及其相关的技术及政治争论，比特币可能是一个合适的起点，毕竟它是第一个正常工作的区块链。比特币将纯粹的非许可型的去中心化的目标放到了其前沿和中心的地位。在引领一个由匿名用户组成的社区就交易历史达成共识的过程中，它展示出即便是一个没有任何人或机构控制的软件，也可能取代像银行这样的可信第三方中介机构此前所扮演的，对我们的金融记录进行确认的角色。

无论社会是否要为这种具有高度颠覆性的技术找到一个合理的采用路径，我们都必须先理解比特币是什么及其重要性。因此，我们要研究一下其内部工作原理。

不过，在我们开始之前，先来看一下区块链的通行定义：区块链是一种分布式的、只能往上添加内容的账本，它上面存储的交易记录都是由时序链接、可证明的签名及密码学来确保其安全性，这些交易记录都会在由计算机节点组成的网络中进行复制，而由软件驱动的共识过程会持续地在上面添加新的记录。

这一长串概念到底是什么意思？让我们将其拆解为一些关键字吧。

“分布式”：账本并非在一个地方存储，而是在多个地方存储，每一个记账节点都会独立地对自己的账本副本进行更新，并与其他人协调。当一个记账人（在这个案例中就是一台计算机）对账本更新了并证明其工作成果是可靠的，其他人就会即时将同样的更新放到自己的本地版本中。这样实现的是一个持续更新的、没有中心化权威版本的、共同认可的事实记录。

“只能往上添加内容”：信息只能被添加，不能被移除。这是相当重要的，因为这意味着没有人能够回到过去并篡改记录。只要大家就某个事实达成一致，那么它就代表事实，这方面并没有争论的余地。

“可证明的签名”：区块链使用公钥基础设施加密方法分享和控制信息。通过公钥基础设施，用户会控制两把独立的、但在数学上互相关联的字符串（由数字和字母组成），即“密钥”。其中一把是秘密的“私钥”，只有用户自己知道，而另一把是众人都知道的“公钥”，这是与某种有价值的信息联系在一起的。在比特币系统中，这样的“有价值信息”是指某个数额的比特币。用户使用私钥对其公钥“签名”的动作，可以通过数学方法向其他人证明该用户对这个公钥的底层信息拥有所有权，然后就可以将其分配或发送到另一个人的公钥上。在比特币的例子中，涉及一个过程，即一个人通过其公钥衍生出来的“地址”将货币发送给另一个人。（你可以将私钥想象成用来管理钱财的密码或秘密识别码，而地址是一个账户。）

“按时序链接、密码学确保其安全性”：密码学提供的一些工具应用到这个系统中，将写入账本的记录用相互链接的方式来表达，并设有一系列不可打破的数学枷锁去确保安全性，最终将其变成一个可以检验的时序链条。这打造了一个从不间断的、具有时序特性的区块集合（或称为一批批交易数据），其诚实性和完整性是由密码学来保证的。这样的架构为人们提供了一种无与伦比的、可靠度高的保障，即账本上达成共识的状态不会被篡改。

“复制的”：就如在“分布式”中提到的，根据系统的分布式特征，账本会在多个参与节点中复制。

“由软件驱动的共识过程”：这个程序由所有的计算机独立运行，它为这些计算机设立了特定的要求和激励机制，并系统性地引导这些节点，在全网账本的每一次版本更新之时，让这些节点就某些记录是否应该被添加进去的问题达成一致。“共识”是区块链设计原理的关键词，因为它描述了一个过程，在其中每一个参与者都会独立管理账本的副本，而这些人都会与其他人协作，维护一个共同认可的事实版本。通常来说，这种机制的实质就是如何让大多数人就更新达成一致。

这看上去并不是很复杂，如果你还是不明白，我们会继续深入讨论。

需要注意的是，上面提到的区块链通行定义并没有抓住中本聪理念的精髓。比特币系统中还有一些元素，可以说实现了密码朋克一族的“圣杯”：这是一种完全去中心化的加密货币，没有任何地方的任何人、实体或联盟能够掌控。

在比特币出现前20年间，以旧金山湾区为基地的密码朋克社区，一直为实现去中心化不断抗争。他们明白任何涉及货币的数字化系统都需要一个共同的账本去追踪每一个人的财务记录（会计学科里的“借”和“贷”）。这是为了确保人们没有对自己持有的货币余额进行“双重支付”（双重支付的实质是造假币）。不过，若要让一个系统真正地去中心化，它必须让任何人都可以参与账本的管理过程，它必须是“非许可型”的，并设有一种无人干预的共识机制。那样，没有任何实体可以阻挡、撤回或决定登记到账本里的记录，使其具有抗审查的特性。

在比特币出现之前，任何试图实现上述目标的努力，都碰到了一个不可逾越的困境：若没有一个中心化的有权实体确认账本校验者的身份，试图作恶的校验者会通过多个不同的身份搭建多个计算机节点，从而悄悄地干预共识过程（通过在推特上创建各种别名就容易明白这个道理）。通过对自己掌控的节点进行复制，他们可以占据50%以上的投票力量，并构造自己虚假的“双重支付”交易，将其插入共享账本中。其实，这可以通过由某种机构负责每一个计算机用户的识别和授权任务来解决，但这似乎又倒退到传统模式了，也会违反密码朋克一族“无须许可”及抵抗审查的理想。

中本聪天才般的解决方案建立在一系列“萝卜与大棒”结合的激励机制之上，它鼓励负责校验交易的节点都诚实行事。

任何地方的计算机都可以参与验证工作，而且因为比特币系统提供了类似彩票的激励机制，这些节点都有动力参与其中。这些比特币大约每10分钟进行一次分发，赢家就是成功为区块链账本添加一批新交易（或称“新区块”）的节点（这类似用计算机挖掘“数字黄金”的过程，因此也被形象地称为“矿工”）。在本书撰写之时，这个约每10分钟发生一次的奖励相当于12.5个比特币（当时价值约12.5万美元），它由去中心化软件协议自动地分配给胜出的矿工。同时，矿工也会收取一些交易费用，我们会在后面提及。

由于这是一个非许可型的系统，任何人都有通过向网络中增加计算节点来提高获得随机奖励的比特币的机会。因此，中本聪需要一个非中心化的方案，以防止用心不良的矿工控制超过50%的运算能力。为此他让每一个相互竞争的计算机节点，去执行一种被称为“工作量证明”（proof of work）的任务。工作量证明涉及一个难度极高的数学题，具有强大的运算能力才能在海量的数据组合找到唯一可行的结果。

工作量证明的成本是非常高的，因为它会同时消耗电力和运算能力。这意味着一个矿工若想获得这个共识系统的大部分控制权，就必须投入更多的运算能力，这就会涉及高昂的费用。此外，因为像“难度调整”这种机制的存在，使工作量证明的数学题的难度，总是随着网络范围里运算能力的增加而提升。中本聪的工作量证明系统能够确保，当攻击者快要能达到控制共识过程的临界点时，所谓的“51%攻击”的成本会呈指数级别增长。换句话说，在比特币系统的设计原理中，双重支付和欺诈问题并不是“非法”的，只是这种行为会被收取很高的“税收”，以至于实施这种行为的成本极其高昂。在本书撰写之时，信息网站 GoBitcoin. io 预计实施“51% 攻击”需要至少价值 22 亿美元的硬件和电费成本。

随着时间的推移，比特币挖矿活动已经演化成一个产业级的行为，而大型的“矿场”已经在网络中占有主导地位。这些巨头会不会串谋起来，通过将各自的资源结合，对账本发起攻击？或许会吧，但同时也有一些很强的因素让他们没有动机这样做。在这些因素中，包含了一个简单的事实，即倘若他们能成功地发起攻击，也会对其所持有的比特币的价值产生严重的负面影响。无论怎么说，在过去九年间，没有人成功地对比特币账本发起过攻击。这个从未被攻克的记录持续地强化了人们对比特币这个成本与激励因素相结合的安全系统的信任。

比特币常被看作一种新型的价值单位，一些极客认为它是美元、欧元甚至日元的良好替代品。如果我们从安全机制的角度去审视比特币，可以尝试建造一个概念框架，去理解中本聪的这个发明所能带来的更广泛的影响。比特币有两个概念，一个是作为货币的比特币，另一个是作为系统的比特币（整体性）。比特币 作为“货币”时是用于奖励那些为这个系统提供安全服务的人所用的价值单元。若缺乏比特币这个货币，这套系统就无法为计算机持有者提供激励机制，让他们诚实地校验价值交换的记录，那么中本聪设想的无人审查的分布式账本就无法实现。

当然，若要让上述机制串联起来，矿工必须先将比特币这种“货币”视为有价值的，要相信他们可以用比特币来交换商品、服务或美元这类法定货币。若要完全理解矿工及数百万人如何认同比特币的价值，就需要深入研究人类社区到底如何在选择流通手段、价值储存手段及记账单位的问题上达成一致的，这三个都是货币的特性。

与流行观点不一样的是，我们认为，一种货币不一定要由某种东西背书，无论是某个政府的承诺，或某种固定数量的商品（如黄金），只要它能够为价值交换提供良好的价值尺度和清算功能即可。这看似是个悖论，毕竟我们一直认为货币是某种具有实体的东西（纸币或金币），以某种形式将价值包含进去了。但事实上，货币只是一个象征性的价值表征物，它的价值完全是从社会的集体意志中衍生出来的，是社会将这个表征物视为标记价值的工具。这种可塑性的思维方式可以应用到任何表征物（代币）中，只需要有足够多的人接受它。这就是在比特币上所发生的事情。

这个账本系统的架构对维护比特币的安全性也同等重要。中本聪创造了这种持续增长、无法打破的区块构成的链条，每一个区块都代表10分钟（比特币奖励周期间隔）内发生并经校验的交易。这就是如今每一个公司的首席信息官都挂在嘴边的“区块链”的来源。（需要注意的是，在比特币的原始白皮书中，从未出现过“区块链”字样，这也是人们认为比特币并不应独占这个词的原因。)

在每一个区块周期内，试图获得下次比特币奖励的矿工都会参与工作量证明的竞争，他们会同时将新生成的交易收集起来并放到各自的新区块中。每一笔交易的细节，如日期、时间、发款人及收款人地址、发送金额等，都会被收集起来并通过一种特殊的密码学算法，生成一个由字母和数字构成的字符串，这个字符串就是哈希值（hash）。一种哈希算法能够将任意长度的原始数据转换成唯一一个固定长度的、由字母和数字构成的字符串，能够以数学的方法证明其底层信息的存在。任何拥有交易信息的人很容易就可以将其输入同样的哈希算法里，去确认最初生成哈希值的人必定是拥有同样数据的。

哈希值的另一个关键特性是，它对其底层数据的改变十分敏感。下面的内容，是我们将上一段的文字输入高度可靠的 SHA-256 算法（比特币所用的哈希算法）里，得出来的哈希值：

63f48074e26b1dcd6ec26be74b35e49bd31a36f849033bdee4194b6be8505fd9

现在，留意一下，当我们简单地将那段文字的句号移走，同样的算法会产出一个截然不同的、由字母和数字构成的字符串：

8f5967a42c6dc39757c2e6be4368c6c5f06647cc3c73d3aa2c0abdec3c6007a5①

① 译者注：上述具体的哈希值字符串来自原版书籍。与此译本的对应段落文本并不存在哈希值上的联系。

你可以思考一下，哈希算法这样的高度敏感性对维护区块链的完整性有多么重要。如果有人试图在现存的交易中引入修改之处，其他矿工会很明显地发现新生成的哈希值并不符合各自版本的区块链上的相应记录，从而会拒绝这个修改。

比特币的另一个优势是它可以将两个哈希值组合起来，生成一个根哈希值，以将两组独立的数据证明的特征包含进去。这个过程可以无限循环下去，通过运算出“哈希值的哈希值的哈希值……”的形式，创造出具有层级结构的“默克尔树”（Merkle Tree）。这解释了每一个区块里包含的交易是如何被捆绑起来并用密码学工具相互链接在一起的。

比特币让这个链接的功能更进一步了。通过其他密码学哈希函数，胜出的矿工会将其新创建的区块与其前序区块链接起来。这使整个区块链成为一个永不结束、以数学方式链接起来的交易的哈希链条，这个链条可以追溯到比特币在2009年1月3日产生的“创世块”。如果有人试图修改比特币在2011年1月15日的某条交易记录，比特币区块链在其后七年间的基于哈希值链接起来的所有数据记录就会截然不同。这有点像银行用能够爆炸的染料包去保护钞票的方法，即任何试图花费被盗钞票的盗贼都会立刻沾上染料。

每一个胜出的矿工所生成的新区块，都包含了一些新的交易。这些交易的合法性，是由矿工通过区块链所提供的这种不可打破的交易记录链条来检验的。如果某个矿工认可前一个区块的内容，他就会将自己生成的下一个区块链接到前一个区块上，如果幸运的话，这个新区块就能成为区块链上的下一个区块。如果矿工对前一个区块的内容不满意，就会将自己生成的新区块链接到时间更早、他们又信任的区块上，这使被放弃的区块成为“孤儿块”（orphan）。这个决策机制是比特币共识逻辑的基础，它是基于所谓的“最长链”的约定开展的。这个想法是，在任何矿工都没有积累超过50%全网运算能力的情况下，数学概率会确保不诚实的少数矿工试图将新生成的区块添加到此前被拒绝的“孤儿块”时，就会很快落后于大多数人持有的“最长链”，因此它的区块将会被抛弃。当然，一个潜在的风险是，当某个作恶的参与者确实控制了超过50%的运算能力，它就可以产出“最长链”，将虚假的交易包含进去，这样其他矿工会不知不觉地将此看成是合法的链。尽管这样，就像我们之前解释的那样，要取得这种级别的运算能力的成本是极其昂贵的。这种数学原理与货币（经济因素）的组合，确保了比特币的安全性。

这些概念的组合，构成了中本聪的突破性成果：一份去中心化的、抗审查的历史记录。如果我们认同所有会计系统提供的数据都是“估算”出来的事实，那么要去实现一个能够完美反映现实世界的系统的话，简直是难于登天。因此，这种在没有中心机构参与的情况下，就能收集并反映一个社区的集体意见的系统，提供了迄今为止最能客观反映事实的工具。

在解决双重支付问题的过程中，比特币也实现了另一种重要的功能，它神奇地创造了“数字资产”的概念。在此之前，任何数字化的东西都可以轻易复制，因此无法视为可区分的财产，这也是为何像音乐和电影这样的数字产物通常是以许可证和访问权（而非所有权）收费的。通过切断某种有价值的事物复制的途径，比特币打破了上述传统认知，从而创造了“数字化的稀缺品”。这个特性对比特币作为一种货币的用途是至关重要的，而对其后出现、模仿比特币原理的加密资产（crypto - assets）来说，这个特性也同等重要。

当然了，比特币虽然是一个更进步的解决方案，但不能称得上完美。比特币社区中针对一些看似简单的问题所发生的内部争议，很好地说明了这个道理。这类争议是从一个简单的技术性分歧开始的，但最终演变成对无人控制的网络的掌控权的争夺。这个例子表明，管理比特币并不仅仅是管理其账本，它还与治理社区有关，也是一个政治问题。

比特币的“内战”

在开源项目上进行主要的代码变更一直是很困难的，对比特币而言更是如此。在比特币里，并没有可识别身份的领导去处理纷争，而因为系统中没有用以识别身份的信息，你并不会确定与你争吵的人是谁，也不清楚他在系统里占有多少份额。此外，这还涉及经济利益。任何改变都可能对人们在数字货币里存储的价值产生深远影响。这意味着人们会不断地争吵下去。

这其中，规模最大的纷争，是关于一小段代码的，即每个区块所能容纳的数据大小限制，而从 2010 年开始，它被硬编码成1MB的数值。这个限制意味着比特币区块链每秒只能处理约7笔交易，这个指标对那些希望用比特币与维萨卡竞争的支付服务商来说无疑是沉重的打击，毕竟后者每秒可以处理65 000笔交易[60]。

到了2016年，比特币网络上产生大量的交易，以至于1MB的区块大小已经无法满足这些交易需求了。那些本应在几分钟内就结算完毕的交易，经常需要历时数小时甚至更长时间才能结算完毕。为了改变这一现状，用户会增加付给矿工的交易费用，以提升其交易被包含到一个新区块的机会。一个人为创造的“交易费用市场”形成了。换句话说，就是让用户之间展开竞争，支付更高的费用。到了2017年6月，比特币网络上的平均手续费已超过5美元一笔[61]，这对价值2万美元的交易来说或许可以接受，但对购买一杯2美元的咖啡而言，简直是不可理喻。这样的成本是由用户承担的，也成为矿工除常规的每个区块12.5个比特币的奖励外，一笔新产生的额外收入。突然间，这些矿工就像比特币本应颠覆的银行体系里的中间人一样。对于用户而言，一个本应是无摩擦的支付系统，其摩擦度突然变得非常大了。

很多钱包提供商和交易所这类初创企业，试图在比特币之上构建业务，但它们对无法及时处理客户交易的现状很无奈。“我不得不成为一个可信的第三方”[62]，比特币钱包及托管服务提供商Xapo的首席执行官文西斯·卡萨尔斯（Wences Casares）说道。他是指其公司的很多客户都需要将自己的交易在“链外”

进行，并相信 Xapo 公司会稍后在比特币区块链上对这些交易进行结算。

社区需要就这个问题采取行动。一些人提倡增加区块大小限制。不过这个看似微不足道的代码变更并不被视为最佳解决方案。批评者说，让区块大小增大的话，就需要更多的存储空间，最终意味着运作挖矿节点的成本更高了。这也可能让潜在的矿工离开，使比特币挖矿的力量集中在更少数中心化参与者手上，最终为比特币带来生死存亡的威胁，即这些少数参与者可以合谋并破坏此账本。表面看来，两种主张都有道理。“主张更大区块的人”希望任何人都可以承担使用比特币的成本，不至于让高昂的交易费用阻挡人们用比特币买一杯咖啡的需求。而“主张更小区块的人”则希望保护两个更重要的目标，即去中心化和安全性。这两个群体之间的矛盾是不可调和的，由于现在涉及经济利益太多，这样的矛盾只会日益尖锐。直到 2017 年秋季，比特币已经从一个业余的小型项目变成一个拥有 500 亿美元市值的全球性实验。在没有主人、没有董事会、没有管理层的情况下，谁有资格评论哪一群人持有能够保护这个巨大价值体系的正确意见？

这时，一系列解决方案被提出来了，但却没能吸引足够的共识度，而共识这个词在比特币的圈子里是相当神圣的。其中部分原因在于，系统里没有机制去评判每一种想法的支持者在系统中到底持有多少份额。比特币的伪匿名性质，使它缺乏识别人们及其持有的比特币地址的机制，这是其关键的设计特性，目的是强调对隐私和非许可特性的保护。不过，这也让达成政策变更的投票很难组织起来了。若无法识别一个人的身份及其持有的份额，就无法完全衡量由用户、商业、投资者、开发者及矿工所组成的比特币社区的大多数意见是什么。这样，这种争议最终变成社交媒体上的“口水战”。

无论是“大区块”还是“小区块”的支持者，似乎都碰到钉子了。这样的争议日渐恶化，导致比特币社区在红迪网的板块分裂成两块，每一个分论坛都为各自的支持者服务。事实表明，让他们达成一致是不可能的，因此越来越多的人采用了类似的不可思议的解决方案，即将比特币本身进行分裂。

这个想法就是对比特币“分叉”（fork）。这原本是一个与软件相关的概念，即对一个程序升级（如新版本的微软 Word 系统）。这里存在两种类型的分叉，即软分叉和硬分叉。在软分叉中，旧版本的软件缺乏新的特性，但还是可以与新的版本兼容；而在硬分叉中，新的软件无法做到“向后兼容”，这意味着它无法与旧的版本互操作。一个基于硬分叉的软件变更对用户而言，代表了一个“要么照做，要么死亡”的决定，让用户去选择是否升级。这对一个文字处理软件而言已经不是一件好事了，而对一种货币系统来说，简直是问题重重。基于旧版本的比特币无法转移到某个支持新版本软件的节点上。这就产生了两个版本的事实。

后来，比特币开发者皮耶特·威勒（Pieter Wuille）提出了一个创新性的另类解决方案[63]，即所谓的“隔离见证”（Segregated Witness，或缩写成 SegWit），它只需要通过软分叉就能实现。它不会让区块大小限制翻倍，但能够让交易数据的效率更高，这意味着可以让 1MB 区块的信息量翻倍。更重要的是，隔离见证修复了一些长久存在的代码问题，使得比特币更容易实现一个重要的创新功能，即闪电网络（Lightning Network）。

闪电网络技术是由撒迪厄斯·迪瑞亚（Thaddeus Dryja）和约瑟夫·潘（Joseph Poon）创造的，人们认为它以后可能会跟维萨卡的每秒 65 000 笔交易的指标抗衡。它让人们可以共同签署智能合约[64]，基于付款人签发的一个比特币交易中议定的数额，创建出有时间锁的双向支付通道。然后，他们就可以在预先设定的限额内互相划拨资金。同时，通过由第二通道构成的连锁系统，他们可以将资金划给第三方，从而创造出一个能够追溯且无须在比特币区块链上确认的支付网络。因此，这个模式里无须付给矿工费用，其在一定时间段内所能处理的交易数量也没有限制。智能合约让用户无法欺诈，而比特币区块链只在结算层使用，负责在一个通道开启或关闭时将交易净额记录下来。比特币区块链会作为最终证明的来源，确保所有“链外”的闪电网络交易是真实的。

开发者社区里的很多人对隔离见证和闪电网络解决方案表示支持，特别是与比特币核心团队相关的人。比特币核心的开发者（例如皮耶特·威勒）与具有影响力的比特币基础设施公司 Blockstream 有着千丝万缕的联系。对他们而言，隔离见证和闪电网络的组合是负责任地做出改变的方式。他们相信自己有责任去避免重大的、颠覆性的代码库改动，并鼓励创新者去开发能够增强有限的基础代码功能的应用。这是一种经典的、以安全为先的协议开发方式：保持系统底层的核心系统的简单性及健壮性，使其难以更改（有些人称这是“刻意的不灵活”），从而迫使创新的努力提升到应用层完成。若这种做法有效，就会同时得到安全性和创新性两个好处。

不过，一群具有现实影响力的矿工对这两种方案都没有表示支持。这个组织是由一个中国公司主导的，该公司既有挖掘比特币的业务，又产出了一些最广泛使用的挖矿设备。这个组织一直固执地抵制隔离见证和闪电网络。目前尚不清楚比特大陆（Bitmain）的首席执行官吴忌寒为何对这两种方案如此抵制。不过，在与比特币早期投资者及著名的自由主义者罗杰·沃（Roger Ver）联手后[65]，他发动了一系列游说，试图推动更大的区块容量方案。其中一个理论称，比特大陆担心“链外”的闪电网络解决方案会让本应付给矿工的交易费用流失；另一种理论称因为这样的支付通道产生的交易的可追踪性不如链上的交易，因此政府可能会关闭其运作。当流行的蚂蚁矿机暴露出在给第三方矿工供货的时候留有“后门”，可以让比特大陆这个既是矿机生产商又是矿工的机构将其竞争对手的设备远程关闭后，比特大陆的声誉遭受了打击。阴谋论称比特大陆计划颠覆隔离见证方案。比特币大陆对此表示否认，并发誓会禁用这个“后门”。但信任已经损毁了。

这场对峙在2017年春天继续发酵。最终，在多次针对代码的软分叉和硬分叉提议出现后，由比特币长期投资者巴里·西尔伯特（Barry Silbert）带领的一群商业人士提出了SegWit2x的折中方案[66]。这个两步的计划得到了比特币商业社区（应注意到Blockstream不在其中）里的名人的支持。它的目标是让足够数量的矿工在2017年7月率先实施隔离见证方案，然后在2017年11月将区块大小调整到2MB的规模。对提倡更大区块的人而言，这样的方案只是为了保住颜面，毕竟在开源社区里，任何人都无法保证其他人真的会在4个月后将区块大小翻倍。尽管如此，这个计划还是发挥作用了。在SegWit2x方案的截止日期不久前，有超过80%的运算能力的节点发出信号，表示它们将会在2017年7月31日后实施隔离见证方案，这本来足以表明计划有望落实。即便如此，巴里·西尔伯特的团队并没有得到一个明确的胜利信号，因为据传由比特大陆支持的一个中国组织，声称其无论如何还是会发起硬分叉，将比特币分离开来。就这样，2017年8月1日，当大家都以为比特币会避过一场痛苦的"离婚"过程时，这样的分裂最终发生了。

在那天，一个自称比特币现金（Bitcoin Cash）的比特币的新版本诞生了，其区块大小是8MB，使用了BCH作为其代币的符号（原来的比特币的符号是BTC）。当一些反对隔离见证的矿工开始挖出具有以上特征的区块时，分叉就出现了。这有点像股票拆细，因为从技术上来说，所有比特币持有者在当时都可以拥有原始的比特币及同等数额的比特币现金，但与股票拆细不同的是，它们互相不兼容。很多人都对这两种"本同末离"

的币种感到迷惑。对比特币交易所而言，这也是个新东西。不过，当有人愿意开始交易比特币现金后，市场好像不知道该如何对待这种新的比特币“反叛者”。比特币现金刚开始的价格在300～700美元，但在人们得知只有一个大矿场在支持它后，它跌到了200美元左右，最终稳定在约350美元（2017年夏天）。与此同时，原来的比特币一飞冲天，上涨超过50%，在两个星期内到达了4 400美元以上。这样的价格表明，支持更小区块的比特币版本及隔离见证的改革者已经胜出。

比特币现金仍在继续交易，不过它不像能够超过比特币的样子。而原来的SegWit2x折中方案本应将比特币区块提高到2MB，但由于得不到足够的共识，最终在2017年11月被迫放弃了，这使一边的人深受打击，而另一边的人沾沾自喜。比特币经历了如此滑稽的闹剧，很多圈外人自然认为这会影响比特币的声誉并降低其支持率。谁会想要这样的无法治理的货币？可是，原来的比特币确实在小于12个月的周期内上涨了超过650%，创了新高。

为什么会这样呢？其中一个原因是比特币已经证明了它的生命力。尽管比特币社区发生了“内战”，但它的区块链账本还是能保持完整。虽然我们很难将这些尖刻、辛酸的争议视为优势，但比特币已经证明其修改代码及为货币系统引入变更的过程是如此艰难，对很多人而言，可以看成对比特币的不可篡改性的重要试验。强大的抗审查功能毕竟是比特币的一个卖点，也是为何有人将数字货币看成一种能够代替现有的陈旧、可篡改的法定货币体系的世界储备资产。实际上，有人会说，比特币无法达成妥协、无法前行的现象，对外人而言或许是最大的缺陷，但这可能正是其最大的优势。就如以前简单的、没有改变的 TCP/IP 代码库一样，比特币协议难以达成一致的政治现状实际上增强了系统的安全刚性，迫使创新应用在上层进行。

我们从比特币和比特币现金分裂的事件中可以看到当区块链开发人才短缺时资金的流向。显然，资金会流向开发人员所在的地方，那里是最可能产出创新成果的，那里的安全措施更有可能妥善地实施、更新和测试。这就是为何比特币有来自比特币核心团队和其他地方的人才优势。比特币现金无法获取这些丰富的创造力资源，因为由关注经济利益的矿工组成的社区难以吸引有激情的开发者。这并非是说比特币核心团队的开发者就是圣人，一个快速、简单的区块大小调整方案本可降低比特币系统的压力。而很多公司对比特币核心团队固执地拒绝这种方案的做法感到失望，这是可以理解的。还有人担心由风投资本注资的 Blockstream 公司对比特币核心团队有过大的影响力。

不管怎么说，比特币并不是市面上唯一的区块链。在由老牌企业组成的商业世界里，金融和非金融的公司在很多场景中都倾向于使用许可型的区块链。在这类区块链中，一些类似银行联盟之类的机构会选出能够参与验证过程的实体。这种方案相对于中本聪的成果来说似乎倒退了一步，因为它使该许可型系统的用户不得不再次依赖于某些可信第三方。一些人倾向于将这些私有的网络方案称为“被区块链启发的”而非纯正的

“区块链”，并通常用“分布式账本技术”来描述这些方案。不过，这类方案确实采纳了比特币提出的很多革命性的特性，也为这些许可型系统中的授权成员在共享信息时遇到的很多信任问题提供了解决方案。更重要的是，许可型的区块链的可扩展性相对于比特币而言要高很多（至少在现在是这样），毕竟，其治理机制无须依赖于世界范围内的成千上万的匿名参与者去达成共识；它们的成员只需要在处理性能需要提升时简单地增加运算能力即可。不过，就如我们在第六章会提到的那样，这些许可型系统或许有着天然的限制，使创新成果在其之上难以出现。

对我们而言，非许可型的系统提供了最大的机会。开发许可型的区块链或许是通往某种更开放系统的过渡方案，或许有很高的价值，但我们相信非许可型的区块链及开放的访问机制是我们应该争取的目标，即便我们看到了比特币的“内战”中暴露出来的挑战。这也是我们在本书中花费了大量的篇章去研究它们的原因。

一些新生的模式试图提高或增强比特币所提供的功能，这使非许可型区块链的发展节奏也日渐火热。与比特币单纯专注于货币功能做法不同的是，这类方案试图拥抱范围更广的去中心化计算概念。不管我们将它们看成比特币的竞争者还是比特币的有意思的“后代”，它们表明，在比特币出现之后，各种新想法的探索越来越有活力了。

以太坊：一个无法停止的全球计算机，但它有漏洞

可以说，以太坊这个平台所吸引的关注度与比特币不分伯仲。这是一个由俄罗斯裔加拿大籍天才少年维塔利克·布特因（Vitalik Buterin）所构思出来的项目。比特币的技术启发了不少奇思妙想，而以太坊正是其中一个众所周知的想法，它指出区块链网络可以实现比无中介机构的货币更多的功能。包括地契、合同、医疗记录、版权、法律合约、个人身份证件甚至公司注册流程等，只要能实现数字化并通过网络传输，都可以插入区块链的交易中，最后以不可篡改的方式记录下来。这意味着一个全新的、自动化的点对点交换经济。问题是，比特币单一的货币功能，无法很好地满足这些非货币应用场景的需求。因此，维塔利克·布特因采用了比特币最重要的去中心化概念，并设计了一个优化“智能合约”的新程序，使它可以运行定制化的去中心化应用程序（Dapps），让用户可以进行任何交易。

这个想法是，运行在以太坊网络上的计算机会展开竞争，争夺执行去中心化应用程序上的代码指令（发行和转移数字资产等）的机会。若胜出的话，这些计算机会获得以太坊的代币以太币（Ether）作为其提供的运算成果的回报。因为该网络是去中心化的，因此，这些去中心化应用程序能够以完全公正的方式运行，用户可以相信运行结果是与合约规定一致的。如果这个平台能够实现维塔利克·布特因等人对其的期望，它就会相当于一个全球化的、去中心化的虚拟计算机，并总是能在无

人掌控的情况下执行用户的代码指令。

当维塔利克·布特因在2013年12月发布了白皮书后[67]，人们对这个想法欣喜若狂，意识到它会是首个真正能够实现可扩展的去中心化程序开发平台。在几年间，这个开源项目日渐成长，吸引了众多充满热情的应用程序开发者。一个网名为“owaisted”的博客主在描述知名的以太坊开发者大会Devcon时说道：“你可能会碰见一些网页开发者、系统工程师、学者、工商管理硕士、变性人、特朗普的狂热支持者、中国企业家、纽约风投资本家，或一位坐拥500万美元的以太币的技术人员。对那些拥有怪异性格的人来说，这是一个很安全的地方。”[68]

也难怪，这个去中心化平台所启发的各种想法，也是如此广泛和不拘一格。下面是其中一些例子：自主的数字身份、去中心化的医疗记录共享机制、由市场驱动的自动化太阳能微电网、去中心化的商品交易所、众筹、无主的投资基金、区块链上认证的婚姻证书、可证安全的在线投票系统、去中心化供应链及物流平台、物联网的安全机制。这样的例子还有不少。以太坊内置的编程语言是“图灵完备”（Turing complete）的，它实质上是指其拥有很高的灵活性，让人们可以编写各种各样的程序。

这个平台最关键的突破点是其易用的编程语言让智能合约成为现实。正如在比特币出现之前，密码学系统理论家尼克·萨博首先提出，智能合约是一段计算机代码及指令，用于根据预先设定的合约条件来执行交易。律师总是对在这种场景中使用“合约”这个词很不满；毕竟，合约是指在人类之间达成的、有法律效力的协议。机器只能执行在这些法律合约中列明的条款。不过，纵使“智能合约”这个词可能有点用词不当，但我们不要忘记，能够可信地执行协议条款的方式应该是非常有用的。

举一个简单的例子：在以太坊系统上，双方签署了一个“差价合约”，这有点儿像一种股票期权。如果来自一个股票交易所的数据源向某个计算机下达了一个通知，指出某种特定的股票的价格比预先规定的水平（通常是最初购买的价格）上升或下跌了一定幅度，那么一方就必须向另一方支付差价。这类合约很容易在无须律师、第三方证明者、托管机构等的干预下就能够自动执行，这是因为双方都相信这个防篡改的系统能够以其声称的方式正常运作。例如，在一个带有 GPS（全球定位系统）功能的芯片检测到一批货物已经运送到指定的仓库后，智能合约可以立刻触发一个以支付数字货币为条件而转让货物所有权的流程。这样，这类计算机化的合约，可以重构商业领域中企业管理供应链关系的方式。

2014 年 1 月，维塔利克·布特因在北美比特币会议上宣布了以太坊的消息后[69]，他告诉作者，他希望打造“为去中心化应用程序而设的安卓系统”。像谷歌的智能手机操作系统（安卓）那样，这是一个开放的平台，在上面人们可以设计任何新型应用程序，并能够在以太坊的无人掌控的计算机网络中，以去中心化的方式（而非在某个公司的服务器上）运行这些程序。在当时，维塔利克·布特因只有19岁，他意识到比特币及加密货币的世界正在飞速发展，留给他的时间已经不多了，因此，他从滑铁卢大学退学了。现在，他已经打造了一个全球都能访问的去中心化超级计算机。这是一个勇敢的、革命性的想法。现在，以太坊上已经有600多个去中心化应用程序在运行，这似乎证明了他的想法是可行的。在2017年前11个月，这个系统内置的代币以太币从8美元上涨到400美元以上，而当时以太币的总市值已经达到390亿美元，几乎是当时比特币市值的一半。这样的成功，使维塔利克·布特因这个神童立刻成为千万富翁，让他在那些已发财的以太币及相关代币的持有者中成为宗教领袖般的角色。不过，在一个总是对某个机构持有过多影响力而保持警惕的产业里，有观点认为人们对维塔利克·布特因的崇拜有点过分了。

以太坊的技术仍然处于早期阶段，目前还不完善，也有不少漏洞。因为它的灵活性太强了，在计算能力应用上提供了很多场景，这也使攻击者有机可乘，甚至带来更严重的问题。例如，以太坊的网络总是在遭受分布式拒绝服务攻击（DDOS），因为恶意的黑客发现了代码中的漏洞，并通过海量的交易堵塞该网络中负责验证账本的节点，让系统瘫痪。因为这个平台是完全开放的，其上搭建了无数的应用程序，这样就会存在不少潜在的攻击向量，让用心不良的人可以试图对系统造成伤害。

以太坊的联合创始人约瑟夫·卢宾（Joseph Lubin）在设立ConsenSys（共识系统公司）后，似乎让问题变得更复杂了。这是一个位于布鲁克林的公司，它有点像智库，负责寻找并开发这种技术的用例和应用。约瑟夫·卢宾团队的工作是很重要的，它帮助展示了这项技术的巨大潜力，为开发者带来了启示，并扩展了世界上区块链人才的积累。

ConsenSys 公司也将去中心化架构的概念更深入地推向了主流世界，它与微软这样的公司合作提供了一套工具，让初创企业和大公司的开发者在以太坊上开发自己的去中心化应用程序。不过，这些项目的扩散，创造了数百种包括新钱包和智能合约在内的新应用，也意味着为恶意分子提供了捣乱的机会，在最坏的情况下，还会让资金被盗。例如，由以太坊联合创始人和首席架构师加文·伍德（Gavin Wood）设计的 Parity 钱包[70]，让人们可以通过浏览器与以太坊智能合约无缝地互动，但这个钱包在一场攻击中就导致了 3 000 万美元的损失。

这类重大问题倘若发生在银行的关键系统上，会带来严重冲击，不过，开源社区认为，这样的攻击像是一场课程，是一个让系统变得更强大的机会。毕竟每一个使用以太坊系统的人都预先知道这些风险。既然大家都认同这点，那么这样的事件应该看成是群体优化并让以太坊更强大、更有活力、更有适应性的过程。至少，理论上应该是这样。实际上，当牵涉大量资金时，人们非常重视自己的财产，这意味着像以太坊这样的成功的开源项目可能会像比特币那样变得政治化。维塔利克·布特因、约瑟夫·卢宾、加文·伍德和首席通信官斯蒂芬·图阿尔（Stephan Tual）等都是以太坊的早期创始人，有不少的批评意见指出，这些人将个人利益放在了首位。当然了，这样的分歧在预料之中。有趣的是，以太坊社区在处理这些问题时，其做法与比特币社区并不一样。

从一开始，以太坊就是一个由一群公开身份的人带领的项目，有清晰的目标去开发和积极地推广一个产品。与早期的比特币社区相比，以太坊的创始人有更接近初创企业的思维。比特币几乎是悄悄出现的，是由一群匿名的创始人先将其传播到小范围的早期志愿者用户和开发者中，直到其慢慢地被更广泛的人群所知悉。比特币的代币在刚开始的时候总余额为零，任何了解比特币的人都可以参与其中挖矿并有机会获得比特币；而以太坊刚开始是“预先挖出”7 000 万个以太币（即预先分配给团队），并将其卖出或分配到某些地方，以为开发、管理、市场营销、奖励创始人等用途筹集经费。以太坊这场众筹活动是当时的同类活动中规模最大的[71]，在 2014 年通过“预售”这些代币，筹集了 1 840 万美元的资金。此外，另一批“预先挖出”的以太币（占总量的 16.5%，当时价值 350 万美元）预留给了创始人和开发者。对那些从这个池子中分得以太币的成员来说，可谓是中了大奖。这些代币在 2017 年 11 月末的总价值是 47 亿美元，仅仅在三年内就上涨了 100 000% 之多，这是一个惊人的涨幅。

在这样的生态系统中，涉及大量的资金，使人们担忧这个项目的创始人的利益与其他用户并不是一致的。为解决这个问题，以太坊设立了非营利性的以太坊基金会，其任务是管理这些从“预先挖矿”和预售活动中获得的以太币及其他资产。以太坊采用的这种筹集资金的方式，后来被不少ICO代币销售活动所采用。暂时而言，由于很多人都通过以太坊赚取了不少的财富，这些代币持有者都将项目的主导者看作某种程度上的英雄。这其中最大的问题可能是这样一帆风顺的体验使人们认为这些开发者不可能做错任何事。与比特币相比，以太坊的开发主导者的角色有点像高级经理。他们并没有常规公司的高管人员那样的权力，因为由用户组成的社区可以拒绝对软件的升级（就像比特币软件那样）。但实际上，以太坊的开发主导者对以太坊的治理问题有更大的政治影响力。

前面提到过的The DAO攻击带来5 500万美元损失的事件最能反映这个问题。在攻击者将整个投资基金抽空之前，“白帽子”开发者可以将漏洞堵上了。但问题是，那些已经被偷走的5 500万美元怎么办？以太坊的开发主导者明白，只要在The DAO基金的27天锁定期到期之前，通过对软件做出改动，他们就可以更改资金的所有权，最终把资金归还给用户。不过问题是，他们应该这么做吗？他们刚开始尝试进行少量的代码改动，但没有生效，然后他们决定实行一个影响很大的修复方式：对以太坊区块链进行了“硬分叉”并推出了一个无法向后兼容的软件更新版本，使攻击者在某天之前发生的所有交易无效。这是一个激进的举动。对加密货币社区的很多人来说，这会让人们对以太坊“不可篡改”的主张产生怀疑。如果一群开发者可以将某种变更强行加到账本上并撤销某个用户的行为，无论该用户的这类行为是否真的不妥，你如何能相信该账本以后不会为了某个群体的利益而被篡改或操纵呢？这难道不会毁坏这个平台的价值主张吗？

其实，在很多方面，以太坊团队的举动，有点像政策制定者面对现实世界危机的方式一样。他们会做出一些可能会损害部分人利益的举动，但最终是为了整体的更高利益服务。当然，这样的决定最好以民主的方式做出。以太坊团队花了很大力气解释该硬分叉的方案及争取社区的支持。此外，就如 SegWit2x 方案及其他比特币改进提议那样，如果大部分的以太坊矿工不支持这个硬分叉的话，它就无法生效。无论怎么说，这个修复方案是民主的，甚至可以认为，它的民主程度，比国家政府应对危机时制定政策所依赖的参与度低的民主模式要更高。

由于以太坊社区更多是由软件工程师而非加密货币投资者所组成的，以太坊的硬分叉提案产生的争议要比比特币上的同类情况少。

可是事情并没有告一段落。显然，一群对此方案不满的以太坊参与者并非无能为力，其中的一个组织决定继续在原有的、非分叉版本的以太坊上挖矿和交易，让 The DAO 攻击者所获得的代币份额继续留在交易历史里，他们将这个版本称为“以太坊经典”（Ethereum Classic），并用 ETC 作为货币符号，让其与分叉后的以太坊代币一同在市场上交易。现在，就有两个版本的以太坊了。这制造了更多的混乱以及一些有趣的套利机会，而对比特币交易者来说，以太坊的分裂给他们在两年后面对比特币分裂事件提供了一些经验教训。不过，这也可以看成一个不满现状的组织用非暴力的方式行使“用脚投票”的权利。一年多后，“以太坊经典”依然存在，但它的交易量只有以太坊的一小部分。在以太坊进行了硬分叉后，The DAO 攻击者账号的活动被紧密监视；这意味着其盗窃的资金价值大大降低了，毕竟它无法再通过以太币的方式保存下来。

这些攻击及对其进行修复时出现的混乱场景是不是看着很疯狂？让我们全面思考一下。首先，这场货币混乱与 2008 年的金融危机及其后的华尔街交易丑闻相比，是不是没那么令人担忧？此外，这些攻击的发生及相应的应急行动的实施，都提供了学习的机会，带来以太坊模式的改进并增强了人们对其的信心，也让 Plasma 这样的创新项目有机会发展起来。Plasma 是由维塔利克·布特因和闪电网络的联合创始人约瑟夫·潘创建的[72]，就如比特币上闪电网络的作用那样，Plasma 致力于将消耗较多资源的交易和智能合约的执行任务放到一个安全的“链外”环境中，降低了以太坊区块链上的负荷。如果它能够发挥作用，可能会让以太坊能够处理真正的企业级应用。在这些由进入此领域的海量资金支撑起来的爆炸性新想法面前，之前的这些攻击显得微不足道。

尽管如此，比特币和以太坊的实验表明，治理一个开放的、去中心化的系统是很难的。它需要不同的利益团队就任何改动达成共识。不过，对被吸引到这个领域的充满创意的头脑（开发者）而言，越是有限制，越是让他们有解决这些限制的动力。

一些人提出了重要的想法，试图解决早期的区块链平台的缺点，而这些想法中，出现了不少激动人心的创新成果。

在互联网的早期，很多持负面意见的人称，因为加密技术、法律和其他保护机制的缺失，自主运行的计算机不可能以安全的方式沟通。最终，那些专注于这些问题的人所付出的智力成果，使这些问题都成了过眼云烟。剩下的就是历史了。我们相信同样的结果也可能出现在这个领域。在结束本章之前，我们简单地看一下最近的一些解决方案，它们可能有望推动上述问题的解决。

是否有一种更好的比特币

比特币及其他的早期加密货币对隐私信息保护不足的问题，让密码学家对此深感忧虑，但大众却对此不太重视。尽管人们普遍认为比特币是一种匿名的工具，而众所周知，犯罪分子和黑客有时也会利用比特币隐藏自己的身份；但实际上，比特币区块链是一个极度开放的账本。尽管你只能在比特币账本上看到一些由字母和数字构成的字符串所代表的地址，也看不到任何名字，但其上面的每一笔交易都有能够让任何人观察和追踪的特性，这意味着人们（及监管机构）最终能够追踪到你，而考虑到目前受监管的比特币交易所必须遵守“了解你的客户”（Know – Your – Customer，KYC）的要求，这样的追踪变得更容易了。这让极度重视隐私权的人深感不安。隐私权的倡议者称，若缺乏真正的隐私，人们就无法拥有不受干预的、开放的经济机会及社会互动，毕竟一些不必要的曝光度会限制人们自由表达和参与自由的商业活动中的能力。这就是很多开发者都在设计难以追踪的数字货币的原因。

你可能会问，为何我们不应该在那些可恨的黑客套现离场的时候通过可追踪性逮住他们？这么说吧，相对于其他的数字货币而言，若某种特定的数字货币永久记录的区块历史与法律体系产生关联的话，会在一定程度上对其价值带来冲击。有一种新型的加密货币 Zcash 的主张是确保该货币的“可互换性”（fungibility），依据其创始人祖科·威克斯-奥赫恩所解释的那样[73]，这个概念是指“如果你有两个此类事物可以用于支付，无论你用其中哪个来支付，都没有区别”。换句话说，就像银行钞票那样，即使上面的序列号并不一样，但每一张钞票所代表的不管是美元、日元还是英镑，只要同类钞票的面额相等，价值都是一样的。但这在比特币的例子中并非如此。“丝绸之路”是一个地下的非法商品市场，其负责人罗斯·乌尔布里奇（Ross Ulbricht）被美国联邦调查局逮捕并被有关机构定罪后，美国联邦调查局对从其处没收的 14.4 万个比特币[74]（在 2017 年 11 月价值 14 亿美元）进行了拍卖。在当时，这些比特币以明显高出行情的价格成交了，而人们的想法是，这批比特币是被美国政府“洗白”了，因此更为值钱。而与此相比，市面上的比特币可能会有一些“黑历史”，考虑到未来可能会有被冻结的风险，因此价值就没那么高了。这并不公平：可以想象一下，如果你的钱包里的美元钞票，仅仅是因为它在五年前曾流经某个毒贩子手中，而你对此并不知情，但这些钞票的价值在市面上就要低10%。为避免这种价值扭曲的情况并创造一个像“可互换的”现金那样的加密货币，祖科·威克斯－奥赫恩的Zcash使用了一个复杂的“零知识证明”（zero－knowledge proofs）算法让矿工在无法追踪地址的情况下也能证明该货币的持有人没有进行双重支付行为。

Zcash及达世币、门罗币这类新型的加密货币，是由密码学确保其匿名性的，它们吸引了不少的关注，这些人并不仅仅是自由主义者及其他想避开窥视行为的人。银行也被这种技术吸引了，原因很简单：银行不希望自己及其客户的交易被暴露在市场中，因为这会影响它们交易的能力。实际上，除了这些新型的“隐私数字货币”，金融领域对隐私解决方案的关注度还在不断提升。在2017年2月，包括摩根大通、瑞银集团在内的七家全球性大型银行[75]与美国芝商所集团（CME）、英特尔、微软一起，设立了企业以太坊联盟，以“定义企业级的软件”，让它可与这些大型公司提出的性能问题及更为重要的隐私问题相兼容。

比特币和以太坊正面临一些令人苦恼的问题：如何安全地实现可扩展性，即在避免创造出一个高度中心化或容易入侵的平台的情况下，如何在每秒内处理更多的交易；此外还有一个相关的问题，即如何搭建一个民主化的治理架构去处理这些问题。Tezos和EOS这两种新型的区块链，正在解决这两个问题。2017年7月，仅仅在12天内，它们就各自筹集了2.32亿美元和1.85亿美元[76]，成为当时历史上最大和第二大的众筹活动。不过，在后面发生的“文件存储币”（Filecoin）的代币发行活动，筹集了 2.52 亿美元，其规模超出了前面提到的这两个项目，而这些资金的大部分都是在一小时内筹集到的。

EOS 是丹尼尔·拉里默（Daniel Larimer）的智力成果，他是去中心化应用及分布式组织领域的先行者，而三式记账法的提出者、广受推崇的密码学家伊恩·格里格也在这个项目里。在 EOS 背后的 Block.one 公司让验证者可以通过审查消息数据来检验记录并确认交易，这比其他非许可型的区块链进行同类操作时要求对历史余额进行审查的方式，所占用的运算资源要少很多[77]。根据 EOS 所言，这样的特性也使 EOS 在测试中展现出每秒处理 5 万笔交易的能力，甚至最终可以达到每秒 100 万笔交易。

Tezos 的设计能让社区更容易就协议的改变达成共识。该系统让 Tez 代币的持有者可以用自己的投票份额支持某些特定的受托人，从而批准计划中的协议变更，整合灵活的、动态的规则，使用户逐渐定义和发展自己的治理模式[78]。正如我们在第四章将会谈到，在本书的英文版即将印刷之际，Tezos 团队的内部产生了严重的冲突，让人们对其可行性产生怀疑，并影响了人们的信心。不管怎样，Tezos 提出的这种更为强大的治理体系的理念，对业界来说是很重要的。

每一种新的想法在当时都会有缺点。如果有认真的技术团队参与开发，深入研究每一种想法，就能让其往去中心化、良好的治理、可扩展及隐私保护的方向迈进。这就是在莱特币这样的“竞争币”上发生的故事。莱特币对工作量证明算法做出了一些改进，放慢了有权势的产业级参与者进入挖矿网络的步伐。我们在第四章还会提到，像 Vertcoin（绿币）这样的项目也改进了莱特币的模式，它避开了比特币不受欢迎的集中化趋势，毕竟在比特币上为追求区块奖励而带来的竞争，已经催生了消耗大量运算资源和电力的集中化“矿场”了。

目前在所谓的权益证明（proof-of-stake）算法上已经出现了不同的迭代方案，它是一种将用户校验交易的权利与其所持有的代币份额相关联的算法。权益证明算法背后的核心思路是“利害攸关”，即因为校验者所持有资产的价值是与该平台的记账系统的可靠性相关联，因此，校验者不太可能会做出损害该平台的行为。有一些人对此模式做出了批评，指出在缺乏工作量证明的电力成本门槛的情况下，权益证明系统里的攻击者可以简单地通过同时挖出多个区块增加将虚假交易插入账本里的机会。不过，值得注意的是，最近 EOS 平台上部署的一种新型的“受托人权益证明”（delegated proof-of-stake）模式，在安全性和稳健性上做出了改进。这种模式让用户指定特定的计算机持有人作为受托人，从而就区块链验证节点的表现和诚实程度投票，这与现实世界中民选的立法机构去制衡行政机构的机制有相似之处。

上面将这种机制与宪政政府进行对比，并非偶然。正如我们所强调的，负责区块链治理的协议会作为我们的经济活动的治理方式。很多商界人士认为，这项技术会为数字经济提供新的治理模式。因此，我们必须为这些区块链平台自身的治理问题找出更完善的解决方案。好消息是，在这个生态系统中，开源、自组织和全球化的特性让不同的想法和创新思想层出不穷，一些解决方案正崭露头角。或许，像比特币和以太坊这类已有一定规模的区块链项目，可以从各种崛起的新项目中找到借鉴之处，将其整合到自己的模式中；或许，由于比特币和以太坊这类项目因牵扯太多利益而难以做出改变，那么它们就可能被新崛起的明日之星颠覆；又或许，某种能够一统大局的密码学工具出现，将这些不同模式的区块链都连接起来，提供互操作性，让这些区块链平台同时共存，又不至于让某个项目占据垄断地位。

关于未来的趋势，我们只能慢慢观察了。关键是，这些不同系统之间的竞争是很重要的。谁可以决定这些新兴的经济系统的演变方式和过程？这个问题不仅关系到中国的某个比特币挖矿公司或某个来自帕洛阿尔托（Palo Alto，美国旧金山附近的城市）的密码学家，还会影响我们所有人的未来。

第四章

代币经济[79]

在 2017 年 5 月 31 日格林尼治标准时间下午 2:34，旧金山的一家公司 Brave Software Inc. 开始了在线售卖活动[80]。这家公司的专长是网络基础设施开发。那天，他们只提供了一种标的物用于销售。而24 秒后，总量10 亿的标的物就被抢购一空，这让很多潜在的顾客极度不满。究竟是什么标的物，让人趋之若鹜？答案是 Brave 公司在这场 ICO 中出售的“基本注意力代币”（Basic Attention Tokens，BAT）。

在 2017 年春夏之交，市场上出现狂热的 ICO 现象。在 2017 年的前 7 个半月，大约有 15 亿美元的资金投入了这个新型的投资品中[81]。与比特币类似，BATs 代币涉及一种独特的、可交易的数字资产，其交易记录会通过记录在一个公共的、去中心化的区块链上的方式得以证明。但与比特币不同的是，这类代币往往是用于一个特定的产业，或用于某个特定的去中心化应用程序的社区里。而且，这类代币也不是通过持续挖矿的方式产生，而是通过这些一次性的 ICO 活动来产生。

其实，其他的一些 ICO 项目获得了超过 Brave 项目 6 倍的资金量，这些项目在持续地刷新历史上最大的众筹活动的榜单。但与那些更大规模的 ICO 活动做法不同的是，Brave 销售活动刻意限制了总投资额，所以售出速度快得惊人。对购买 Brave 公司代币的人而言，这个公司的愿景是该代币可以根本改变破碎的在线广告产业。Brave 使用了以太坊平台的以太币，作为这场几近瞬间结束的众筹活动的付款方式，这让人们产生忧虑，指出专业的投资者会将普通投资者排挤在这场销售活动之外。不过这也在一定程度上说明 Brave 独特价值主张的吸引之处。它代表了将我们一直无偿让渡的注意力资源赋予经济价值的首次尝试。一些人认为，这就是这类代币的真正力量，即重新定义和重新评估经济运作中的资源交换活动。

勇敢的新型广告经济

很多人都曾被烦人的弹窗广告困扰，这些广告会拖慢浏览器的运行速度，让用户无法阅读自己点击的文章。遇到这类问题的人，都明白在线广告和出版市场的破碎程度。在当年，这个产业承诺会提供更精准、分析更完善、直接针对终端顾客的市场营销方式，并为高质量的内容提供更高的收入。但直到现在，在线内容产业的三个主要利益相关方群体（包括出版商、广告商、读者和查看者在内的用户），都对刚才提到的这种破碎的状况深感不满。对用户而言，到处充斥的横幅广告和不请自来的推销视频不仅让用户的上网体验恶化，同时也消耗了用户的带宽资源。（有数据估计[82]，人们的手机账单中，每月有 23 美元的费用是为了支付这些不请自来的广告所消耗的带宽资源。）对广告商而言，那些制造虚假流量数据的“机器人”虚增了劣质网站的阅读量，根据全美广告协会（Association of National Advertisers）的数据显示，这种行为在2016年给广告产业造成了72亿美元的损失[83]。同时，“每千次展示成本”指标决定了广告计费的标准，它的大幅下跌使主流的出版商利益受损，毕竟它们的网站难以与不断扩张的博客和社交媒体所提供的另类在线内容展开竞争。

或许，用户最终都不得不使用阻挡广告的软件解决方案[84]，在2017年早期，已经有大约6亿台手机和桌面设备使用这类服务。这样的趋势，会让劳动密集型的新闻机构难以获取为产出高质量的新闻材料所需的资金。

这样就使高质量的信息越来越少，也扭曲了市场的激励机制，专门生产假新闻的人有利可图，抢占了市场份额和广告费用。这些人通过撒谎向读者输送虚假的内容，同时又向广告商输送虚假的网络流量统计数据。现在，人们对信息的可靠性的信心正日渐下降，而那些曾被视为无可争辩的事实，正面临偏见和争议；无论你有什么样的政治倾向，我们都不难看出，这对民主过程及整个社会的潜在危害。

现在回到Brave公司极度成功的代币发行活动中。布兰登·艾克（Brendan Eich）是正被广泛使用的网页编程语言JavaScript的发明者，由他带领的Brave团队认为，这种为受众注意力赋予价值的代币有希望颠覆这个产业内扭曲的经济状况。这个代币的想法是创造出某种价格信号[85]，促使参与者产出更好的内容，并提供与受众行为相关的真实信息。正如很多代币发行活动那样，这个项目的目标是使用这种新的工具为公司和个人提供激励机制，更好地为共同利益服务。

这种代币如何发挥作用呢？让我们来参考比特币协议的例子。比特币协议促使用户及参与者执行有利于社区的行为（创造安全、可靠、所有人都信任的账本），而这套代币程序融合了激励机制和限制条件，鼓励参与者执行特定的、有利于整体的行为。这就产生了一个新概念，即“代币经济学”。这种概念认为，我们可以在这些“可编程的”货币中植入让社区实现共同目标的机制。代币或许能帮助我们解决公地悲剧（the Tragedy of the Commons）的问题。换句话说，这可能是一个很重要的想法。

“公地悲剧”概念源于生态学家加瑞特·哈丁（Garrett Hardin）1968 年写的一篇文章[86]，这篇文章讲述了发生在 19 世纪的一个故事。当时公共的土地上存在过度放牧的现象，这是因为农民都无法相信其他人会将各自牲畜的食草量控制在合理范围内。一直以来，这个故事都作为警世寓言，表明政府需要控制人们对公共资源的需求（在农民的例子中，土地就是公共资源）。从那时开始，“公地”就用来描述各种需要受保护的、具有公共价值的有形或无形的“空间”。这也是为何人们常说互联网上的自由言论及无版权限制的内容属于一种“创意公地”（creative commons）的范畴，并认为应该由法律、合约及社区行动主义保护起来。这个问题与“外部效应”（externalities）这个经典的经济学问题有相似之处，该问题指出在某种公共资源耗尽的情况下（如工厂对空气造成污染），资本主义很难准确计算所有人对此承担后果的成本。

这与广告及内容产业有何联系？正如上面例子中的农民共享的“公地”那样，在线内容产业也有被滥用的公共资源，即Brave 所称的“用户注意力”，一直以来，这种资源很难得到合理的定价。出版和广告产业的从业者正持续为获取读者和受众的注意力进行竞争，以将他们引导到特定的内容上，并促使他们为某些东西（新闻订阅或投放过广告的产品）付费。不过，对那些真正提供了“注意力”资源的读者和受众来说，这个产业并没有准确识别“注意力”的来源，也没有为其提供者支付应得的补偿。从理论上说，目前我们所接触到的“免费”（这是个伪命题）新闻及信息，实际上是我们关注广告后所得到的“报酬”，而广告商向出版商付费，就是为了能够取得从我们的注意力中分一杯羹的特权，从而让我们关注其推销的产品，这样的做法经常是以违背我们意愿的方式进行的。这就有点不诚实了。

贫乏或是虚假的页面访问量指标与持续增长的内容需求之间的矛盾，使注意力的定价越来越不准确了。同时，用户在让渡注意力时所付出的代价更高了。就如我们在第二章所指出的那样，《经济学人》认为个人数据属于21 世纪的新型资产[87]，其重要性可以与20 世纪的石油相比，而用户正在将海量的有价值的个人数据拱手相让。我们让渡了这种有价值的新型“数据货币”，而所获得的却是日渐恶化的体验。同时，出版商和广告商却无法准确衡量和获取用户的注意力；这两类机构都在盲目地依据毫无意义的数字行事，并据此制定各种定价策略，但这些策略却难以反映这些机构所能接触到的用户注意力资源。这些失败，正是上文提到的各种扭曲、滥用及产业混乱情况出现的根本原因。

Brave针对此问题提出了一个双管齐下的策略。它开发了一个新型的浏览器，能够与其代币无缝对接。这个浏览器在默认的情况下会阻挡所有的广告，能够对用户阅读特定内容所花费的时间进行细致统计、勘探，并对其中涉及的个人信息进行脱敏处理。这样，它可以有效地统计我们在某个网站上花费的时间，又不会暴露我们的身份。作为Brave浏览器的用户，你可以通过自主关闭浏览器的广告阻挡器，选择性地阅读广告，从而获得BAT代币作为回报；而这些代币会被发送到浏览器的钱包里，这个钱包只有你可以控制。这样，你就可以将这些代币用于奖励你欣赏的内容提供商，这实际上就是打赏。同时，为了在系统内让内容提供商发布广告，广告商必须先获得BAT代币，然后将代币付给内容提供商，而具体的广告价格则是由该内容提供商相关的注意力指标决定的。

这些特性结合起来，有潜力创造一个生态系统，让注意力能够准确、直接地得到补偿。这未必会终结新闻产业的“标题党”现象，因为假如关于金·卡戴珊（Kim Kardashian）的故事能够持续吸引人们的注意力，这些故事还是会获得更多的BAT代币。但因为有了向内容出版商打赏的机制，受众就可以向它们发出更微妙、更能增加双方理解的信号。我们无法预期人们的行为，但或许他们更愿意为一份具有洞见和努力的内容打赏BAT代币，而非为被迫点击的性感照片付费。

不管我们最终能不能得到高质量的内容，与现有的模式相比，BAT代币这种模式看似是一种真正合理的用户注意力定价方式，因为它能够直接奖励注意力的提供者。用户能够选择阅读某则广告并赚取代币，若对由BAT代币定价的广告需求增加，这些代币的价值会随着越来越多的广告商进入市场而得以增长，最终会让用户获得经济收益。在传统的体系下，我们看似是通过查看广告而获得了自己想要的“免费”内容，但实际上我们为此花费了大量的时间，也出让了与我们个人信息及上网行为有关的海量宝贵数据。与这种传统的体系相比，BAT代币的模式能够更好地协调各方的利益点。

一种有效的代币策略，是指在某个特定的经济体内，该代币交换活动可以让用户与广大社区的激励相容，从而影响人类的经济行为。《魔鬼经济学》（*Freakonomics*）系列书籍[88]的热衷者会明白经济学研究的就是激励机制，即预期的结果是如何驱使我们购买特定的商品及拒绝其他商品，或以不同的方式行事。在很多时候，激励机制难以实现相容性，就如一个基金的管理人的分红是与短期收益相关联的，但长期增长的策略对其服务的投资者却更为有利。代币经济学就是试图为这些问题提供解决方案，它通过创造出一个预设的价值效应（实质上就是价格的上涨），在人们以能够满足所有人利益的方式行事时，为其提供奖励。这样，它可以让各方重新实现激励相容。

在传统的经济体系中，只要双方达成协议，就能够在任何地方用主流货币（如美元）作为各种交易的支付手段；但在加密代币的模式中，它包含了特定的软件逻辑，能够严格限定其用途。在 Brave 的例子中，这个生态系统里的广告只能用 BAT 代币作为支付手段。

我们再举一些例子，像中心化云存储平台 Storj 这样的项目，就让急需存储空间的用户通过 storj 代币作为交换方式，来获取其他人的闲置存储空间；还有 Gamecredits 代币让人们可以通过售卖虚拟商品赚钱，这类商品一般是在网络游戏社区里的虚拟宠物或武器，只要销售方在这个项目底层软件的区块链记录中证明这些虚拟商品的存在即可。Gamecredits 称在 150 亿美元市值的虚拟游戏商品市场中，虚假的销售行为现已成为主要问题之一[89]。

在这种模式下，货币不再只是一种在道德上中立的交易手段，现在它能够顾及所有愿意使用这种货币的人的共同价值和利益。在 BAT 代币的例子中，通过浏览器获取的注意力指标，可以决定各人应得的代币的数量；与传统的货币所能反映出来的指标相比，BAT 代币能够为注意力提供一个更有意义的市场价值。这个想法是，如果 Brave 成功了，BAT 代币的价格会随之上涨，从而促使更多的用户加入这个社区，并让它们继续遵守这种鼓励良好行为的规则。它追求的是一种在网络内容市场中更具一致性的激励及回报机制的网络效应，并促进良性的循环。

这样的网络效应对数字经济里的很多公司而言，是获取市场份额的关键来源。亚马逊、阿里巴巴、优步等数字世界的巨头都依赖于这种网络效应，依赖于一种想法在正反馈循环中被采用和得以强化的广泛程度。如果越多的人使用优步服务，就会有越多的司机被吸引到这个系统里，那么乘客也就更容易找到车，从而吸引更多的人使用这个服务，这个循环会不断地得到强化。

代币的发行者称，他们能够促进这样的网络效应及正反馈循环。但就目前而言，这种联系还没得到证实。这些代币的成功程度，很可能取决于每一种代币的流动性及其被用于交易的频率。在 Brave 的例子中，风险可能在于其发行的 10 亿代币会被视为长期投资品，被投资者囤积起来，退出流通领域。在那种情况下，BAT 的价值就不会准确地反映用户注意力市场的实际情况。这种代币需要的是突破使用量的临界点，而非囤积的行为。

Brave 的模式包含了一种用于应对此挑战的代币发行策略。它用 3 亿代币设立了一个“用户增长池”，以吸引新用户。举例来说，它的计划是在人们首次下载 Brave 浏览器时，就向其内置的 Brave 钱包赠送少量的 BAT 代币。这样，这种代币就会被作为一种推动使用率的工具，以增强网络效应。

“在早期，我们将此作为一种通过提供起步的奖励，来让用户在系统中拥有权益的方法。”Brave 首席执行官布兰登·艾克说道[90]。这个策略是他在硅谷度过的数十年间被塑造出来的。在硅谷，这个经验丰富的工程师在20世纪90年代创造了被广泛使用的网页编程语言 JavaScript，后来成为浏览器开发机构 Mozilla 的联合创始人。后来，他意识到风投资本家并不愿意支付获取用户所需的市场营销费用，而增发股权或举债的话，又会稀释创始人及早期投资者的利益。“但将代币分发给用户的话，就可以避免这些后果，”他补充道，“与一美元价值的股权或债务不同的是，BAT 是个社会信用货币，它没有这种通胀的特性。”

让我们来解释一下上述的这个评论。不管怎样，向新用户分发代币的成本是由现有的代币用户承担的，他们会发现自己在供应量中的份额比例被稀释了。不过，就如 Brave 所希望的那样，这样的分发能够成功地刺激由使用度扩大所带来的网络效应，或许代币价值的上涨足以抵消稀释所带来的影响。要点在于，这样的影响是由 BAT 用户所组成的社区（而非外部投资者）来承担的。这就是布兰登·艾克所说的“社会信用”。

不过，有不少人也对 Brave 这场“瞬间结束”的代币销售活动表示了担忧。其中的一个问题是：大户投资者通过向以太坊网络的矿工付出较高的交易费用，从而在该场代币销售活动中占据了绝对优势。受限于1MB 的区块大小限制，比特币的矿工会优先处理费用较高的交易；与此相似的是，在以太坊网络中，当 Brave 的智能合约开始处理订单时，那些付了较高手续费的大户的订单，就会被优先处理。

当10亿个代币在前24秒内就卖完后，人们发现只有130个账户拥有这些代币，而持币量排行前20的账户，其持币量占据了总量的2/3。这样的扭曲现象让很多投资者感到愤怒。

一些人觉得预设的3 500万美元的筹款上限是问题的根源[91]，毕竟它限制了人们可获得的代币数量，让那些能够通过钻系统空子而获利的匿名买家采取了激进的策略。不过，另一些人称，Brave限制筹款额的行为相比Tezos项目的众筹方式，对投资者来说更为公平[92]。Tezos是一个新的区块链项目，它在众筹活动中筹得了2.32亿美元的资金，让其开发者获得的资金超出了实际需要，也让投资者的份额被稀释了。布兰登·艾克向CoinDesk抱怨[93]，称他很难招募到“以太坊人才”，部分原因在于9位数（数亿美元）的筹款额，让Tezos这样的初创企业在开发人才紧缺的市场中能够比Brave等企业开出更高的薪资。

对这些不同的代币销售策略而言，最重要的考验在于它会辅助还是阻碍该代币向其目标迈进的过程，即作为一个功能型代币，而非融资工具。也就是说，它是否能够为网络的开发提供帮助，并确保这个特定的去中心化应用能够实现其设计目标。为了避免与证券相关法律产生冲突及确保平台持续向前发展，代币的发行者必须证明其代币并不仅仅是投机工具，还要证明这些代币可以真正地被描述成“产品”（就如一个带有特定功能的软件）。这个问题引起了律师和监管者的关注，他们正在考虑这些新型的、模糊不清的价值交换方式是否真的与证券有所不同，以及是否应该从证券领域繁重的法律和限制中得以豁免。事情的走向如何发展，会决定投资者和用户盈亏与否，以及决定他们所面临的法律责任。

淘金热

突然出现的代币发行狂热现象与以太坊的成功有着内在的联系。2016 年和 2017 年，以太坊成为基于智能合约的去中心化应用（Dapps）及其代币发行的首选平台，这样的应用有数百个之多。这样的狂热发展，创造了一个强大的正反馈循环，使以太坊的价值在 2017 年的前 8 个月创出了新高。

2017 年 7 月 30 日，以太坊社区在曼哈顿的一个屋顶酒吧里举办了一场盛大的活动，庆祝以太坊的第二个生日。2014 年，19 岁的极客维塔利克·布特因就大胆想象，认为他有可能创造一个无人掌控的世界计算机。现在四年过去了，他提出的这个系统已有了长足的进步。而在当时，很多人认为他的想法是不切实际的。即便在一些世界级的开发者，如英国籍的加文·伍德加入以太坊团队后，以太坊仍面临了一系列打击。在某个阶段，因为比特币的价格出现了大幅下跌，以太坊团队从众筹中获取的比特币的价值也遭受损失，使其开发资金差点就耗尽了[94]。但在 2017 年，情况发生了改变，以太坊成为财富 500 强企业的董事会及政府办公室里的话题。维塔利克·布特因瘦削的面容和憨笑的表情，成为很多杂志的封面照。即便在了解不多的情况下，人们还是会不停地讨论以太坊的可能性及局限性，以及它对世界可能产生的影响。

与比特币的案例很相似，以太坊之所以取得成功，在很多方面得益于其背后的社区。这些社区的成员，向这个为全球经济打造的去中心化愿景投以信仰和热情，推动其发展。

值得一提的是，与以太坊相关的聚会也是其社区里一个很重要的现象。上面提到过的那场盛会，就是由以太坊的纽约聚会小组在那个特别的晚上主办的。这个聚会小组售出了300张活动门票，后来因需求强烈，又售出了40张门票。在事前，主办方告知酒吧该活动人数最多约50人，但到场的人数明显超出了预期，使酒吧应接不暇。是什么原因能将这么多人吸引过来呢？这可能是由于以太坊网络原生货币（以太币）的价格在2017年前半年猛涨，从8美元涨到了7月中旬的400美元。虽然后来它的价格又跌到了200美元，但还是让那些在7个月前购买了以太币的人收益颇丰，也使其他人希望从中分一杯羹。

那是美好的一天，气温稍高，但又不会令人感到闷热，天空万里无云，呈现出一片湛蓝的景象。从一些人贴出的照片中，我们可以看到他们的周围是纽约的地平线，而东面是纽约人寿大楼的镀金穹顶，南面是大都会人寿保险大楼，北面则隐约可见宏伟的帝国大厦。这场活动吸引了一群精力充沛的人，其中包含经验丰富的密码学专家约瑟夫·卢宾及不少的新人。约瑟夫·卢宾当年曾帮助维塔利克·布特因共同发起以太坊项目，现在正运营ConsenSys这个颇具影响力的以太坊开发实验室。就像大多数的技术性场景那样，这里的男性数量还是多于女性的，不过其中出席的女性数量也有不少。还有失落的一代（Gen Xers，即20世纪60年代末至70年代中期出生的人）及婴儿潮一代（出生于1946—1964年的人）也参加了这场活动，这些人的穿着都很休闲。他们讨论的话题包括了以太坊和比特币相关的各种事件及其面临的挑战，以及与价格及处于风口浪尖的代币发行现象有关的话题。人们到处分发自己的名片，进行社交，并在现场构想出某种他们认为能凭此发财的产品。

我们会见了一位年轻的女士，她几个月前辞掉了工作，以开设自己的公司；我们还会见了一个60多岁的男士，他过去27年一直担任着财富管理人的角色，现在正在转让其顾问业务，去设立自己的基于区块链的服务；另外，还有一个千禧一代（出生于1980—2000年的人）的年轻人，他是摩根士丹利的一名职员，他耐心地等了很久，希望与约瑟夫·卢宾交谈，他希望加入以太坊这个生态圈中，创建自己的去中心化应用，从而实现自己的财富。我们问他，有没有其他人对这个想法感兴趣，如朋友或同事。他回答道："他们对此都很感兴趣。"

作为财经新闻工作者，我们见证并报道了这个时代里出现的一些投资狂热现象。我们曾目睹比特币在2013年首次得到大规模的关注。但我们的年岁也让我们报道过20世纪90年代规模更大的互联网泡沫及其破灭的现象，以及那场新造富运动的终结。这场在2017年7月的某个星期天举办的纽约聚会，让我们想起了那些年代。我们很容易感受到这群人的能量，可以肯定的是，他们希望迅速致富。就如大多数技术突破那样，这场技术变革中混杂了乌托邦主义和资本主义。一些人希望改变世界，另一些人希望致富，还有很多人希望能两者兼得。在一定程度上，加密货币价格的暴涨是这场狂热的起源。比特币的价格在

2017年翻了3倍；以太币的价格上涨了5 000%。不过，这些上涨并不是故事的全部。2017年，“ICO”这三个字母反映了产业里的一些新变化。

就如前文提到过的那样，ICO是对加密货币或基于区块链的代币所展开的预售活动。比特币分发代币的模式及时间表，是由一个无人掌控的软件系统设定的规则决定的，从第一天开始，矿工就需要投入计算机的运算能力，去解决一些工作量证明的要求，并赚取相应的代币。但ICO分发代币的方式，与比特币的方式有着天壤之别。在ICO的模式下，由某个平台的创始人举办的代币售卖活动会直接负责生成代币；而与比特币的广泛用途有所不同的是，这些代币只能在其相关的去中心化应用的需求中使用。

换句话说，ICO所获得的资金会直接进入由该去中心化应用的创始人设立及控制的实体里，从表面上看是为了支付研发费用，但实际上也是为了给他们自己及其背后的支持者予以奖励，以回报其在项目发展过程中所承担的创业风险。

这个想法其实已经存在一段时间了。以太坊基金会当年获得的1 840万美元的资金，就是通过这样的方式筹集的；其他的早期区块链项目也尝试过这样的做法。不过，恰恰是2016年下半年开发出来的智能合约代币机制“ERC20”才使ICO活动得以迅猛发展。这个工具是由柏林的费比安·沃赫尔斯特勒（Fabian Vogelsteller）所带领的一群以太坊开发者创造出来的，它的易用性简化了人们在以太坊上发行代币的难度。

这种在以太坊上的标准化的智能合约指令集，意味着这类代币能够为ICO及其之后的代币交易提供一个通用的、一致的规格。这些代币不需要依赖于自己的区块链或矿工社区，与此相反，ERC20类代币能够直接在以太坊平台上进行交易。它们是由一个经以太坊验证的智能合约创造出来的，其发行记录及持有者的交易记录都会由这个智能合约进行跟踪。正如比特币和其他加密货币那样，这些ERC20类代币还是需要区块链这个“事实机器”所提供的不可篡改的账本，来维护其作为一种可证的、不可复制的数字资产的特性。不过，ERC20解决方案让这些代币无须再开发自己的区块链，也无须维持自己独立的运算能力。相反，以太坊现有的计算机网络会为它们执行这些验证过程。

这样低成本的防双重支付解决方案，让代币发行者找到了一个接触全球投资社区的简便方法，使ICO活动变得如火如荼。他们不再需要就股权稀释问题及董事会控制权的问题与风投资本家进行沉重的谈判，不再需要为获取客户而设宴款待华尔街的投资银行家，也不再需要等待美国证交会的许可。他们只需直接找到普罗大众并对他们说：“这是我的代币，很酷的，买点吧。”这是一个很简单的、低成本的方式，降低了某些聪明的创新家尝试新想法并将其实现的门槛，而这些新想法有可能对世界产生重大影响。但不幸的是，它对不少诈骗者也产生了吸引力。

我们在前面的章节中提到过The DAO项目，它曾为人们展示出 ERC20 机制的各种可能性，但它在 2016 年遭遇了一场大规模的代币盗窃案后，就变得声名狼藉了。Slock. it 是创建 The DAO 项目的初创团队，它的创始人斯蒂芬·图阿尔[95]（Stephan Tual）计划通过 ERC20 标准的 DAO 代币进行一场 ICO 并筹集 2 000万美元的资金。他觉得这可能会带来足够的资金，让他可以开展这种新型的另类投资模式的实验。最终，The DAO 筹集了 1. 5 亿美元资金，这可能是它失败的原因之一，因为在那场攻击发生后，这个数额意味着涉及的资金规模之大远远超出了“实验”这个性质，这使人们主张对其采取惩罚。不过，这个事件也让其他希望发起 ICO 的人看到，这个市场对那些有着非传统思维的去中心化应用的投资需求是如此之大。

颇具讽刺意味的是，在 The DAO 攻击发生后，恰恰是人们模仿此项目进行众筹的现象，使以太坊从该攻击所产生的后果中恢复过来了。2016 年 6 月中旬，当该场攻击开始时，以太币的交易价格约为 20 美元，而在攻击发生后的争议及随之出现的以太坊硬分叉后，以太币的价格最低跌到 8 美元。不过，因为 ERC20 代币是专门在以太坊平台上设立的，意味着控制这些代币的智能合约需要使用以太币作为支付方式。正因为如此，The DAO 攻击事件告一段落后，人们对这类 ERC20 代币的需求，才让以太币的价格得以恢复。ERC20 代币标准让以太币在市场上大受欢迎。在此之前，若人们要举办一场代币销售活动，一般都是用比特币作为支付方式，其中的例子就是以太坊在 2014 年举办的众售活动；还有像去中心化存储提供商 Maidsafe 这样的

ICO先驱者，当年也是用比特币作为支付方式的。现在，以太币成为人们发起ICO时的首选支付货币。人们必须购买以太币才能投资到一系列新型的代币中，这使以太币价格呈螺旋式上涨，从而让以太坊生态系统里的开发者受益。这些开发者各自的ERC20代币的价格在持续上涨，与此同时，他们也拥有不少以太币，这些以太币要么是通过以太坊网络挖矿获得的，要么是为投资而购买的，要么是作为在以太坊上运行智能合约的“燃料”，而以太币的价格也在飞速上涨。这种正反馈循环，反过来启发了其他以太坊开发者提出各自的基于代币的去中心化应用，并在市场上发起ICO筹款，最终又使以太币需求大增，加速了价格上涨的步伐。

2016年11月，一个叫Golem的网站发起了一个用于交易闲置运算能力的平台[96]，它自称是“为计算机而设的爱彼迎平台”，在半小时内就筹集了860万美元的资金。自此，人们能感受到，某种非凡的东西已经被释放出来了。在那之后，似乎任何拥有一本白皮书和代币的人，都能筹集到资金。

最初的高潮[97]是在2017年4月，Gnosis项目在12分钟内，通过出售该公司5%的代币筹集到了1 250万美元的资金。这个平台让用户可以就任何议题发起预测市场并进行押注。由于95%的代币是由其创始人掌控的，这样的融资额意味着整个公司的估值超过3亿美元，而Gnosis代币的价格在二级市场上翻了四倍后，其估值已超过10亿美元了。以硅谷的标准来说，我们看到了首个ICO“独角兽”。不过，与其他盈利能力很强的10

亿美元“独角兽”（如优步和爱彼迎）相比，Gnosis 还没卖出过什么服务。

与此同时，ICO 的想法层出不穷，其中有一些是很绝妙的，有一些是突破常规的，有一些是极度可疑的，而有很多像是机会主义者的产物。pets. com 是当年网络股泡沫的标志性股票；而随着各种 ICO 新闻稿涌进了保罗·维格纳（Paul Vigna）在《华尔街日报》的信箱，我们看到了越来越多与该股票类似的项目。REAL 是一个基于加密货币的房地产投资机构；Prospectors 是一个以淘金热为背景的多人在线游戏，该游戏的代币名是“黄金”；Paquiarium 希望筹集数千万美元用于建造其声称的世界最大的水族馆，而投资者可以得到该网站的投票权，分享其创造的利润，并得到一张终身入场券；在拉斯维加斯，有一个“绅士俱乐部”；一个被称为“kencoin”的项目主张为成人服务产业提供匿名性；Ahoolee 旨在为在线购物创建一个搜索引擎。这些项目都提出了自己的主张，虽然这些主张有时显得很薄弱。这些主张认为该代币会为社区用户提供奖励，随着社区的成长，会刺激正反馈循环及网络效应。

每一天都有人来信，称自己想“发起一场 ICO”。有人希望为一支新的英式橄榄球联赛找到资金，有人希望为一个便携的个人空气清新机找到资金，还有人尝试组建一个新的廉价航空公司。有一天，保罗·维格纳还接到了一个商人的电话，是关于其在《华尔街日报》发表的一则故事，该故事提到了一名在 Cooley 律师事务所担任合伙人的律师马可·桑托利（Marco Santori)。商人希望了解更多与发起ICO及法律意见相关的信息，并称他想联系该律师，但电话一直打不通。后来，马可·桑托利律师告诉我们[98]，由于有太多人希望咨询与ICO相关的问题，他根本就没有时间对此一一回复。

为何这么多人都想跳进这个潮流当中？媒体机构CoinDesk的新服务Cointracker[99]所进行的调查，为我们提供了答案。在2017年前的7个半月里，ICO活动共募集了超过15亿美元的资金，远远超出区块链公司通过传统的风投资本融资策略所能获得的数字。我们还能看到，Bancor、Tezos、EOS及Filecoin这四个众筹活动，在2017年8月12日前的三个月里共筹集了8.3亿美元资金，这似乎表明代币发行和融资的数额都在增加。随着以太币和比特币的价格在2017年8月再次猛涨，市场的热度也有增无减，以至于美国证交会于8月发出警告，声称这些代币发行可被视为证券并需要接受监管。但是，似乎没有什么事情能阻挡市场参与者的热情。

这个趋势会在什么时候停止？我们认为，答案就是当市场出现反转之际。当投资者意识到他们所购买的很多代币与空气没有差别时，可能就会发现一个巨型泡沫的存在了。

“这些项目中的大部分都会失败的。”[100]风投资本公司Polychain Capital的首席执行官欧乐夫·卡尔森-韦（Olaf Carlson-Wee）如是说。他指的是那些存在糟糕的构想和缺乏代码开发的项目。“这些项目中的大部分，从一开始就是个馊主意。”话虽然这么说，不过他创立这个风投资本公司的目的就是要投资这些项目。实际上，他们都意识到这些项目成功的可能性很低，所以希望押中其中一个胜出的项目并获得巨大的回报。这看上去类似于传统的风投资本的投资策略。

不过，有人认为ICO实际上是一个民主化的现象。只要开发者事前将其中的风险坦诚相告，而投资者也明白自己在下一个具有高度投机性的赌注，ICO可以被视为一种提供高风险、高回报的投资机会的快速方式，并将这种机会提供给更广泛的人群，而不是让风投资本家优先入场。为什么风投资本应该独占参与早期投资的机会？就如康奈尔大学（Cornell University）的密码学及加密货币专家埃明·居恩·西雷尔所说的那样[101]，“风投资本将此看成是潜在的威胁，这从他们的身体语言就能看出来”。在传统的股权投资领域，风投资本基金、私募股权基金、对冲基金等机构一直占有比小型投资者更多的优势，这是因为那些旨在保护小型投资者的监管条例对这些机构进行了豁免。股票的上市是一个复杂的过程，其中涉及招股说明书及其他需要公开的事项。风投资本的规模较大，因此被美国证交会视为“合格投资者”，这就让他们拥有了投资未上市股票的机会。在过去的20年，这样的特权让这些风投资本家有机会在一开始就投资那些走向成功的公司，这些公司包括脸书、谷歌和优步等。

埃明·居恩·西雷尔称，现在普罗大众也希望在这个领域分一杯羹，而代币的热潮为其提供了一种参与方式。为何他们希望这样做呢？“因为普罗大众目前并没有较好的投资标的。他们需要投资回报，而银行最多只能给他们1%～2%的回报率。

他们意识到风投资本在这些新型的商业模式中获得了更多的回报，因此也渴望自己能够承担类似的风险。”在这个领域中，一些人可能会出现亏损，但埃明·居恩·西雷尔对此并没有觉得不妥，因为投资本来就有风险。“有时他们可能会很后悔自己所做出的决定，不过这个社区里的人看似非常独立，并对其行为所带来的后果非常明白。你不会看到有人组织各种抗议活动或嚷着要监管部门来施加压力。就其本身而言，这是一个令人兴奋的现象。”

这些硅谷的风投资本是一个封闭的圈子，它是一个由男性主导的产业，而且总是被性别歧视和性侵等问题所困扰。现在，这个产业也感受到了压力，这真是耐人寻味的现象。此前，西海岸的资本家一直向东海岸的商人和政府官员推销“颠覆，不然就被颠覆”的信条，让后者十分紧张；而现在，这些西海岸的资本家突然发现自己处于被颠覆的瞄准范围内了。以前，北加州在早期投资领域一直占有主导地位，而随着一系列专注于代币投资的基金在洛杉矶设立，人们似乎闻到了南加州将要在这个领域发起挑战的味道。这些代币投资基金包括由埃里克·米勒（Erick Miller）在洛杉矶设立的 CoinCircle 基金及 Crypto Company 基金。后者是由扑克牌世界冠军雷夫·弗斯特（Rafe Furst）设立的。他之前的 Crowdfunder 项目将终端投资者的钱投入不同的初创企业，以让这些投资者参与到风投资本的项目中。而他现在设立的 Crypto Company 基金，也采取了与先前的做法相似的模型，并据此制定了一种代币投资方法。当然，代币投资的产业还是处于早期阶段。不过，我们可以想象一下，如果有一天“硅滩”（Silicon Beach）能够分走硅谷的生意，那该多有趣。

很多风投资本开始尝试“如果你无法打败他们，就加入他们吧”这个经过反复考验的策略，这并不让人感到惊讶。Andreessen Horowitz、Sequoia Capital、Union Square Ventures 和 Bessemer Venture Partners 这些大名鼎鼎的风投资本宣布[102]，它们会通过一个名为 Metastable Capital 的对冲基金进行代币投资，这个基金是在 2014 年由天使汇（AngelList）的首席执行官纳瓦尔·位维康特（Naval Ravikant）等人创立的。此外，一些专注于区块链产业投资的基金，如丹·莫海德（Dan Morehead）的 Pantera Capital ，以及由巴特·斯蒂芬（Bart Stephen）和布拉德·斯蒂芬（Brad Stephen）两兄弟共同出资的 Blockchain Capital，也设立了专注于代币投资的基金。与此同时，像 Cooley、Perkins Coie、BakerHostetler、Debevoise Plimpton、MME 及 Sullivan Worcester 这样的大型律师事务所也参与到了这个行业中，为其 ICO 代币发行客户提供与合规相关的法律意见。可见，金融领域的专业人士，也开始在加密资产的产业中开疆辟土了。尽管代币市场存在各种狂热的现象，但这些专业人士的参与，让人们感觉这个产业真的具有重要性及某种程度（至少表面上）的合法性。

需要注意的是，尽管我们在前面一直将风投资本与新兴的投资力量做比较，但当大型的风投资本将钱投入到某个领域后，确实会让这个领域的发展出现质的飞跃，而德雷珀家族的风投资本发展史最能反映这个道理了。实质上，创业投资机构德丰杰（Draper Fisher Jurvetson）资本的传奇投资者蒂姆·德雷珀（Tim Draper）、其祖父威廉·德雷珀（William H. Draper）及其父亲比尔·德雷珀（Bill Draper）共同创立了硅谷的风投资产产业；而蒂姆·德雷珀的儿子亚当·德雷珀（Adam Draper）是最早投资比特币及区块链初创企业的风投资本投资者之一。Bancor项目是一个让其他区块链项目可以在其上发行和管理代币发行的平台，当人们得知亚当·德雷珀在2017年6月投资这个项目后[103]，该项目就迅速成为当时最大规模的ICO发行活动，其融资额高达1.53亿美元。不过，这个纪录并没有持续多久，因为当投资者听说亚当·德雷珀还支持了亚瑟·布雷特曼（Arthur Breitman）和凯瑟琳·布雷特曼（Kathleen Breitman）这对夫妻组合所发起的Tezos项目后，就在接下来的一个月内向这个新的区块链项目投入了惊人的2.32亿美元。凯瑟琳·布雷特曼在回忆此事时说道："2016年12月，我做了一个梦[104]，觉得自己能筹集到3 000万美元，而那时候我想，这简直是不可能的。"

现在，凯瑟琳·布雷特曼或许真的希望实际的融资额与她梦中的数字相近。因为这个2.32亿美元的巨大融资额，让夫妻俩都进入公众的聚光灯下。

由约翰·赫韦尔斯（Johann Gevers）掌管的Tezos基金会在表面上是一个独立机构，负责分配筹集到的资金，在他与布雷特曼夫妇发生内部争议后，加剧了Tezos的软件开发过程中出现的延期问题，使公众对这些问题进行了深度关注[105]。这场争议引来了很多媒体报道及流言蜚语[106]，其中有人称美国证交会已经对这个项目发起了调查，以至于布雷特曼夫妇为了平息流言而发表公开声明，称美国证交会从来没有联系过他们。

布雷特曼夫妇及 Tezos 的其他项目创始人实质上是在运营一个处于早期的初创企业，而初创企业一般会从天使投资人和亲戚朋友中寻求种子轮融资。但是，Tezos 项目已经从更广泛的人群中筹集到巨额资金，这在传统的创业领域并不常见，除非这样的初创企业能够持续经营多年，证明自己的商业模式是可行的，并有渐增的收入和稳定的增长。传统的初创企业往往需要进入各种孵化器，并在帕洛阿尔托和山景城（Palo Alto and Mountain View）寻找愿意注资的企业，仅仅是为了在早期获得 50 万美元的资金。另外，很多已经产出业绩的企业都需要花费大量的时间和金钱与各种律师和华尔街的机构进行合作，才能通过传统的首次公开募股（IPO）实现“退出”策略。与上述两个例子相比，Tezos 项目这么轻松就筹集到如此多的资金，似乎真的很不公平。

我们来看看线上餐具制造商蓝色围裙公司（Blue Apron）[107]在 2017 年 6 月开展 IPO 融资并筹得 3 亿美元资金的经历。在一开始，该公司希望以 15 ~ 17 美元售卖其股份，但没有任何买家。于是，它多次降低了价格。最终上市时，价格是 10 美元。蓝色围裙公司在此之前已经有八年的经营史，在上市前一年取得了 8 亿美元的收入，它有自己的产品和自己的历史。而在接下来的一个月，一个在一年之前还不存在的初创企业 block. one 在其 ICO 活动中筹集到了 1.85 亿美元的资金，而其产品是一个还未发布的 EOS 区块链，旨在让企业搭建自己的去中心化解决方案。block. one 公司有一些值得注意的想法和主张，并称自己的区块链产品将可以在一秒内运行数百万笔交易。不过，没有人担保这些想法真的能落到实处。

当然，直接将这种去中心化平台与蓝色围裙公司这类传统公司相比并不是很妥帖。

传统公司的结构明确地描绘了经营者和股东，后者依据其持有的股份投票，而且这种公司会有可以确定的收入来源。就代币而言，从理论上说，代币的持有者会随着平台服务的扩张、网络效应及价值的增长而受益。而在 block. one 的例子中，如果硬要找一个“收入”来源的话，这将会是其代币价值的上涨，这样的收益会被 EOS 的矿工、开发者及用户赚取并用于交易，让这些群体都能分享到该收入。在这种互联网企业里，公司、持有人、投资者、管理者、雇员和顾客的界限开始变得模糊。因此，你可以认为，将传统的股权融资与代币融资相比较的做法是不恰当的。实际上，这些难以比较的定义，成为一场令人忧虑且充满争议的法律辩论的焦点。

美国证交会给的是警告还是绿灯

在 ICO 代币发行领域，人们最大的担忧是，监管者可能会因为代币发行者将一些本应注册为证券的东西卖给了公众，而对其展开法律行动。若这种情况发生的话，将可能是刺破泡沫的导火索。2017 年 9 月，市场亲身体验到了这种情况发生的后果[108]。当时，中国监管者采取猛烈措施，完全禁止 ICO 代币融资活动，很多代币的价格（包括比特币和以太币）都出现了大幅下跌。这样的监管行为使中国境内很多著名的加密货币交易所下架了数十种代币。

美国证交会就 The DAO 的 ICO 行为做出了“不采取行动”[109]的意见，但这个意见也同时明确表示，涉及投资承诺的代币可以被视为证券，因此应满足一系列的披露、注册等要求。而从目前来看，很少 ICO 项目能够满足这些要求。有哪些代币与 The DAO 项目的状态类似呢？这是一个大问题。美国证交会并没有说所有的 ICO 代币都将被视为“未注册的证券”，只是说“其性质依据各种事实和情况来判断”。

目前，有一些律师在代表这类发行代币的初创企业，他们乐观地观察到，美国证交会的表态含蓄地表达了“并非所有的代币都会自动被视为证券”的意见，同时，该机构也明确表示了对资本市场创新的支持。尽管这样，美国证交会的意见对该产业还是带来了一定的冲击。位于中国香港的数字货币交易所 Bitfinex 决定禁止美国投资者进行特定资产的交易，其中包括 EOS 代币。这样的决定，是回应美国证交会相关警告的谨慎之策，因为如果该代币交易平台允许“未经注册的证券”在其上交易的话，就可能会受到相应的处罚。

存在这种法律上的模糊地带，是因为这些代币难以被清晰地定义。像以太币这类代币，如果被描述成“产品”的话，也颇有说服力，因为若开发者希望在该代币相关联的去中心化平台上搭建新的应用，就需要使用该代币。但从另一方面看，大部分 ICO 活动背后都有明确的筹集资金意向，而大多数加密货币交易网站中交易者谈话的方式表明，很多终端的投资者将这些代币看成是单纯的投机品，并希望通过投资获利，他们对这种代币的工具特性不感兴趣。这类人的普遍想法，是否会让美国证交会认为这些代币满足“豪威测试”（Howey Test）的标准，因而可视为证券发行吗？这还是未知之数。“豪威测试”是 1946 年在美国发生的一个标志性案件里设立的标准，它规定：若一个销售行为符合投资到一个共同的企业、完全依赖于第三方的努力并预期据此产生利润的话，则可视为是证券发行行为。

无论监管者怎么做，这个产业正呼吁一种更完善的投资框架。由天使汇的纳瓦尔·维康特创立的 Coinlist 项目，正为代币销售设立一个标准化的方法，以期为投资者提供清晰度、法律确定性及某种程度上的品牌背书。像 Coinfund 这样的顾问机构正帮助投资者和代币发行者理解代币的工作原理。“代币新闻网”（The Token Report）在这个领域率先提供了某种类似投资者新闻信的资料，以供投资者参考。而 ICORatings. com 进行了被其称为是“ICO 独立审计”的服务，并给出“正面”、“稳定”、“有风险”、“负面”、“违约”或“诈骗”等评级。

在法律领域，一些机构也提出了与 ICO 相关的创新成果。Cooley 律师事务所提出了一种被称为“未来代币简单协议”

（Simple Agreement for Future Tokens，SAFT）的新型法律工具，它提供了更高的法律确定性，并确保初创企业有动力使用筹集到的资金去妥善地开发其服务。这种协议参照了专业投资者与那些仍未发行股权的公司所签署的“未来股权简单协议”（Simple Agreement for Future Equity，SAFE）。“未来代币简单协议”只会面向合格投资者销售，即投资者必须拥有最少价值 100 万美元的流动资产或 20 万美元的年收入，以确保这个过程从一开始就符合法律要求。Cooley 律师事务所的马可·桑托利说道：“然后，代币发行者就会使用筹集到的资金去开发平台的网络。只有在网络开始运作并发挥作用后[110]，代币才具有产品的使用价值，这样才能向公众出售。”

目前，不少 ICO 项目发行的代币，还不能归属于某个能够正常运作的去中心化平台，那么美国证交会可能就会将这些 ICO 视为证券。很多投资者投资到这些 ICO 里面，目的很明确，就是为了追求利润，也确实需要依赖开发团队搭建平台的努力才能获取这些利润，“未来代币简单协议”的设计者称这两个要素符合“豪威测试”的条款，并可视为证券。因此，通过避免将未实现功能的代币出售给大众的做法，“未来代币简单协议”的方式在某种程度上让 ICO 项目绕过了被视为证券的风险。问题是，它将投资的机会局限在合格投资者的圈子里，这样就使它离康奈尔大学教授埃明·居恩·西雷尔在庆祝 ICO 现象时所提到的“金融民主化”进程又远了一步。

似乎将筹款渠道限制在合格投资者的圈子里的做法，并没有对聪明的开发者的融资需求带来很大的影响。“未来代币简单协议”的首次应用[111]，为 Filecoin 在 2017 年 8 月初举行的众筹活动筹得了 2.52 亿美元的资金，打破了 Tezos 项目在一个月前的纪录。Filecoin 作为一种激励机制，让人们可以贡献各自计算机的硬盘空间以运营所谓的星际文件系统（Interplanetary File System，IPFS），这是一个分布式的存储系统，有望将现有的万维网实现去中心化。

若要分发代币、建造网络及为平台的开发提供资金，而且需要避免吸引美国证交会的关注，还有另一种方法，就是加密货币世界里最古老的模式，即通过持续的挖矿过程来将代币分发到生态系统中。在很多加密货币提倡者眼中，这样的做法可以维持项目主导人的正直性。在这种模式下，没有用于奖励创始人和为其运作提供资金的预售机制。开发者必须与其他矿工展开竞争，从而周期性地获取代币。这就是中本聪在比特币网络上线的第一天就开始做的事情。

在这种模式下，开发者总是会成为最早期的采用者，因此通常会在积聚代币这个事情上具有先发优势。不过，这里依然存在公平分发的问题，特别是考虑到工作量证明算法的存在。这是因为获取最多代币的人就是拥有最强大的计算机运算能力的人。现在，大型的比特币挖矿设施使用的都是所谓的特定用途集成电路，在比特币的网络中，只有依靠大型的产业级计算机设施才能有效地参与挖矿的竞争。不过，并非所有使用挖矿模式的加密货币都会走比特币的老路。有一些新型的加密货币使用了“抵抗 ASIC 芯片”的设计，这意味着该协议内置的共识算法（矿工为获取代币而必须解决的难题）迫使这些矿工的计算机执行一些特定的指令，而在比特币矿工所使用的 ASIC 芯片（特定用途集成电路）上执行这些指令并不容易。这样的想法，是让那些拥有昂贵的、单一用途的运算设备的人，在代币的挖矿过程中不再占有优势。这意味着人们只要用相对低成本的显卡单元（GPU），就可以有效地开展挖矿的竞争，从而使代币能够在更广泛的范围内分配。

最终，芯片的设计者总是能够想出让 ASIC 芯片绕过这种限制的方法。像在莱特币上，就已经出现了对应的 ASIC 芯片挖矿设备，它能够专门处理莱特币的 scrypt 算法。不过，Vertcoin 的开发者表示有可能创造出一种能够永久抵抗 ASIC 芯片的算法，这是通过引入现实世界中社会组织的一种元素来实现的。这种元素就是“公约”。比如该平台的治理原则包含了一个来自所有用户的预设承诺，规定在新型的 ASIC 芯片诞生后，平台就可以通过改变代码进行分叉，从而引入可以抵抗这种新 ASIC 芯片的升级机制，让其社区可以保护由显卡单元主导的挖矿网络及其分布式和民主化的架构。

不管你将这个产业里的融资现象称为 ICO 还是代币销售活动，它都可以（并将会）在我们的资本市场改革中扮演重要的角色。因此，投资社区开始围绕这个激动人心的概念并建立更高的标准，而这样的现象是令人鼓舞的。越来越多的专业投资者开始进入这个市场，并声称会使用长期的“买入并持有”策略。这些专业人士将有望促进相应信用标准的形成，使代币发行者能够被客观评价，让其履行信息披露义务，并对其筹集到的资金进行托管控制。

如果上文的这些设想都能实现，就会逐步改变这个产业在人们心中形成的“狂野西部”的印象。在这个过程中，一开始人们可能还是会遭遇一些痛苦的损失，但这会像泻药一样，起到疏通的作用。不要忘记，网络泡沫的破灭及 pets. com 等网站的消失，让人们对互联网上真正的创新性突破产生了关注。历史上的这些失败教训，为谷歌、脸书及亚马逊等公司的发展铺平了道路。

开放协议的黄金时代

现在，人们的关注度还集中在涌进 ICO 领域的资金上，但这种新生的代币经济最具有说服力的地方是，其实现一种新经济范式的潜力以及其为公共设施的维护提供了全新的价值定义方式。风投机构 Union Square Ventures 的合伙人弗雷德·威尔逊（Fred Wilson）在他的一篇博客中[112]很有说服力地解释了其中的一个方面。在这篇博客上，他认为代币会带来一个“开放协议的黄金时代”。之前开发者无法从打造互联网基础的开放协议中获得经济利益，这些开放协议的核心部分包括 TCP/IP 协议、网站的 HTTP 协议、电子邮件的 SMTP 协议。而现在，为这些新型的去中心化应用程序搭建基础协议的人，就有机会赚钱了，哪怕他们的产品还是会开放给所有人使用。弗雷德·威尔逊说，

“这样的方式可以在数字经济的基础设施里发挥激励作用，从而推动一系列强大的创新成果的出现”。

弗雷德·威尔逊写道，开放平台的建造者不再需要将自己局限在大学、政府机构等无须向股东负责的非营利性实体内。在以前，这些非营利性的实体，很难在开发人才招募这方面与专注于互联网商业应用的营利性企业展开竞争；现在，像以太坊这样的平台，已经可以吸引人才中的精英了。它们可以迅速地接触到全球开源开发者社区里的群体创意。这意味着，通过为公共设施的维护提供激励机制，这些代币可能会帮助人类解决“公地悲剧”的问题，这是一个数百年来形成的经济现实问题。

虽然相对于传统的资本市场来说，代币这个领域的规模还是极小的，而如果其中的泡沫破灭的话，可能就会出现很不一样的境况。但是，这种代币经济和开放平台的现象，正开始为我们展示一个全新的、去中心化的未来经济。初创企业正主张计算机存储平台、拼车应用、太阳能发电以及在线广告合约等在内的产业都会被去中心化并以代币的方式进行管理。实际上，这些数字资产甚至可能会成为人类创造及交易价值的主要方式。

数字化的物物交换

一个无人掌控的、在数字化账本上存储的记录，居然可以发挥某种货币的角色，这对人们来说，需要认知上的飞跃。从基于区块链的数字代币中，我们能够学习到的一课是，这些代币将会帮助我们进一步重新定义货币。虽然“比特币神教”的思维认为，只要比特币网络能够可靠地实现可扩展性，任何支付方式和价值表达方式最终都会被吸引到比特币上，而代币经济的愿景最终会让我们的价值衡量尺度碎片化。实际上，如果我们从逻辑的结论考虑，由软件驱动的系统可以让不同的数字代币间进行流动和交换，这样，我们不一定需要持有一种通用的货币就能展开交易。

为了实现这点，我们需要一个强大的计算机程序，它应该能够实时创建出各种市场，并在任何两个事物之间提供互相参考的价值标准。例如，我们需要这个程序告诉我们，多少个“基本注意力代币”可以买下美国画家杰克逊·波洛克（Jackson Pollock）的某幅油画的 1/3 所有权。这将会是一个由数字化的物物交换行为组成的世界，我们在过去所了解的货币概念，在这个世界中将不复存在。

虽然这个想法听上去很遥远，但有一些人已经开始跃跃欲试，试图建设这样的另类世界。在他们的愿景中，我们的所有实物资产（包括汽车、船、房屋等）及无形资产（如品牌等），都可以在一个不可篡改的区块链上以安全的数字资产的方式存放，它们之间可以互相进行交易，而其价格将会由数十亿的买家和卖家制定出来。这个想法对位于苏黎世的金融科技发明家理查德·奥尔森（Richard Olsen）来说，一直有着很强的吸引力，而我们也在《加密货币时代》一书的最后几页中引用了他的想法。在该书印刷期间，理查德·奥尔森打算让其愿望成真。

他筹集了500万美元（其中一部分是通过代币筹集的）[113]，并成立了一个名为Lykke的初创企业，其愿景是“构造一个匹配引擎，能在任何数字代币之间提供公平的市场价格，而不管这些代币是何种性质”。他认为区块链的可扩展性问题迟早会被解决，并相信开放数据和移除中间人的区块链资产市场会朝着一个趋势前进，即证券化数字资产互相交易的成本会逐渐变为零。他计划加入这样的高效市场里，创造一个高速的、电子化的交易机器网络。就像华尔街的债权交易员那样，这样的网络将会有“做市”机制（这里买一种，那里卖一种），为每一对代币带来金融流动性，这意味着如果有人想用100个BAT代币换取美国画家杰克逊·波洛克的某幅油画的1/3所有权，这个网络会确保他们得到一个合理的市场价格。

作为财经记者，我们经常看到华尔街的银行用不清晰的价格去榨取投资者的利益，因此我们难以理解上述这种复杂的设计的可行性。不过，理查德·奥尔森反驳道，他的做市机器人无须遵从华尔街那种剥削性的资本主义做法，也能产生利润。因为区块链提供了一个高效、低成本的交易环境，使他的机器人可以通过市场中固有的短期波动来进行买入或卖出的交易，从而以透明度较高的方式赚取利润。理查德·奥尔森说道，在这个透明的、非剥削性的复杂系统的愿景中，“流动性是免费的。好比在大自然中，蜜蜂无须为花蜜支付费用，它只需要飞到一朵花那里并为其授粉。一个好的商业模式就是带有一条食物链的模式”。

这是乌托邦式的想法吗？当然了。但这可能实现吗？无人知道。不过，这些对市场和技术有着深入见解的人正在筹集资金去建造这样的系统，并致力于用它取代货币的作用，这是一个至少值得注意的现象。还有一些人提出了类似的愿景，即一种无须传统的货币就能进行跨资产交易的系统，它是基于一些区块链专家正在研发的跨账本互操作性机制来实现的。不过这种想法相比于 Lykke 项目的愿景还是显得更碎片化。瑞波实验室（Ripple Labs）的 Interledger 项目[114]创造了基于智能合约的托管协议，可以在两个不同的账本（无论是公有链或私有链）之间自动地锁定并执行相应的承诺，这样资产就可以无缝地在这些平台间进行交易了。与此同时，区块链解决方案公司 Tendermint 发布了一个称为“Cosmos”[115]的互操作协议，它被描述为“区块链的互联网”。而 Web 3 基金会也提出了类似的想法，即 Polkadot 项目的“平行链”（parachains）。还有一些类似的互操作性概念，可以从 Blockstream 公司的侧链（sidechains）项目或麻省理工学院媒体实验室的撒迪厄斯·迪瑞亚的工作成果中找到，后者让闪电网络的交易可以在不同的账本上进行。结合上述的种种方案来看，比特币（或美元）在未来不一定能成为唯一的货币霸主。

信誉代币

这种关于多资产数字化价值系统的概念，催生了一种关于未来世界的构想，在其中，不仅去中心化应用和实物资产能够实现代币化，就连无形的概念，如品牌和个人信誉，都可以如法炮制。实际上，这样的实践已经出现一段时间了。

位于迪拜的 Loyyal 等初创企业，正构建用区块链加以证明的可交易的品牌积分。现在，你在本地药房里购买东西所赚取到的积分，只能在该药房里进行消费；而 Loyyal 的代币可以与其他代币或现金进行交易。为何一个商家愿意让自己的品牌积分在本店外流通呢？彼得·罗伊舍尔（Peter Reuschel）位于柏林的 Leondrino 交易所创造了一些品牌代币并提供了交易方式。据他所言[116]，代币价格为商家提供了一种强大的、实时的方式，用于了解自家品牌在市场上的表现情况，那么反应灵敏的经理人就会用其作为品牌改善和提升的信号。

既然品牌能代币化，那么我们这些人类能代币化吗？一家名为“代币明星”（Token Stars）的初创企业[117]称其正将名人蕴含的价值代币化，有可能为拥护者提供一个拥有罗杰·费德勒（Roger Federer）的“一部分”的机会。不过，美发师、律师、建筑师是否也能如法炮制？这些代币是否能让各种专业人士将其自身的能力货币化？这类服务提供者将会在实质上将其信誉与市场评估机制关联起来，并创造出对应自己的“股份”。甚至有一天，所有的人类都可能会这么做。

我们也要意识到，这样的未来，也能催生某种反乌托邦的想法。即有一天，我们抚养孩子的能力，会取决于别人对我们人格持有的看法。社会在“多数人的暴政”面前是否更加脆弱？毕竟，一大群拥护者可以在抬高凯蒂·佩里（Katy Perry）和贾斯汀·比伯（Justin Bieber）个人品牌价值的同时贬低其他人。不过，如果能在代币的治理算法中加入合适的激励机制，我们或许能够将这种模式变成某种更有价值的东西，即基于市场机制的行事准则，以增强负责任的程度。在这个时代，各届美国总统都在兜售"另类事实"，而权威人士也公开说我们已经进入了"后信任时代"，在这种情况下，使用"信任机器"为诚实程度定价的想法，似乎很有吸引力。

区块链初创企业 Augur 已经开始探索这些想法了。这家公司已经在以太坊上建造了一个基于加密货币的去中心化预测市场，玩家可以对某个事件的结果进行猜测并下注，而特定的人群会负责确认这个结果。这些负责确认的人群会用自己持有 Augur 系统里的 REP 代币作为筹码，以证明自己在说真话。如果大部分的人都确认他们没有撒谎，那么系统就会返还这些代币并向其支付资金。当然，其中还是存在大部分人联合起来欺骗系统从而对抗那些说真话的人的可能性，不过系统也整合了其他制衡机制，以鼓励各方都说真话。《连线》（*Wired*）杂志的一篇文章对这个想法的走向进行了探讨[118]，凯德·梅斯（Cade Metz）认为他们可以激励那些拥有 REP 代币的验证者对政治家的言论进行分析，并给出支持或反对的意见，这将会是新闻机构愿意付钱购买的服务。如果这个系统真能建成，它将追逐利润的动机与说真话的动机连成一线的想法将会是非常有用的。

通往代币经济

我们设想了各种方式，希望通过代币让各种人群和社区诚实行事并维护公共设施。那么，如果我们不考虑一下如何利用代币去解决人类最大的“公地”所面临的严峻威胁，就显得有所欠缺了。

气候变化是这个世界所面临的最大威胁，而埃里克·米勒（Erick Miller）对此有一个大胆的想法。他是位于洛杉矶的一位狂热的企业家和风险投资者，曾在好莱坞工作，也曾投资过早期的网络股，在 Snapchat 那款流行的录影眼镜的开发过程中也扮演了重要的角色。现在，他希望通过投资基金 CoinCircle 来“将这个世界代币化”。为了推进这个目标，他和合伙人提出了所谓的“由加密货币影响的经济”概念。

在这个概念的驱使下[119]，埃里克·米勒与一组人开始了一场实验，其中包括加州大学洛杉矶分校教授巴格·乔德里（Bhagwan Chowdhry）及世界经济论坛的海洋保护人士格雷戈里·斯通（Gregory Stone）等人。他们提出了两种具有特殊价值的代币：海洋健康代币和气候代币。这些代币将会发行给在全球气候问题中的主要利益相关者，其中包括公司、政府、消费者、非政府组织和慈善机构等，它们会使用这些代币去支付一系列与管理碳信用额度、实现减排和降低污染等目标相关的用途。这个想法还包括了将一部分的储备代币交由世界经济论坛来控制，以管理这些代币在全球流动中的价值。这个提议包括了一个计划，即在某个国际科学组织确认降低污染及减排等工作有了成效后，就以不可逆的方式销毁储备代币中的一部分。通过密码学的方式销毁代币的做法，将会增加剩余代币的稀缺性，从而提升其价值。这个想法的要点是：由于有了激励机制的存在，代币的持有者会马上为改善地球的环境做出贡献。

没有人知道埃里克·米勒的宏伟构想是否能够落到实处。不过，这个方案的新奇之处在于，它直视了我们一直无法解决气候问题的根本原因，即由互相冲突的经济利益带来的政治分歧。恰恰是这种最原始的权力斗争，让特朗普内阁这类被煤炭产业左右的政府，很难以有利于世界的方式行事。那么，为何我们不能绕过政府，并通过软件驱动的货币治理方式去解决这些政治问题？

在当前的全球资本模式下，货币不仅仅是一种交换工具，它还反映了人们对金钱过度迷恋的状况。我们不断积累这些货币，仅仅是为了展示我们的权力。这样的畸态，对地球所面临的各种危机负有直接责任。显然，我们对后代负有重构该体系以拯救地球生命的义务。实现这个目标的机会，可能在于可编程货币。这种货币自身并不会成为商品交换活动的最终目标，而是会承担它本来就应该扮演的角色，即一种辅助交换及共同协作以产生价值的工具。

当然，除了导致地球环境的恶化外，全球资本主义及其背后的政治模式还存在很多让我们失望的方面。我们的政治家既需要制定有利于其机构捐赠者的法律，又需要对其选民负责，这两种动机显然存在严重的冲突。在社会的广泛宣传下，“退休”成为一个深入人心的概念，人们将退休视为一个梦寐以求的终极目标，这带来了一个由基金管理人构成的产业。这些基金管理人只会在每个季度追逐短期利润，他们缺乏动力去解决这些资产所面临的威胁，而这样的威胁会在老龄化社会拉低经济生产力时出现。这样的紧张局面正成为恐怖主义、暴力、不安全感的温床。而这样夹杂了保护主义、民族主义及仇外主义的有毒混合体，总有一天会让我们深陷武装冲突之中，这是一个真正的风险。

不过，如果我们对此愤世嫉俗，认为改变的希望不大，那么就只能选择自暴自弃了。因此，为了一个更好的明天，我们鼓励人们思考这些为“后资本主义”社会而设的另类愿景，去将这些技术想象成支撑未来社会的平台，它不会被现有的各种已经被证明失败的政治和经济模式所制约，也不会由垄断性的大机构所掌控。这些想法提供了一条出路，但它会有赖于人们对价值创造的思维方式的转变。在人类社会中，劳动力、资产、创意等要素的交换，定义了我们的生活方式。我们不应将这种交换视为获取某种特定形式的货币的途径，毕竟这些货币只是由象征性的钞票所定义的。我们应该探索新的价值模式，不管它具有代币还是其他特性，最终目标都是为了激励群体协作，实现共同利益。

财富的积累从来就不是一个零和游戏。如果我们能创造出一种机制，形成一个兼具普惠性、效率和创新的自我强化的反馈回路，那么就可能通过“创造”而非“夺取”行为来实现财富的积累。在传统的经济体系下，市场的力量会促使薪资高昂的高管去建造煤电厂这类只能获取眼前利益的设施，而我们在前文提到的这些新型的经济体系，如果配以恰当设计的话，将可能激励市场力量充分利用我们及这个星球的资源，从而让我们走向繁荣。区块链技术如何能为这个经济体系的重构提供新思路？在下一章，我们将会深入探讨这个问题。

第五章

赋能第四次工业革命

当你通过“手机投屏到电视”功能，在家里的 65 英寸智能电视机上兴高采烈地观看网飞公司播出的《行尸走肉》（*The Walking Dead*）最新剧集时，你可能以为自己仅仅是一个喜欢僵尸故事的普通人。但你没有意识到的是，你还是个未来主义者。因为你这台智能电视机并不只是一个能播放电视节目的设备，它还是全球 80 亿台接入了物联网设备中的一员。这样的物联网是一个庞大的网络，其中包括电视机、汽车、电表和监控摄像头等设备，这些设备的程序让其可以互相交换信息，实际上就是在“交流”。你可能在几年前就开始听说物联网这个词了，但你没有意识到它已经来到身边了。

在第二次世界大战结束后的几年内，第一台可以称为“计算机”的机器诞生了，它的体积足足占据了一个房间。从那时起，这个领域一直在飞速发展。即便是在 20 年前，本科生就可以研发出媲美当年的庞然大物的运算性能的单块半导体芯片；而在今天，任何一个内置了微型处理器的日用设备的运算性能，都要比当年的庞然大物的运算性能高出数千倍之多。信息的处理不再局限于单台计算机上，而随着计算机集群的出现，所带来的运算能力也在不断提升。可见物联网非常重要，它不仅让数十亿台设备拥有了运算能力，而且这些设备还是互相连接起来的。这创造了一个拥有庞大运算能力的“超级设备”，其效用远远超出其中每一台的运算能力的总和。太阳微系统公司（Sun Microsystems）的资深人士约翰·盖奇（John Gage）曾提出“网络就是计算机”的名言，从目前的形势来看，此话不虚。随着我们发掘出更多的方式来利用这些系统的运算能力，这个“无处不在的计算机”的处理性能，会随着每一台加入其网络的设备而得到不断提升。这对社会来说有重要的意义。这样的能力将用作为人类谋福祉的手段，还是会被滥用从而为人类带来灾害，目前尚不清楚。而一个稳固的、结构合理的分布式“事实机器”若能整合到这些新的网络上，将有机会确保这些拥有惊人力量的新型虚拟计算机用于与人类利益相一致的用途上。

让运算能力连接到网络上的实践，曾经历了几个阶段。它最初是通过有线网络连接的，后来是通过无处不在的无线网络将移动式计算设备连接起来的。不过，除了硬件连接方式外，软件程序也是解锁网络庞大的信息潜能的关键驱动力。

随着计算机开始在大型网络上挖掘各种纷繁复杂的信息并进行群体行为的推断，数据分析已经变得越来越复杂了。现在，Waze 这样的交通应用 App 已经可以为我们预估最快的出行方案，而推特分析对政治竞选来说也非常重要。机器学习将这种分析带到了一个全新的高度，因为个体的计算机会根据网络上的数据进行调整，而其能力会在一个持续的反馈环路中变得更强大。

不过，在我们看来，那种能够最大限度地增强我们对社会现象的认知的新型软件概念，要么会建立在区块链上，要么会被区块链所启发。如果缺乏分布式信任协议这个原则，虚拟计算机的应用就会受到限制。而由中心化的、可信的第三方掌控的数据，总是会通过秘密的算法垄断数据的分析过程，这具有天然的局限性。除非更广泛的社区愿意支付费用，否则它们就无法获取这些数据，而这并不是唯一的问题。如果数据提供者不再信任这样的垄断力量，就会对提供的信息有所保留。在一个由中心化信任模型主导的经济体系中，不太可能出现一个“全球大脑”。

在家居用品杂志上，基于区块链的网络设计未必能获得像智能门锁和无人驾驶汽车那样的关注度。但区块链将会成为物联网经济中支撑网络运算能力的基础设施，在这样的网络里，数百亿个门锁和汽车这样的设备将可以自主地进行交流和交易。

世界经济论坛创始人克劳斯·施瓦布（Klaus Schwab）称[120]，我们正进入“第四次工业革命”，这并非指某种特定的产品线即将问世，而是指一系列新技术的结合会创造出各种全新的系统。这些新技术包括移动设备、传感器、纳米技术处理器、可再生能源、大脑研究、虚拟现实和人工智能等。

如果将数十亿能够收集和处理数据的节点连接到一个无处不在的全球网络计算机架构中，这对我们与世界互动的方式将会产生深远的影响。它意味着我们在自然世界及人造世界中的物质存在将会得到更彻底的度量、分析和解释，从而为其创造出一种无处不在的、非物质化的认知。

新型的联网计算及传感器系统，很快会为我们理解这个物质世界的运作方式提供帮助。我们将能更深入地了解以下事项：我们的设备的速度、温度、准确性、效率或可靠程度；或者一种特定的资源，如电力、水资源或氧气的储备将能持续多久。这将会为我们带来更详尽、更准确、更实时的信息，而这种信息对我们管理地球上的稀缺资源及改善经济流程的方式具有重要意义，从而让我们可以生产更多或更好的产品（如食物和工具），最终为人类社会带来福祉和繁荣。

我们可以想象一下这个新世界：地面上装设传感器网络，它与数据分析学结合起来，就可以及时检测出这座桥存在的问题，从而让人们有时间采取措施并防止其倒塌；这个世界里不会出现流行病，因为医疗界的专业人士可以实时地观察到病毒的扩展情况，并在传染病蔓延之前将其拦截。但是，除非我们建立一个分布式的架构去解决信任的问题，否则这样的变革是难以实现的。如果我们还是采用中心化的方式去发展物联网世界，那么其中的大量设备信息将会被大公司垄断；大型数据存储点将会成为黑客盗窃的目标，其可能造成的安全性及隐私性问题将会比我们现在经历的状况还要多很多，而且造成的威胁会更严重。当黑客通过盗取密码得到了你邮箱的访问权，那已经是很糟糕的事情了；试想一下，如果他能控制你的恒温器、汽车，甚至是城市里的交通灯管理系统，那将会多么恐怖。现在即使在设备联网程度不高的情况下，安全性已经是一个很大的问题了，在以后万物互联的世界中，如果我们的网络安全层次得不到提升的话，那将可能成为一个反乌托邦式的噩梦。

因此，我们从物联网自身的结构开始探索，将区块链的分布式信任概念应用到这种管理物质世界的新方法上。

从根源拯救物联网

物联网的狂热出现没多久，网络安全专家就开始对其安全问题进行研究，并指出若人们不加考虑就在大范围内应用一种很难控制的新技术，可能会带来危险。我们很容易想象出如下的大问题：黑客可以控制你的房子、汽车、手机、电视、医疗记录、犯罪记录以及投票习惯；由某些国家资助的攻击者将可以从远程控制飞机、收费公路、投票箱或供电网络；黑客甚至可以通过远程关闭病人的心脏起搏器从而杀死成千上万的人。安全专家布鲁斯·施奈尔（Bruce Schneier）[121]于2016年在媒体《主板》（*Motherboard*）上发表的一篇文章里指出："如果你的智能门锁能够用偷听的方式判断谁在家里，那将会产生很多问题；但更大的问题是，如果这样的智能门锁被黑客入侵了，就能让小偷开启你家的大门或阻挡你进入自己家。现在有一些黑客可能会偷听你的对话或跟踪你的汽车位置，但另一种黑客会比这类黑客更危险，他们或许可以阻挡你对自己的汽车的控制权，甚至直接控制你的汽车。"

随着物联网这类"信息物理系统"（cyber - physical systems）的出现，布鲁斯·施奈尔称，"我们已经给互联网赋予了手和脚，它有能力对现实世界带来直接的影响。在过去，网络攻击是针对数据和信息开展的，而在将来，网络攻击的对象将会是人类、机器和建筑物”。人们在对设备的软件升级问题上面临着不少的挑战，这使网络安全问题变得更严重了。现在，我们就已经被微软及其他应用程序提供商的笔记本及智能手机安全补丁弄得精疲力竭了，那我们还有精力去升级接入互联网的智能冰箱的软件吗？（这个问题，我们已经在第二章讨论过了，当时举了域名服务商 Dyn 被攻击的例子，而黑客正是通过控制欠缺维护的设备而发起该攻击的。）如果人们希望物联网能够成为改善其生活的工具而非为其带来痛苦的根源，那么我们将需要重构其安全机制的设计原则。

除了分析、云计算及其他企业级软件服务外，IBM 也是物联网基础设施的主要参与者，而它现在正在积极研究区块链技术，并曾发表了一篇后来广为人知的论文[122]，题为《设备民主：拯救物联网的未来》。该公司的两名科学家对“如何确保信任”这个核心的道德窘境展开了讨论。如果有一个由数十亿设备组成的全球网络能够接入我们日常生活中的方方面面，那么谁有能力（并且可以被信任）去运营这个庞大的网络？现在，一些像康卡斯特（Comcast）那样的私营公司可以为数百万人提供有线电视接入这种简单的服务。但若信任一个具有垄断力量的“守门人”去处理你的设备“传播”出来的大量的个人敏感数据，那就是一个截然不同的问题了。现在你或许已经对谷歌、亚马逊、脸书和苹果这样的公司所掌握的个人数据极其不满了。

那么试想一下，在中心化的物联网场景中，交易数据经由少数大公司掌控的系统处理，这不仅是一种低效的数据流动方式，需要有监管力量对其进行制衡，而且会带来一种奥威尔式的控制程度（英国作家乔治·奥威尔在其小说《1984》中描述的一种社会状况）。我们难道真希望亚马逊云等其他大型的云服务提供商控制这些宝贵的数据吗？这不仅会让这些公司获得史无前例的监视整个现实世界和人类活动的特权，而且在实质上会让这些中心化的公司，得以掌控数十亿的机器之间的数字货币和代币交易。这种状况将会为“大而不能倒”这句话赋予全新的意义。

有人可能会说，不如让政府机构充当这个“守门人”。我认为这颇为不妥，你想想，爱德华·斯诺登在“棱镜门”事件中揭露出来的美国国安局的窃听行为已经够可怕了；而你的各种设备，会产生大量涉及个人信息的数据，你真的放心让美国联邦政府的各种部门担任管理这些数据的中介角色吗？上文提及的那篇 IBM 论文的作者维纳·珀斯沃伦（Veena Pureswaran）和保罗·布罗迪（Paul Brody）写道：“互联网最初是建立在信任之上的。而在斯诺登事件发生后的时代里，我们已无法回避一个简单的事实，即人们对互联网的信任已经终结。那种将物联网解决方案视为由中心化系统及可信的合作伙伴组成的概念，现在成为一种幻想。”

维纳·珀斯沃伦和保罗·布罗迪称，如果要建造一个可扩展性强的物联网世界，同时确保没有一个中心实体能够对其进行控制，那么区块链技术所提供的就是唯一的解决方案。基于区块链的系统将会确保物联网的不可篡改性，未来机器与机器之间的交换方式将会以价值交换的形式展开，我们需要利用区块链让每一个设备的所有者都能互相信任。

未来或许会是这样的：你把你的特斯拉电动汽车开到一个小镇里，打算到山上走走。当你从山上回来后，你才意识到汽车的电池已经没电了，而最近的一个特斯拉充电站离你还有很远的距离。但在一个由区块链赋能的共享经济中，你不用担心这个问题。你可以把车开到任何一个对外提供充电接口的房子里，从而付费充电。你完全可以通过支付系统（如闪电网络）支付加密货币，这样，代币就会自动从你汽车的数字货币钱包里扣除，并转移到该房子的电表所配置的钱包上。你根本不知道这个房子的主人是谁，也不知道他们会不会对你使诈，更不知道他们会不会将某些恶意的软件安装到你的车载计算机上以试图窃取你的数字货币钱包。当然，除了不确定你是否有能力付款外，该房屋的主人对你也会存在类似的担忧。不过，亮点来了：如果存在一个分布式的信任系统（如区块链），就可以通过一个不可篡改且能够被双方信任的记录，去确保这些设备及其发生的交易的诚实性，因此，哪怕交易的双方互不认识，也不会影响交易的进行。一个分布式的信任系统让两个陌生人（更重要的是其各自的设备）之间也能交易。

以后在全球的联网设备所组成的统一网络上，将会发生数以10亿计的交易，而维纳·珀斯沃伦和保罗·布罗迪提出的这类系统，应当可以为这些交易提供可信度。在他们所描绘的模式下，用于共享的数据会限定在建立信任关系所需的范围内，而不像以前那样将所有可用于识别身份的信息都暴露出来。这样，当你的汽车通过加密货币付款给那个房子的电表时，不论是你们，还是区块链网络中的用户或验证者，都无法获取任何与发起交易的双方有关的个人资料。

维纳·珀斯沃伦和保罗·布罗迪写道："在我们的去中心化物联网的愿景中，区块链会成为不同的设备间用以辅助交易处理和协调的框架。"他们解释道，去中心化系统能够让用户以此前无法实现的方式利用自己的设备，因为这样的系统能让用户相信，正在与其进行互动的其他设备并不会对其产生危害。"每一个设备将会对自己的角色和行为进行管理，从而实现由去中心化的、自主运作的设备组成的物联网。"你可以将此视为一个正在构建自身社会资本的机器社会。

可信计算

我们还需要面对一个问题，即确保设备自身并没有在其生命周期中的某个节点被植入漏洞，而机器自身的"身份"，即便被分解成其出厂时的零件状态，也是可信的。这是一个很难解决的问题。一些设备生产商使用"可信计算"（trust computing）这个词来描述它们解决这个问题的方案。这是芯片生产商超微半导体公司（AMD）和英特尔联合"可信计算组织"（Trusted Computing Group）联盟内的成员（IBM、微软、思科等）提出的一类方案。

目前，可信设计的目标是确保一台计算机的行为方式与其操作者的意图一致。例如，当用户敲击特定的键去输入一串字符时，传播到网络上的信息恰恰就是这串字符，而非改动过的其他信息，即这台设备没有被恶意的代码入侵。为了实现这个目标，首先要在计算机化的设计实验室及半导体的封装中心加强安保措施。为了说明其中的挑战[123]，美国密歇根大学的研究人员最近展示了一个例子，即一个用心不良的人能够通过对半导体芯片里的一个晶体管做手脚，从而在微观的层面往芯片里植入“后门”。从理论上说，我们使用的智能手机里就有可能被人内嵌了一个窃听器，无论是我们还是该智能手机的生产厂商，对此都一无所知。由此可见，阻挡这样的入侵行为是非常关键的。

当确保生产现场的安全性后，可信计算模组的下一步就是将密码学工具嵌入该设备，从而使该模组能够与其软件进行安全可靠的通信。

当前的可信计算方式，需要设备内的硬件和软件模组共享由密码学签名的信息，以证明彼此都没有被篡改过。不过，在隐私权的提倡者当中，这样的系统还存在一定的争议[124]。这是因为，为减少人为操作造成的错误，这些系统并不会让用户控制或阅读自己设备的模组间流动的信息。这让用户不得不相信生产这类设备并在其中嵌入安全信息系统的公司（如英特尔这样的大公司），从而使这类公司成为系统信任机制中的关键一环。这样，我们又再次面对可信第三方的问题。而这个案例中，这些机构正控制着我们所拥有的设备的内部运作方式。不过，我们暂时只能使用这种可信计算模型，而在大部分情况下，它还是能发挥作用的。

在物联网所面临的各种安全威胁中，现有的可信计算模式存在的问题仅仅是其中的一个环节。设备的活动记录对安全性也是非常重要的，这些记录包括：交易历史、进行不同操作时所使用的不同授权密码以及在其生产、运输、使用及最终被淘汰的生命周期中的每一个环节对应的操作人员或机构。就如记录人类的行为能降低欺诈的发生率那样，在设备的交互操作过程中，一份维护良好的记录可用于判断是否能信任对方的设备，以及判断某个设备是否在伪造用于发送给其他设备的数字货币。如果我们能够认同区块链在追踪和管理人类社会的交易时比中心化账本更有优势的话，那么在物联网的领域里，我们也有理由相信区块链能实现同类的任务。其中一个原因是，机器并不具有法律实体，它们不能拥有银行账户，也无法使用贝宝（Paypal）、Venmo 等受监管的电子钱包服务。

我们还可以设想一些场景，在其中物联网设备可以付费短期使用其他设备控制的服务，如使用旁边某人的 iPhone 手机的无线网络热点去发送一份重要邮件。当然，这要依赖于一种多方参与的、频次较高的小额支付的经济环境，而这在现有的中心化金融模式下根本就无法实现。毕竟，现有的这些复杂的支付体系需要三天的结算周期，还会产生高昂的交易费用。如果要让物联网设备在彼此之间进行价值交换，那么它们就需要一个像区块链这样更为去中心化的记录保持和交易系统。很多公司正试图搭建这类系统。

英特尔是率先进入这个产业的一员。这个芯片制造巨人已经开发了一种被其称为“锯齿湖”（Sawtooth Lake）的区块链技术[125]，它是基于英特尔现有的可信计算模组“软件保护扩展”（Software Guard Extensions）而实现的。这种技术致力于实现“与具体区块链平台无关”的性质，即它可以在某个公司设立的私有许可型区块链上运行，也可以在由众多的设备组成的公共、非许可型的网络环境里使用。理想主义者或许会说，英特尔的这种区块链技术要依赖于其专有的可信计算模式，即用户必须信任英特尔的软件，这样就极大地降低了一个非许可型系统的去中心化优势。不管怎样，将针对物联网的保护机制整合到非许可型区块链上的能力是极为重要的，因为与目前由特定的 IT 公司掌控系统的模式相比，它为物联网的未来提供了一个更广泛的愿景。

人们对物联网世界有一些设想，以下是其中一个场景：一辆无人驾驶汽车需要赶时间，那么它可以付点小钱让另一台无人驾驶汽车让路，从而快速通过。就如我们讨论过的那样，你需要一个分布式的信任系统去验证该交易的诚实性。除了转账外，在开始处理该类操作之前，会涉及很多信息。例如，你要了解想付费抢道的汽车是否有条件以更高的速度安全行驶，也要确认该汽车的软件不会让其他汽车感染恶意软件。以上的这些验证机制，以及对付款者汽车的钱包余额的检查，都可以通过区块链上的记录去验证，这就能在无须依赖于某些中心化的认证机构的情况下，也能让交易的双方有信心进行交易。但问题是如果这个系统是基于私有区块链上的，这笔交易会很容易进行吗？在一个拥有2.3亿辆汽车的国家里，上述这个例子中提到的两辆汽车，从属于同一个由许可型验证节点组成的封闭网络的概率有多大？如果它们不属于同一个网络，它们各自的软件可能就无法进行相互操作，这样就难以执行这笔付款了。其他的汽车生产厂商或许不想使用由通用汽车或福特汽车作为运营方的许可型验证系统。但如果这些汽车厂商组成一个联盟并共同运行一套系统，那么它们对存放这些重要数据的网络所持有的集体控制权，会不会成为初创汽车公司进入这个网络的障碍呢？这样的系统，最终会不会成为一个扼杀竞争力的寡头呢？

一个真正去中心化的非许可型系统，将可能成为上面这种“技术孤岛”问题的解决方案。

去中心化的非许可型系统意味着任何设备都可以参与这个网络，同时也能够为所有人提供信心，确保其中的数据、设备及待交易价值的诚实性和完整性。非许可型的系统可以创造一个更有流动性的、更有扩展性的物联网，它不会被少数强大的“守门人”所掌控，也不会被其收取的费用所制约。

问题是，现在的去中心化非许可型区块链还存在一些局限性。由于其区块大小及链上处理性能的限制，比特币每秒只能处理几笔交易，或许闪电网络这样的“链外”解决方案能够进一步提升其性能；至于以太坊，虽然它处理区块的速度更快，但当其网络繁忙时，也经常发生交易处理失败的情况。如果这些局限性继续存在下去，对物联网应用来说是完全不合适的，毕竟人们预期物联网未来要处理数十亿设备产生的海量小额交易。不过，现在已经有一些公司开始应对这些挑战了。

一个名为 IOTA 的初创团队正使用一种非正统的共识算法，相比于传统的区块链方案，这种共识算法的设计目标是减少对网络资源的占用。在其所谓的“缠绕”（tangle）系统中，每一个进行交易的设备同时也是一个验证节点，这与比特币将节点角色分为用户和矿工的做法不同。IOTA 的工作原理是：一个设备如果想与另一个设备发生交易（以 IOTA 代币或其他有价值信息的方式），它就需要负责验证网络上随机分配给它的两笔交易。从数百万笔交易中随机选出两笔来进行验证，这样的计算负荷量明显要比比特币和以太坊的矿工所面对的小。这就是 IOTA 的“可扩展性”主张的来源。不过，IOTA 的成功（实际上也是其网络的安全性）取决于网络效应。如果网络中只存在少量设备，那么一个用心不良的人所掌控的设备迟早会有机会验证自己产生的交易，从而让自己有进行双重支付或其他虚假交易的可能性。而另一方面，随着网络规模的扩大，这种事情发生的概率会呈指数式下降，从而为其系统的可靠性提供强大的保障。IOTA 称随着网络规模的扩大，其性能及可扩展性会进一步增强，这与比特币会形成明显的差别。

IOTA 的代币成为市场表现最好的代币之一。这个项目有一群热心的支持者，其中不少人都投资了 IOTA 的代币。不过，在麻省理工学院数字货币计划的密码学家发现 IOTA 的算法中存在一些很容易被滥用的漏洞后，事情就变得不太平静了。这个算法是 IOTA 用来生成交易的哈希值的。比特币及其他的很多加密货币都使用了标准的哈希算法（如 SHA－256），但 IOTA 使用了一个定制版的算法，而这个算法可能有严重缺陷。这个发现使 IOTA 的代币的价值在当时迅速下跌，其用户也被要求更新到一个新的软件版本中，否则就无法再使用这个系统。换句话说，IOTA 为解决此问题，进行了硬分叉操作。麻省理工学院的小组公布了其发现[126]并将此作为要求更完善的安全审计的理由，IOTA 代币的价格随后出现暴跌。IOTA 代币的投资者显然对这次下跌非常不满[127]，他们开始在社交媒体上进行危机公关，指控麻省理工学院的团队出于自身利益故意散播带来“恐慌、不确定、怀疑”的信息，并攻击发表该报告的福布斯记者的正直性[128]。此外，IOTA 的联合创始人谢尔盖·伊万契格洛（Sergey Ivancheglo）在 IOTA 网站上链接的博客里做出一个非比寻常的解释[129]，他声称代码中的漏洞是刻意写进去的“防抄袭保护机制”，这样任何试图复制开源代码并与 IOTA 展开竞争的人都会遭遇问题。这在密码学社区里引来了更多的批评，因为在这个社区中有个流传已久的传统，即他们会公开批评别人的工作成果，以实现修补漏洞及让代码变得更安全的目的。

不过，尽管 IOTA 失去了区块链社区里的一些备受推崇的密码学家的信心，但它还是在一些大公司的圈子里产生了一些热度。其中的原因或许是，哪怕 IOTA 开发和管理其密码学算法的方式有问题，但它的经济模型还是比较吸引人的。如果它的密码学中存在的漏洞可以被修复，它的“缠绕”技术的构思在理论上就会比比特币和以太坊的模式更节省运算资源。毕竟后两者需要其庞大的验证节点网络里的每一台计算机，在每一个区块里都对完整的新交易列表进行处理和确认。德国的工程及电子巨头博世（Bosch）已经通过 IOTA 在运行一系列的实验，其中一个实验涉及将卡车以节省能源的队形排列，并在其中应用支付技术。具体的想法是，排在后面的卡车会享受到气流带来的节能好处，这样它就会向其前面的卡车支付 IOTA 代币，以补偿前面的卡车为创造这样的气流所付出的能源成本。同时，IOTA 和博世公司都属于一个名为“可信物联网联盟”[130]（Trusted IoT Alliance）的一员。这个联盟致力于为产业构建区块链基础设施并确保其安全性。这个联盟的其他成员还包括富士康、思科、纽约梅隆银行及一系列区块链初创企业（如供应链服务商 Skuchain 及以太坊研发实验室 ConsenSys）。该联盟的网站在推广“为商业而设的区块链物联网”，并认为其是驱动“第四次工业革命”的力量。IOTA 的充满争议性的方法或许是错误的，但其专注的这类可扩展性解决方案已经吸引了不少的关注。

美国政府对这个领域也产生了兴趣。美国的国土安全局向区块链基础设施提供商公证通（Factom）提供了一笔 19.9 万美元的奖金[131]，让其开发一个物联网安全性解决方案。相对于 ICO

筹资的规模来说，这个数额是非常小的。但值得注意的是，它表明政府机构对区块链技术的信心。公证通的模式会为设备产生的数据创建一个身份记录，包括其独特的标识号、生产厂商、升级历史、已知的安全问题及其授权记录。这个想法是，如果一个设备的性能、权限、证书等的历史能够在一个无法篡改的账本上记录下来，那么黑客就无法通过篡改记录的方式去隐藏他们对某个漏洞的滥用行为。不过，目前尚不清楚美国政府对上面的这套系统有多少影响力。

位于马萨诸塞州的技术机构“环境实验室”（Context Labs）也在开展类似的研究，以实现其所谓的“数据诚实性”。在不同的产业中，这个机构正召集一批有意愿的参与者组成联盟，以就应用程序接口的开放数据标准达成共识，从而让各方共享经由唯一的密码学哈希标识验证的数据。它能够以可验证的方式去识别设备及其所有者的身份。“环境实验室”将其收集的数据通过区块链进行处理，并期望能够提升人们对物联网设备产生的数据（如气候变化测量传感器）的信任程度。人们担心许可型区块链容易被某些寡头势力控制，而这个机构的首席执行官丹·哈珀尔（Dan Harple）认为，如果产业范围内具有不同利益的广泛参与者能够组成联盟，这个联盟可以就标准化的开放应用程序接口达成共识，这样应该能减少这方面的担忧。从理论上来说，那会让业界更容易为物联网世界开发出与可扩展性相关的解决方案。

不过，就如新生的区块链产业中的其他主张那样，目前尚不清楚这家机构的想法是否能够实现。我们现在有的只是一种可能带来重大机遇的核心想法。这种想法的激动人心之处在于，它让我们能够想象一个存在去中心化信任的世界，也让我们意识到，它有潜力为我们的经济体系的运作方式带来重大变革。如果可以很好地解决物联网的安全性问题，我们就能够释放一股难以想象的创新浪潮，这不仅会让互联网的运作更为高效，也会提升各种企业及顾客对经济资源的利用效率。这对每一个人而言，都意味着能够极大地降低成本及减少对环境的影响。现在，我们来看看这对宇宙中最重要的资源（即能源）的生产意味着什么。

区块链能源

2015 年 10 月，联合国于巴黎举办了《联合国气候变化框架公约》第二十一次缔约方大会（COP 21）[132]。在会上，印度总理纳伦德拉·莫迪（Narendra Modi）为其国家宣布了一个大胆的目标，即在 2022 年前，部署 175GW（1750 亿瓦特）的可再生能源生产能力。考虑到当时印度的电网装机容量为 280GW，印度总理宣布的这个数值相当于 6 亿印度人的耗电量。这个目标反映的是一个宏大的理想，即为当前无法使用可靠的电力服务的 3 亿人供电。人类如果要避免自身及世界的毁灭，就必须极大地降低碳排放量，并持续地提升世界上 40 亿低收入人群的发展状况和福祉。印度总理宣布的这个重要目标就是为此服务的。

我们有一个更大胆的方案，而这个方案目前还没得到印度新德里政府的认可。我们认为，如果政府不能实现电网的去中心化，并将能源的生产控制及所有权分布到村镇级，那么上述的能源供应跨越式发展的构想根本就无法实现。为实现这一目标，我们需要所谓的“能源民主”机制。

这个星球的气候变化问题并非仅在于电厂对煤炭这类污染大的、碳排放量高的燃料的依赖上，它还与完全中心化的电网模式有关。传统模式从地理分布、安全风险到由政治力量驱动的长期、大规模融资模式，从根本上看都是非常低效的。如果要以最低的成本、最高的效率使用可再生能源，并尽可能地提高能源的生产率，就必须让能源生产的源头尽可能地靠近能源的消费端。光伏发电技术的快速改进，让这种想法开始走向现实。就如摩尔定律那样，光伏发电成本也在明显降低。一家中日企业联盟于 2016 年[133]赢得了在阿布扎比酋长国建造一个太阳能发电站的合约，其报价低至 2.42 美分/千瓦时。这与美国典型的发电成本相比降低了一半。这样的差距，使太阳能发电方案与化石燃料方案相比具有明显的优势。阿布扎比酋长国的这个发电站有一个大型的太阳能电池板阵列，设计目的是为该酋长国的日常电力需求做出贡献。虽然这个解决方案还是中心化的，但它让我们看到了本地化的太阳能微电网的前景。

去中心化能源为社区带来的好处是令人惊讶的。如果社区能够负责建造自己的能源生产设施，例如由每一个人的房屋上的太阳能电池板组成微电网并分享这些能源生产能力，那么他们就能明显降低由远距离输电所带来的能量损耗，而这些损耗有时可达30%之多。去中心化的微电网也不容易遭受网络攻击的影响。因为与攻击某个地区的中心化电网单台服务器的成本相比，攻击分布在多地的生产中心的成本是非常高昂的。同时，去中心化的电网也创造了冗余性，从而降低了发生自然灾害时可能带来的影响。在飓风“桑迪”席卷美国曼哈顿后，人们拍下了一些夜间的照片[134]。在照片上可见，第34街下的市区因中心化电网停摆而漆黑一片，唯一例外的地方是华盛顿广场公园附近的区域。因为纽约大学及其附近的建筑物当时已接入了去中心化的微电网，所以那里还有一小处光亮。另外，虽然这样的去中心化方案并不能完全消灭各种形式的腐败问题，但小型的、本地化的生产设施所能带来的经济利益，对那些腐败的政治家和银行家来说吸引力就非常小了。要知道，在发展中国家，大型的发电厂项目长期存在贪污腐败问题。由于这样的去中心化能源生产模式不再需要国际投资银行长达30年的债券支持，也无须承担应对政治风险的保险费用，使其财务成本大大降低，从而能直接降低居民的用电成本。

更重要的是，去中心化的电网设计能够实现能源消费的微妙、精确管理。如果能恰当利用计算机建模工具，这样的设计就能实现更高的能源效率。通过复杂的软件监测技术、自动化智能电表技术及由价格驱动的设备使用时间优化机制，家中的本地化微电网能够以高科技的方式实现高效的管理，使公共电力公司的大范围的负荷管理策略相形见绌。这场由Nest及Ecobee nanogrids这类智能恒温控制器方案引领的变革，正有不断向前发展的趋势。不过，这种低成本的、低碳排放的未来愿景有赖于两个方面：一是去中心化的能源系统控制（包括电力生产、传输及消费）机制；二是设计及运行一个由互联的智能电表及联网的家用电器设备所组成的智能系统，并让其能够响应价格信号。换句话说，这是个大型的物联网战略。

这也意味着我们必须重新思考组织架构。谁来管理这些账单？在传统的中心化能源供应模式下，大型的公共事业公司会扮演“可信第三方”的角色。它在某种程度上像银行那样，会管理自己的账本，并在上面记录每一个人的电表读数、发票和账户等信息。但是，在由各家各户屋顶的太阳能电池板及各户接入了物联网的空调组成的本地化微电网中，难以引入传统的中心化角色去记录其中发生的交易。因为，那不仅会极大地降低管理效率，也会与社区整体的利益相冲突，毕竟社区里的人希望自己的电力消费越少越好。不过，如果我们不能让公共事业公司去管理这些微电网，那么还是需要解决信任的问题。要知道，出售电力的人与购买电力的人的利益是不一致的，前者希望赢利，后者希望降低成本，所以即便他们是邻居，也无法简单地信任对方。社区的规模越大，这个问题就越明显。你怎么确保人们没有对自己的电表做手脚或者乱收费呢？

另外，如果要妥善实现这个方案，就需要将其中发生的交易以一种特殊的内部货币来结算，这种代币的浮动价格将与“千瓦时”挂钩，用户可以将它转换成美元，最终优化本地微电网的管理。这样，我们就得到了一个市场定价机制，能够用于实现与传统的大范围电网负载管理策略相似的管理方式。具有浮动价值的“千瓦时代币”代表了电力的本地价格，就如所有的市场价格指标一样，它能够为微电网内的用户提供价格信号。不过，由于它是一个数字信号，所有用户可以依此对自己的设备进行精细的调节，以最大限度地优化电力使用成本。例如，用户可以选择在电力富余及便宜的时候给自己的特斯拉电动汽车充电，也可以为不同的设备创建一个优先级列表，这样其中的一些设备就可以自动关闭（如电视机），而另一些设备则可以通过编程让它持续开启（如电冰箱）。这些价格信号也会反映电力供应与需求之间的平衡关系，它可以引导微电网的控制软件将多余的电力存储到电池里，并在电力紧缺的时候从电池中取电。但问题是，谁来负责这个内部的电力市场及支付系统？就如我们前文所提到的那样，中心化的解决方案存在较高的中介费用、低效的交易后对账流程以及被公共事业公司（其利益与用户不一致）这类账本管理机构操纵的风险。因此，去中心化的组织显然需要去中心化的信任方案。

去中心化能源方案供应商 LO3 Energy 在纽约布鲁克林开发的“互动电网”（Transactive Grid），正是上面提到的去中心化信任模式的写照。这是一个原型项目，目的是将各种房屋与商业机构连接在一起，以共享本地产出的太阳能电力。这个社区希望让有环保意识的消费者及用户知道自己在购买本地生产的清洁能源，而不是像以前那样，仅仅是付款让公共事业公司购买可再生能源积分并用于资助美国其他地方的绿色能源生产活动。

在“互动电网”中，建筑物的主人会安装太阳能电池板，这些电池板能够通过分布式网络与邻居的电池板互相连接起来，配备可负担的智能电表及储能单元，并且装设了逆变器，让电网的所有者能够将电力出售给公共电网。在这个方案中，最关键的技术是一个私有的区块链，它能够在智能电表群中管理电力的共享状况，并登记在这个分布式的账本上。2017 年夏天，LO3 公司开发了一种“exergy 代币”，用以在布鲁克林的那类微电网中驱动市场机制的形成，这比上述的这个方案更进一步[135]。（exergy 是一个用于度量能源效率及减少浪费行为的重要概念。它不仅会计算能量生产的数额，也会计算每个产出的能源单位能实现的有意义的效用。）

我们需要注意，LO3 的这个微电网方案是基于私有区块链的，因为这个社区是由固定的用户人群构成的，他们都同意相关的使用条款，这样，这种私有区块链的模式其实就能提供足够高的效率。这意味着它能避免比特币及以太坊所面临的一些处理性能上的可扩展性挑战，可实现区块链上较高的交易性能，而无须整合当前还处于开发阶段的“链外”可扩展性解决方案。在这个场景中，区块链能处理微型交易及运行智能合约，并判断用户是否已支付数字货币，从而实现预付费的电力使用授权功能，并鼓励用户进行高效的点对点能源交换活动，以换取“千瓦时代币”。区块链在这个场景中提供了去中心化的市场及价格信号，从而优化了微电网的效率。这意味着系统不依赖于那些掌控了用电人群范围及价格的中心化公司或政府部门，也能正常运作。这同时意味着，由于大家都知道这套系统能够让其中的设备高效地发挥作用，当有利可图时，社区的每一个成员都有动力去部署能产生收入的太阳能电池板及相关设备，这样微电网的容量就能够有机地增长。

在这个领域中，LO3 并非唯一的参与者。位于柏林的“网格奇点”（Grid Singularity）也是区块链能源应用的重要推动力量。它与落基山研究所（Rocky Mountain Institute）组建了一个联盟[136]，即非营利性的可再生能源倡议组织，以在能源领域推动区块链技术的商业部署。它的主要研究方向是：利用区块链技术来安全地读取及解读成千上万的独立设备所产生的大量数据，从而让电力系统的管理者对电力的使用状况有更细致的认知。这样就能更好地管理本地及公共的电网。现在，有不少方案都在推动将区块链用于改善及验证这些重要数据的场景中。这些数据在监控及处理气候变化所带来的挑战时，对政府、商界及其他特定的利益组织将有重要作用。而上述的这类倡议组织，正是这样的努力中的一部分。随着气候变化问题的日益恶化，这种对能源利用效率的细微管理方式，对全球应对这种问题的努力将起着至关重要的调节作用。

在飓风厄玛及玛利亚毁坏了加勒比海地区的供电网络后，人们对上述这些想法有着更迫切的需求。2017 年 11 月，《联合国气候变化框架公约》第二十三次缔约方大会（COP 23）在德国波恩隆重召开，而在此地举办的黑客马拉松活动上，上述的这些概念得到了展现。

资金来源是推广微电网时所面临的挑战之一。即便电池的成本在持续下降，这样的系统在部署到社区时还是比较昂贵的。而且，还要考虑如何让用户最大限度地从自己的太阳能电池板的投资中获取经济利益。现在，这样的挑战意味着营利性的太阳能发电体系通常会建在发展状况良好的发达市场中，其中设备的所有者可以使用电价扣减的模式，生产出来的电力再由公共电网回购。这样的模式既需要使用高科技的设备及可靠的传输设施，也需要廉洁的监管者让电网管理者设置一个合理的回购费率，即便这样的费率会影响该公共事业公司的短期赢利目标。在这样的模式中，公共事业公司拥有全部的话语权，因此太阳能发电系统的所有者会受限于本地政府的政策态度。

不过，能源存储的容量即将迎来变革，这为解决上述问题提供了希望。在一定程度上，得益于特斯拉这样的公司在电池技术、燃料电池、蓄热器单元上的大量研发投入，能源存储技术在便携性及效率上都得到快速提升，而成本也在持续下降。这最终会实现高度的能源自给。我们可以想象出一种脱离电网的社区，其中的成员共同拥有一个由区块链管理的去中心化太阳能发电站，并创造出一套系统用于存储电能，从而通过无人驾驶的电动汽车将电池运送到其他脱离电网的社区中以进行电能的输送。

这对各类社区来说都是一个机会。例如，印度那些还没有接入电网的村庄，有三亿难以享受电力服务的人；具有自治权的原住民社区，如美国的印第安人社区及澳大利亚的原住民，都希望实现能源自给；另外，在一些人口密度低的乡村地区，由于社区对电力的需求量较低，专门为其装设供电线路及变电站的成本太高，使这些地方的农民及其他用户饱受电力短缺之苦。在这些例子中，供电网络在大部分情况下是由政府补贴的，这实际上是通过提升收费标准的方式从市区的用户手上“收税”。

不过，我们还需要面对另一个挑战，毕竟建设这些基于区块链的去中心化微电网需要前期的投入，而在缺乏可靠的信贷基础的地方，这是一个很大的问题。恰好，区块链技术或许能为此提供解决方案。我们会在第七章对发展中国家的资产登记、另类抵押物和创新金融方案等进行讨论，到时将会为这个问题提供参考。

除了能源资源管理外，区块链及物联网方案在实体经济中还有其他的意义。例如，用区块链来管理供应链的想法，也吸引了不少人的关注。供应链是有序组织起来的、相互关联的商业关系集合体。它决定了我们所消费的商品是如何从原材料到生产过程的中介环节，最终到达终端市场，并由我们所购买。如果能妥善地对此进行管理，那么在这些链条中所提升的透明性，有潜力提高小型生产者的竞争力，为融资及保险需求提供更高效的定价机制，减少资源的浪费，并提高顾客对产品生产过程的信心，即让顾客了解这个过程的安全性及其是否符合各种道德标准。

追踪我们制造的东西

2015 年 10 月，契普多墨西哥餐厅（Chipotle Mexican Grill）的多家分店都爆发了大肠杆菌疫情[137]，有 55 名顾客感染，使这个餐饮连锁店的声誉毁于一旦。该连锁品牌的营业额一落千丈，其股票价格下跌了 42%，创出三年来的新低，至 2017 年夏天依然继续保持着这样的萎缩状况。这家位于丹佛的公司所遭遇危机背后的核心问题是，在复杂的供应链中缺乏透明性和可追责性，这个问题也一直困扰那些依赖多个外部供应商来提供零件和配料的公司。很多支持契普多墨西哥餐厅的人或许认为这场疫情源自该连锁品牌下的某家餐厅或设施里的操作失误。如果推断属实，对这个公司的声誉会造成很坏的影响。不过，问题其实更为严重。这家公司根本无法定位出它们的食物是在哪里被这种致命的病毒污染的，它只知道应该是来自其众多的第三方牛肉供应商中的一家。5 个月后，其管理层所能给出的最详细答案，也仅仅是“它可能来自受污染的澳洲牛肉”。就如任何食物供应商那样，这个事件的核心问题在于该公司对其运作流程中的全球原料供应链缺乏足够的透明度。这意味着该公司无法防止污染事件的发生，也无法在污染事件爆出后有针对性地进行控制。

供应链由各种不同的企业组成，而这些企业本来就是相互独立的。它们的共同利益点，是围绕在某个终端产品的销量最大化的目标上。例如，三星智能手机中所涉及的晶体管、芯片、电容、屏幕等部件的生产厂商会随着三星手机需求的增长而获益。不过，由于它们之间存在对价格比较敏感的采购合约，在供应链上下游的成员之间存在着天然的利益分歧，这使它们很难在彼此之间分享信息，因为行规是每一个参与方都各自维护着与内部运作流程及库存变化相关的信息。正如作为一系列的支付业务提供商的银行维护着独立的账本那样，这些账本无法被别人看到，这使这些信息孤岛之间缺乏能见度。这意味着像契普多这样的公司无法通过检查澳大利亚的屠宰场的工作记录，来判定该屠宰场的工作人员是否遵守合规要求并执行了应有的流程。在某种程度上，二维码及无线射频识别（RFID）芯片能够提高商品在世界范围内的可追踪性，不过真正的透明度问题归根结底在于每一个供应商的封闭体系。无论是终端生产商还是消费者，对这些关键的信息都一无所知。

区块链有能力让互不信任的群体围绕某种共同利益展开协作，这或许能为此问题提供解决方案。那些在此前不希望分享信息的公司，现在可以通过密码学哈希算法处理过的信息去检查那些关键的步骤是否已得到执行，而无须揭露重要的秘密信息。然后，这些哈希值可以记录在区块链上，并对所有的供应链成员公开，从而创造出一个能够轻易追溯的、不可篡改的、所有人都认可的记录，这自然就增强了数据的可信度。现在，越来越多的初创企业、银行家，甚至是大型的生产商都开始对这个想法进行探索，它们将此看成信息披露及可追责等问题的潜在解决方案，而这些问题在此前是很难解决的，毕竟各个供应商社区之间存在难以逾越的鸿沟。当共同认可的重要数据能够实时更新后（有需要时还可以用匿名或加密的方式处理），就不再需要针对彼此的内部记录执行费时耗力、容易出错的对账过程了。这让网络中的每个成员都能对总体的活动状况有更深入、更及时的了解。它或许能让契普多这样的餐饮公司，随时都能检验其供应商里的屠宰场是否有妥善处理将要运输到该饭店中的肉类。当然，在这种情况下，某个供应商还是可以虚假地记录一些自己没有执行的流程，但由于有了这个大家都能看到的活动账本，将能促进更良性的行事方式。

从这种共享透明度及实时追踪整个国际商业网络的区块链模式延伸开来，我们能看到一个更高效利用资源的全球供应链系统的潜力，这将会使全球经济的交易方式发生极大的变革。在以前多方生产及运输流程的中间阶段的交易环节，会锁定不少的价值，让其暂时无法被利用。通过解锁此前封闭的信息以及将独特的数字资产（如代币）附加到生产过程中的每一个环节，这项技术能够将这些价值释放出来。这会让企业更灵活地在供应链中的各个环节中发现市场及价格风险，并及时地对客户的订单做出响应，而这些客户也会要求知悉其所购买的产品来自何方。这样，我们就会有一个能够替代僵硬的供应链的动态需求链模式，提高所有人的资源利用效率。

一家名为 Provenance 的英国溯源方案初创企业称[138]，它正使用区块链技术去“为你的业务及产品背后的信息和故事带来生命”，从而“追踪特定商品的批次，并提供关于从源头到顾客端过程的验证信息”。沃尔玛正与IBM及清华大学合作[139]，通过区块链追踪中国国内与猪肉相关的过程信息。矿业巨头必和必拓公司（BHP Billiton）正使用此技术[140]追踪由外部供应商完成的矿物分析信息。Everledger这家初创企业已经在区块链账本系统上登记了100万颗钻石的特征数据[141]，以提供质量保证，并帮助珠宝商遵守抵制“血腥钻石”的监管规定。

这些解决方案同时也算是区块链物联网解决方案。因为传感器、区块链、二维码及无线射频识别芯片等技术在生产及运输环节的使用率正进一步提升，企业希望用其来追踪货物、触发特定动作及发起付款，而上文提到的解决方案本来就与这些技术有密切的联系。我们再次强调，需要有一个“了解你的机器”系统（译者注：这是仿照金融业的“了解你的客户”提出的概念）能够“识别”出这些设备的身份，并确保这些设备的运作方式是可信的。在智能合约加进来后，从这些设备中发出的信号能够自动执行预先设定的付款权利与义务，并送达协议的签署人同意执行的结果。这个模式也预期海关官员、港务局、贸易融资提供商及其他利益相关方会接入这个网络，以管理各自的流程。

可追踪性及自动化带来的好处并不仅限于物件上。区块链还能规范供应链里的人员。来自不同商家的供应商及管理员可以享有特殊的密码学权限，这在区块链的环境中会体现为一个独立的、可追踪的标识。（为保护员工的个人信息，我们会倾向于使用数字身份领域正被探索的强化加密技术。）这能让供应链社区里的所有成员监督彼此的实名雇员的活动。例如契普多这样的公司，可以实时地观察到在某个牛肉工厂的（经过身份认证的）员工是否在执行恰当的杀菌消毒流程。

这种可证的、透明的身份标识，对所谓的“积层制造”尤其重要。后者相当于3D打印技术的工厂版本，它对所谓的“工业4.0”运动中涉及的动态、按需生产模式具有重要意义。工业4.0描述的是生产领域能够快速地应对不同的顾客及其他需求的能力。3D打印技术已经能够产出比传统技术制造出来的零件更轻的版本，其设计更为强大，而且已经能够根据美国国家宇航局的火箭及空军战斗机这样的复杂机器的需要进行生产。不过，对这类涉及关键任务的产品，用这种新技术来生产也是有风险的。精细零件制造商美国穆格（Moog）公司的积层制造及创新部门的总监詹姆斯·雷吉纳（James Regenor）给我们描述了这个问题：“美国航母的维护人员，在将战斗机零件的设计文件发往3D打印工序时，如何能确保这些文件没有被外敌篡改过？”[142]为解决这个问题，他在美国穆格公司的团队发起了一个被称为“Veripart”的服务，使用区块链等技术去检验供应链中不同的3D打印产品提供商所执行的软件设计及升级工作。它希望整合一系列特性，以保护知识产权，并让知识产权变得像一件资产那样灵活及具有动态性。美国穆格的这个团队计划邀请其全球供应链网络中分布在四处的成员参与这个项目。同时，国防工程承包商洛克希德·马丁公司（Lockheed Martin）作为美国穆格最大的客户之一，也看到了区块链在这个高度敏感的产业中为实现高度安全的工作流程所带来的价值。这家公司宣布它将与弗吉尼亚的技术机构 Guard Time Federal 合作[143]，将区块链整合到其供应链风险管理的流程中。

如果我们将供应链视为一种由协定的功能组成的互动序列，那么能够受益于这种新方法的产业的范围是非常大的。例如，在建筑产业，美国田纳西州那什维尔的一家初创企业 Keyturn[144] 希望利用区块链，去帮助广大的建筑承包商就特定的项目进行工作流程及物料的供应链管理，这样就可以集中监控所使用的工时及物料，以为终端客户节省资源及成本。这家初创企业同时希望为非法移民性质的建筑工人争取更公平的报酬，向他们长期遭受压榨的状况宣战。建筑业工人在全球总劳动人口中占据了 7% 的份额，而麦肯锡全球研究所的数据显示[145]，建筑业在全球的 GDP 中也占有 13% 之多。

对账工作也能从分布式供应链解决方案中获益良多。IBM 称其正使用许可型分布式账本去追踪及管理其每年处理的25 000多次供应商争议[146]。它在 2016 年将这些争议的解决时间从 44 天减少到 10 天。从本质上说，能被实时查看、验证的支付和物流记录可以使人们更快地达成共同的协议。而且，它解决的并非小问题。该公司称，这类争议每年会占用 1 亿美元的资金。

因此，这项技术有潜力节省成本、提高效率，让供应链上的每一个参与方（从原料矿场到顾客）都能获益。但问题是，它如何实现货币化？谁能获益？有一个关键的机会可能存在于金融和保险领域。

信用证等贸易融资工具，是在出口商将货物运送到买家期间，为满足企业的融资需求而提供的。而在世界范围内，中小型企业都很难接触到这些贸易融资的途径，其中一个主要的原因，是贷款机构很难充分信任中小型企业用作贷款抵押物证明的各种文档，如港口提货单。在这个场景中，哪怕贷款机构有一丝的怀疑，觉得持有一份提货单的出口商早已把那些货物抵押到另一个贷款机构了，那么出口商所提交的贷款申请就会被驳回。如果这些文档的证据及其对应的留置权可以安全地记录在区块链上，证明它们没有被重复抵押，或许中小企业就能证明其信誉度，从而增加国际市场的竞争力。渣打银行已经在新加坡开发类似的概念验证项目了[147]。

另外，这项技术可以让一条供应链里的主导者在实质上成为其供应商的“银行”或“承保人”。通过使用经区块链证明的增强版供应商库存信息，它们可以优化货款支付的条款，或许可以将付款期从90天缩短为30天。这会让上游供应商将在以前的模式中被存货锁定的资金释放出来。中国的电子产品生产巨头富士康正走在这个领域的前列。富士康为其各类价值链上的数千个供应商推出了这类原型项目，并宣称这个原型项目的应用已为供应商提供了650万美元的贷款支持[148]。

在基于区块链的供应链解决方案中，如果要进一步地从中提取价值，更激进的做法就会涉及前面章节中所讨论的特定的代币发行，而这种特殊的数字资产将会代表供应链中流动的商品和服务。这有潜力为进出口行业的业务带来灵活性，并促进新型业务流程的创新。代币化的设计与将 GPS 等信息记录在区块链上的手段结合，能够让在途货物的所有者随时将相关的权利移交给任何地方的买家，而无须依赖某个港口对此进行记录。2016 年，韩国的韩进海运公司宣布破产，导致价值 140 亿美元的货物滞留在大海上。当时，有不少公司的产品都受到牵连。或许，这些公司会很欢迎上述的这种解决方案。我们还可以为批发市场或半成品市场开发一个类似的动态定价及流动性机制（仿照证券市场），从而极大地增强行业的风险管理能力。

在区块链上进行验证的数字代币，指向了区块链顾问及企业家黄平达（Pindar Wong）[149]所说的“风险组包”（packetization of risk）。这个激进的想法，为供应链上的不同阶段引入了一个可协商的架构。以前，半成品会被一系列预设的未履行义务所牵制，而使用了这种方案后，就可以将半成品放到市场上竞价，看看有没有买家希望接手其背后的相关权利和义务。这可能会带来一种新的“即兴”需求，对资源管理也会带来“市场清算价格”的效果。当业务流程的透明度增加后，并与为商品背后的数字资产寻找流动市场的做法相结合，意味着产业的参与者有了史无前例的激励机制，在寻求利润之余也会考虑履行保护环境责任。这与前述的“使用价格信号去优化太阳微电网运作”的原理很相似。如果代币能让我们为此前没有其他需求来源的商品和服务提供定价机制，生产者或许就能做出更完善的资源分配决定。这就是为何这么多人认为，“循环经济”（生产过程中尽量循环利用能源及材料）的模式会取决于区块链系统能实现的透明度及信息流。

目前，主要挑战还在于可扩展性。像比特币及以太坊这样的完全公开、非许可型的区块链还无法直接用于全球贸易的主战场上。如果全球的供应链都将其交易记录发往一个非许可型的区块链上，就需要通过链上或链下的方案，来最大限度地提升这种区块链的可扩展性。在第三章中，我们介绍过闪电网络这样的创新方案，或许能为可扩展性方案提供参考，但现阶段这些方案离实用还有一段不小的距离。考虑到上述问题，一些公司开始将目光投向许可型的区块链（在第六章会对这种技术进行详细讨论）。这是可以理解的，因为大型的生产商将其供应链看成静态的概念，其中定义了有资格为某种成品提供零部件的供应商名单。不过，在第四次工业革命带来的这个快速变化的世界中，这或许不是最有竞争力的选项。新兴的技术，如积层制造，能够让人们在任何地方订购产品，而任何拥有正确的软件文件及配置好 3D 打印机的人，都能够将产品送达给买家。这象征着一种更流畅、更有活力的供应链世界，其中供应商的加入和退出变得更容易了。在那样的环境中，一个非许可型的系统似乎是必需的。当可扩展性的挑战解决后，通过使用可靠加密算法及监测系统去证明供应商交付成果的质量，基于非许可型区块链的供应链将会成为全球制造业的平等竞争环境的重要推动力量。

法律问题也是其中的一个挑战。在世界的各条航线及所涉及的多个司法辖区中，存在各种复杂的监管条例、海事法及商法典等，用于治理所有权及占有权。若要将以前的法律体系及其背后由人类来管理的机构与区块链及智能合约的数字化、无形化、自动化、非国有化的特征结合起来，将是一件非常困难的事。在区块链的概念下，所有权依赖于与商品的数字化记录对应的私钥的控制权（而非对这些商品的实物的占有），那么港口的官员应使用何种标准，去确定进口商已取得托运人所送达的商品的所有权呢？

如果要为供应链开发区块链应用方案，从而为所有人提供商业机会，降低小企业的融资难度，减少浪费，并让顾客更了解自己所购买的产品的来源，那么，就需要一定程度的标准化了。当然，竞争是一件好事，但标准化能够让大范围的用户通过技术建立联系，从而创造网络效应。这个道理适用于所有的技术，如十进制或铁轨仪表这样的度量模型。直到足够多的人开始使用相关的核心协议发送数据及邮件、分享文件、保证信息安全后，互联网才开始发展到现在这个规模。在现阶段，并没有单一的全球化主体在寻求设立这样的标准，不过在交通、可信物联网设备、食品等产业已经出现了各种探索通用技术的联盟。

我们还要意识到，这项技术的去中心化性质使协作的开展甚为艰难。不过，我们也可以从互联网的发展过程中借鉴一二。在香港，一些背景不一的公司及利益相关者组建了所谓的“一带一路区块链联盟”[150]。它正在开发一个由 ICANN（互联网名称与数字地址分配机构）倡导及检验过的互联网治理模型。

ICANN 是一个由私有部门主导的实体，它负责对互联网的全球域名系统及其他唯一标识进行管理及裁决。ICANN 的总部在美国加利福尼亚州，是互联网治理机制中的一个重要支柱。它掌握了域名（互联网上最重要的网址）的分配和管理的权限，它不受限于任何一个政府的规则，而是由具有不同利益的相关方组成，它的任务是保护互联网世界的公共利益。

“一带一路区块链联盟”的名字来源于中国的一个大型全球投资计划，其所寻求覆盖的范围非常引人注目。它的成员包括毕马威会计师事务所及汇丰银行，与香港的船运及物流巨头利丰集团（Li & Fung）也建立了联系。中国的“一带一路”倡议的一个计划是在亚洲与欧洲、非洲相连的三条独立的贸易线路中的 65 个国家里，合作开发高科技的制造业，并为此投资三万亿美元。一些人认为这是中国的“马歇尔计划”[151]，不过正如咨询机构麦肯锡的合伙人凯文·史内德（Kevin Sneader）所说，这个宏大的计划，其规模要比乔治·马歇尔（George C. Marshall）将军在 1948 年提出的用美国投资实现欧洲重建计划的规模大 12 倍。“一带一路区块链联盟”的创始人黄平达认为，“在 65 个不同的司法辖区内，会存在一套复杂的供应关系，其信任程度也各不相同，如果要让这个计划走向成功，就需要一种分布式的信息分享范式”。因此，区块链技术有机会成为一种国际治理体系。香港的角色将会很重要，因为这个地区所沿用的英式法律传统及其尊重财产权的声誉，让其在国际贸易中成为管理知识产权及其他合同义务的安全岛。若要将区块链植入全球贸易的流动当中，香港作为桥梁，或能提供最快速的、最有效的路径。

这个为21世纪的全球经济而设的影响深远的新概念，加上其高科技的工具及更有活力的供应链机制，对那些在此前的几百年里一直垄断了商界的公司而言，既是一个重大的机遇，也是一个显著的挑战。显然，那些公司再也无法原地踏步了。不过，它们是否能够接受比特币带来的这种具有颠覆性的经济关系管理模式？在下一章中，我们将探讨金融及非金融行业如何对区块链技术进行探索，及其在这个去中心化的未来经济中寻找自己的角色的尝试。

第六章

保守势力的新造型

2015年8月5日，比特币技术出现在华尔街。准确地说，是一种仿照比特币但又具有守旧特征的技术出现在华尔街。

比特币发展的早期，对此有所耳闻的银行家对其仅抱有好奇之心。它的价格波动极大，或许可以作为一种有趣的投资品，但这样的不稳定性使比特币无法作为货币的替代品。对银行家而言，比特币在现有的金融体系中无法扮演任何角色。

银行机构之所以能兴旺发达，是依靠一个不透明的体系。在其中我们互不信任，必须依赖这些机构，让它们来充当我们的交易中介的角色。银行家会做一些表面文章，表现出自己要改进这套体系的内在运作模式的意图，但若要让他们将这套体系变成像比特币这样的无人控制的方式，对他们而言不亚于异端邪说。这是他们无法想象的。

与此同时，比特币的忠实支持者对华尔街也没有什么兴趣。毕竟比特币的设计目标是用于替代现有的银行体系，它是一个改善方案。说实话，围绕比特币这种新型的加密货币所展开的运动可谓举世瞩目，而它也启发了无数的创新成果及可能性，但即便如此，比特币在重塑旧有体系这件事上并没有带来多大的影响力。直到现在，华尔街的赚钱机器还是牢牢占据着全球经济的中心地位。现在，如果你想使用技术去改进金融世界，例如去降低债券市场的系统性风险，或让穷人更容易收发汇款，你还是需要求助华尔街。

2015 年 8 月的那个阳光灿烂的日子，来自 Symbiont 这家区块链初创企业的一群技术专家，宣布了其用于应对上述问题的解决方案。他们带来一种对现有体系颠覆性较低的比特币衍生技术，虽然它们的模式应该说是“被比特币启发的”而非“模仿比特币”，但它们确实带来了一种“可控”的变革模式。在它们的一些与比特币类似的特性中，包含了分布式账本的关键元素，即以点对点的方式转移数字资产，并以低成本、将近实时的方式进行交易。不过，Symbiont 公司舍弃了比特币的其他特性，这包括那些让比特币得以脱离对银行的支付中介角色的依赖的特性。值得注意的是，这个系统并没有内建用于激励矿工及维护非许可型的验证系统的原生加密货币。实际上，Symbiont 公司提出的是“没有比特币的区块链”，它将维护一个快速的、安全的、廉价的分布式网络模式，而它的核心是一个能够对交易进行验证的“事实机器”。不过，它并非无人掌控，并非无须许可，也不会向所有人公开。这是一种能让华尔街控制的区块链。

到底我们能否将比特币、以太币或其他加密货币从区块链中抽离出来？这个问题还没有经过长期的验证。一些数字货币狂热爱好者称，如果移除内置的加密货币，就会毁坏区块链的完整性。他们认为，如果缺乏一种原生的、用于激励人们验证交易的数字货币，那么就无法形成一个非许可型的网络，而这对实现一个真正去中心化的价值交换系统来说是先决条件。没有内置加密货币的系统最终会变成许可型或私有的区块链，而其中负责网络运营的计算机都需要经过运营该账本的公司或公司联盟的批准。这倒是有其自身的优势，因为与比特币那个难以驾驭的全球社区相比，这种网络里的成员身份都是可知的，这样更容易召集和管理，这意味着系统的处理能力很容易得到扩展。不过，这些许可型系统难以让计算机工程师进行实验，而对数据及软件的访问权取决于系统官方的“守门人”，这自然就会限制创新。一些人说，私有区块链是一种悖论。区块链的目的本来就是要建立一个开放、可访问、公共的系统。很多人开始将这种技术称为“分布式账本”而不是“区块链”了。

不过，当天在场的银行家，对这样的细微差别并不关心，他们似乎很喜欢其他大部分听到的内容。他们知道自己的系统在处理彼此的交易时，会受限于信任中心化这个基本问题。由于机构间的互不信任，迫使它们对彼此之间的信息公开有所保留，它们还将数据放到封闭的、外人无法访问的公司数据孤岛。这给它们的后台运作流程增加了时间、耗费，降低了效率。现代金融体系里的复杂的多方参与的流程，让这个问题变得更严重了。这个流程包括了始发银行、代理银行、清算所、经纪商、结算机构、支付服务处理商等。这些银行家深知这个体系中充满了摩擦，成本也极为高昂，因此他们开始默默地关注比特币的创始人中本聪试图解决的一些问题。他们或许还没想到普通人可以在脱离任何中介的情况下就从西海岸汇款到东海岸。不过，它们知道现有的体系中存在一些根本没必要存在的流程，这拖慢了金融系统的运作，增加了成本，也让顾客不甚满意。

就如中本聪在2009年所写的那样[152]：

“传统货币的根本问题在于其运作需要一系列的信任。人们必须相信央行不会让货币贬值，但法币的历史表明，这样的信任经常会打破。人们必须信任银行，由银行来持有我们的钱，并用电子的方式汇出去。不过，在信贷泡沫中，它们选择将这些钱贷出去，而存留的储备金仅仅是九牛一毛。我们必须将隐私托付给它们，相信它们不会让身份盗贼偷走我们账户里的钱。它们的巨额运作费用，使小额支付难以实现。”

中本聪是在金融危机之时写下这段话的。全球的银行体系已经变得极不透明，没有人能确认自己得到的信息是可信的。对资产价值进行估量变得难上加难。当危机到来之际，这些问题都爆发了。比特币的设计目标或许是绕过这种体系，但不难想象，让比特币得以成为现实的核心概念，即其无法被内部人操纵的事实验证机制，也可以被华尔街利用，去解决一些现有的问题。

2015年8月的活动上，Symbiont公司揭示了其新交易平台“智能证券”（Smart Securities）。具有讽刺意味的是，这场活动是在一栋摩天大楼的顶部举办的，这栋大楼能俯瞰祖科蒂公园（Zuccotti Park），而这个绿树成荫的街区恰恰是四年前“占领华尔街运动”的发源地。通过一个类似于比特币区块链工作原理的分布式账本，并移除了其中的独立加密货币，Symbiont 的平台致力于重构超过 200 万亿美元资产的全球金融市场系统的核心功能。股票、债券及其他金融合约的发行、购买、销售及转让的活动，养活了纽约、伦敦及香港的各式投资银行家、经纪商及资产管理人，而 Symbiont 公司的这个平台希望将这些活动以流线型的方式重构。我们是否应该将此称为“拉拢”？毕竟网络无政府主义者希望用这种技术，绕过我们的国际货币体系中的各种大型“收费员”机构；而现在，这种技术被重新包装，摇身一变成为卖给这些机构的方案。

大约五年前，这栋大楼下的公园里到处可见布满泥污的帐篷和鼓圈，还有戴着骇人的长发辫的演讲者站在临时演讲台上，而这些人希望将华尔街的金融人士都扔到监牢里。在那场自发的活动中，很多人，特别是那些支持对华尔街的特权地位进行自由主义式的反社团主义批判的人，应该会拥抱比特币。这种数字货币最早在 2008 年 10 月出现，当时恰逢金融危机最恶劣的阶段，而它被视为解决金融危机的答案。中本聪认为，向那些不可信的机构（如雷曼兄弟）投以信任，风险是非常高的，而当时金融体系的崩塌，成为证明中本聪主张的头号证据。不过，Symbiont 公司的首席执行官马克 · 史密斯（Mark Smith）当时还是向在场的这类机构推销了比特币技术的一些理念。要知道，如果不是纳税人出钱（彭博新闻预测此耗费高达 12.8 万亿美元[153]）拯救了这些机构，它们早就跟随雷曼兄弟走向覆灭了。

马克 · 史密斯的听众包括来自瑞士联合银行、摩根士丹利、美国证券托管结算公司的高管。美国证券托管结算公司负责为美国境内几乎所有的股权及债权交易提供清算及结算工作。纽约证券交易所的前任首席执行官邓肯·尼德奥尔（Duncan Niederauer）也在那里，不过他并非作为旧有体系的代表出席，而是作为该初创企业的投资人。马克·史密斯首先做出一个简单的承诺，“他将会为银行家节省时间和大量的金钱”。他展示了一个产品，有能力将当前需要几天甚至是几个星期才能完成的证券交易及结算的复杂过程，简化到点击几下鼠标就能在几分钟内完成。他打开了“智能证券”平台，看上去像亚马逊网站的“结账”页面。它包含一个债务工具所需的变量对应的字段，包括发行人的名字、数额、回报率（实际利率）和到期日等。在这个案例中，他对 SenaHill Partners 这家投资机构发行的债券进行了交易，该投资机构也是 Symbiont 公司的股东之一。他填写了不同的字段，然后点击了执行按钮，继续其演示过程。不一会儿，他宣布操作的结果已经得到确认，该债券的售出、买入和交易结算过程，都在几分钟内完成了，相比于现在美国资本市场的两天标准结算时间，有了极大的提升。

这意味着，对手方或中间人不履行合同条款、丢失（或无法送达）应缴的资金或证券的风险，被极大地降低了。这些都是真实存在的问题，美国证券托管结算公司称，仅在美国国库券的市场中，每天就有 500 亿美元规模的“无法送达”情况[154]。这通常是由于投资者在两天的窗口期内用其应缴的资金或证券获取短期贷款，但在应缴期到达后，却无法收回这些资金或证券，因此无法履行缴纳义务。这或许是他们所借出证券的第三方接收方将证券进行了卖空操作（打赌价格会下跌），但后来却无法找到愿意低价将这些证券卖回给自己的人。这一连串过程，最终会成为债权持有人的资产负债表上的亏损。投资机构通常会锁定数万亿美元的资金，用于预防此类风险，而如果能设法解决这个问题，就能够解锁这些海量的资金。那天，Symbiont公司展示了一个潜在未来的冰山一角，其后几年间，已有不少人试图为传统金融产业搭建基于区块链的系统。华尔街的人不再试图嘲讽比特币了，他们正尝试建造一个属于自己的版本。

华尔街在寻找另类方案：私有区块链

尽管比特币的支持者不太赞同许可型区块链，但华尔街还是继续开发此类方案。这种经修改的“比特币”衍生技术，同样拥有加密货币的一些强大的密码学及网络规则特性。不过，它们并不想要耗电量惊人的“工作量证明”共识模型，而是改造了在比特币出现之前就存在的一类协议。这些协议能实现更高的效率，但如果不让一个中心化实体在其中担任参与者识别及授权的角色，就难以实现同样程度的安全性。

这些银行家主要使用了所谓的“实用拜占庭容错”（practical byzantine fault tolerance，PBFT）共识算法，这是一种发明于1999年的密码学解决方案。它让网络中所有经过授权的记账人都可以确信其他人的行为并没有破坏共享的记录，哪怕他们不知道系统中的人是否有欺诈他人的恶意。在这种建立共识的系统中，如果特定阈值数量的网络参与者表明其对相应记录的认可，那么计算机就会接纳每一个对账本的更新版本。

以太坊的“让世界去中介化”的大胆想法，或那些通过ICO代币发行活动筹集到8～9位数资金的例子，都让开发者热衷不已。可是，上述这类私有、封闭的许可型区块链并没有在开发者的群体中吸引到同样的热情。帮助一家银行去节省其证券结算过程的成本？这听上去就没有那么激动人心了。不过，华尔街有雄厚的资金，这对人才招聘确实有所帮助，那时人们对中本聪的这个实验（比特币）缺乏进展的状况深感不满，而摆在眼前的是另一种系统，而且这些开发者无须征求一个四处分散、观点不一的社区同意，就可以开始开发。就这样，这些项目的资助者，在比特币因区块大小而发生“内战”的混乱时刻，吸引了一些重要的开发者及早期的加密货币采用者加入它们的阵营。

在这场招揽人才的浪潮中，最大的赢家是专注于金融行业研究及开发的公司R3 CEV，它致力于搭建一个分布式账本方案，这种账本既能获得实时证券结算及行业内账本互动协调的能力，又能遵从银行业内众多的监管规定，还能满足其成员对保持各自账本私有性的诉求。截至2017年春季，R3 CEV的成员数量已经超过100人。每一个成员单位需要承担25万美元的年费，以获得R3 CEV实验室正在研发的新技术进展。R3 CEV的创始人在2017年还筹集了1.07亿美元的风险投资，其中大部分来自金融机构。这些资金的一部分用作招揽像迈克·赫恩

（Mike Hearn）这样的人才，他曾是著名的比特币开发者，后来写了一篇题为“我不干了”的博客文章来抱怨比特币的“内战”[155]，最终戏剧性地退出了加密货币社区。R3 CEV 也招募了伊恩·格里格，他曾是一位来自加密货币领域的著名反叛者，后来他离开 R3 CEV 并加入了 EOS 项目。R3 CEV 的研发团队是由广受好评的 IBM 全职区块链专家理查德·杰德尔·布朗（Richard Gendal Brown）带领的，他总是能保持深思熟虑的思维方式。上述都是很厉害的开发专才。

在这些人才加入之前，R3 CEV 还让提姆·斯万森（Tim Swanson）担任研究总监的角色。他是分布式账本及区块链领域的分析师，有一段时间曾对比特币抱有热情，但后来对加密货币的梦想失去兴趣了。他后来成为一个令人厌烦的反比特币主义者，似乎只有通过对比特币所遭遇问题的公然嘲讽，他才能获得一定程度上的满足感。他的同类还有普雷斯顿·伯恩（Preston Byrne），其是 Eris（后来改名为 Monax）公司的法律顾问，这家公司专门为银行及其他类型的公司设计私有的区块链解决方案。普雷斯顿·伯恩的推特信息中并没有展现不拘一格的各种政治倾向，如支持特朗普、反对英国退出欧盟、支持美国宪法第二修正案、支持加密技术、反对软件乌托邦主义，也没有经常引用 Eris 公司品牌的吉祥物（土拨鼠），但他倒是对比特币的狂热支持者嗤之以鼻。对提姆·斯万森和普雷斯顿·伯恩这样的人来说，比特币失调的治理机制反倒是一件好事，因为这为他们各自的公司带来了业务。

不过，他们这种总是嘲笑比特币弱点的行为，是一把双刃剑。通过将迈克·赫恩、理查德·杰德尔·布朗和伊恩·格里格这些人招至门下的做法，R3 CEV 或许给自己带来了技术上的名声，但这家公司的所有权结构颇有讽刺意味。人们一看就知道，这是“华尔街老家伙的俱乐部”。该公司的九家创始成员为巴克莱银行、西班牙对外银行、澳洲联邦银行、瑞士信贷、高盛、摩根大通、苏格兰皇家银行、道富银行及瑞士联合银行。除了西班牙对外银行和澳洲联邦银行外，其他的成员都入选了金融稳定委员会（Financial Stability Board，由 G20 国家成立的国际监管组织）的 2016 年度“全球系统性重要银行”榜单。这些银行拥有庞大的资产负债表，对其所处的国内市场有重大影响，但这种常见的“大而不能倒”特征并非这些银行的全部；这些银行的贷款账面上的数字十分庞大，以至于其被归类到一个特殊的类别中，其经营状况若出问题，对全球经济都可能产生威胁。而这些银行中的大多数成员，都接到过数十亿美元的罚单。

对金融科技领域的观察者来说，这似曾相识。华尔街的银行有使用技术消除颠覆性威胁的历史。20 世纪 90 年代末期，电子化交易系统的浪潮，为外汇交易、债券及资本市场的其他不透明领域带来了无须以投资银行作为中间人角色的点对点投资方式。那些银行业巨头于是团结起来，发起了自己的在线交易服务。这样的举动确保了银行的股票、债券、商品交易合约的库存清单始终保留在所有投资交易的中心环节，并确保了它们在这个市场中定价者的角色。

对 2008 年的金融危机仍心有余悸的监管者，也有理由对华尔街这种建造私有的许可型区块链的做法保持警惕。在金融稳定委员会举办的听证会上，来自各国央行及全国性证券委员会的代表探讨了未来的区块链的市场结构，并讨论它是否会构成系统性风险及为金融体系带来不稳定因素。一方面，监管者对 R3 CEV 联盟里的成员十分熟悉，也不会排斥他们，毕竟与穿着 T 恤和牛仔裤的加密货币开发者相比，监管者更习惯于跟银行家合作。另一方面，一个由全世界的银行业巨头组成的联盟，如果掌控了全球金融体系唯一的分布式账本，并能够决定谁可参与到这个账本中，就难免会引发对银行业权力过度集中的忧虑，也让人担心当年在经济危机后引发政治争议的紧急财政援助事件会再度重演。华尔街会不会在搭建一个“大而不能倒”的区块链?

金融危机的修复方案

让我们来面对现实吧。若能将金融中介带来的非必要流程从银行业移走，那当然是一件好事了。但监管及经济体系中存在的障碍，使这样的革命性变化在体制内部难以达成。不过，就事论事，就 R3 CEV 及其成员机构中的银行所开设的区块链实验室及分布式账本初创企业，如数字资产控股公司（Digital Asset Holdings）及 Symbiont 公司而言，我们并不能单纯地否认它们的人才所做的事情，毕竟其中可能包括一些能够改善金融体系瓶颈的重要变革方案。

在当前的体系中，为管理跨机构间费时费力的对账工作，已衍生出扮演中间人角色的记账者，它们包括清算所、结算机构、代理银行和托管银行等。这些中介解决了一部分的信任问题，但也增加了成本、时间及风险。在美国，美国国库券交易的最终结算时间是两天，而银团贷款这样的交易，最高需要30天的结算时间。这样的过程仍然存在很多失误之处，而且，这样的时间间隔让数万亿美元的潜在可用资金锁定在流程中，因为直至所有人都对账本进行清算并结算交易之前，这些资金都必须被托管账号或抵押协议锁定。一个更实时、更高效的系统将能释放这些巨额资金，并将其投放到世界市场上。当然，这会让银行家更富，但同时也会为企业和家庭提供更多的信贷额度。从理论上说，R3 CEV的分布式账本就能满足这个需求，释放大量的资本。

结算时间漫长也是导致金融危机的一个因素，对2008年的全球恐慌起到了推波助澜的作用。当投资者不确定对手方机构是否会履行送达资金或证券的承诺时，他们就会犹豫。当熊市到来之际，当恐惧压倒了贪欲，这样的紧张情绪就会触发大量的避险行为，最终演变为不断循环、愈演愈烈的财富缩水灾难。

布莱思·马斯特斯（Blythe Masters）是华尔街的区块链创新活动中的一位关键人物。上文提到的系统性风险，驱使她进入了分布式账本技术这个领域。她加入了数字资产控股公司并在2014年担任首席执行官，这是一家针对金融体系后台运作流程的区块链服务提供商。布莱思·马斯特斯最为人熟知之处在于她发明的信用违约掉期（CDS）合约，这视为现代最具争议性的衍生品合约之一。在这种合约中，一家机构会承诺如果一种特定的债券或贷款出现违约，那么就向另一方付款。当时她年仅 25 岁，已成为摩根大通的一支精锐队伍里的一员，她将信用违约掉期合约视为一种让投资者购买保险以对冲其资产负债表上所承载风险的方式，这样就能将过往为应付风险而锁定的资本释放出来。而对投资者、银行及其他发行信用违约掉期合约的机构而言，这种工具也能让它们在不拥有某种底层资产的情况下就对此下赌注。这种合约是可交易的，因此信用违约掉期合约方可以将其出售给第三方机构。

这个机制为信贷市场增加了便利性和流动性，使信用违约掉期市场的规模增长到一个惊人的级别，截至 2008 年金融危机发生之际，这个市场的名义价值已高达 600 万亿美元。这个问题在迈克尔·刘易斯（Michael Lewis）的《大空头》[156]（*The Big Short*）及其他相关作品中描述得更为详尽：机构 A 对机构 B 负有义务，若这份义务的履行出现风险，会如何影响机构 B 对另一家机构的偿还能力呢？这个风险的链条会一直传递下去。但是，根本没有人能完全理解这些风险的全局状态。信用违约掉期交易是场外交易，并没有在公开的交易所登记，也几乎不受监管，当时根本没有办法对这种交易进行追踪。随着危机的恶化，这个巨大的、缺乏透明的条件义务链条，让人们极为恐慌。这印证了沃伦·巴菲特（Warren Buffett）在 2002 年将衍生品定义为“金融大杀伤性武器”的看法[157]。信用违约掉期市场的崩塌，成为一个自我应验的事件，它使人们对越来越多的银行的偿付能力产生忧虑。当时，很多信用违约掉期合约的底层资产是不稳定的按揭贷款，人们不仅担心借款人会对这些贷款违约，也担心潜藏的对手方风险及结算风险。一些银行对其对手方银行是否能履行义务表示忧虑，并开始将贷款抽出市场。这引起了连锁的恶性效应。为对其进行控制，一共投入了数十万亿美元规模的资金，其中包括公共担保、紧急救援以及各国央行的新货币发行量。

信用违约掉期合约的先驱者并没有料到上述情况，因为这场危机反映出来的并不是该合约本身的漏洞，而是市场的不透明。这让布莱思·马斯特斯最终看到了区块链技术的巨大潜力，并认为它有能力让任何人都以全局视角来查看市场上的每一笔交易。布莱思·马斯特斯一直在思考，如果这项能够促进透明度的技术在 2008 年就可用了，那场金融危机到底还有没有可能发生？布莱思·马斯特斯说，这种想法“就像脑袋被树上掉下来的苹果砸了一下”[158]。她突然意识到“一个共享的、安全的、不可篡改的账本不仅能提高效率、降低风险和成本，也能提供一个窗口实时观察系统性的重要信息”。

布莱思·马斯特斯说道：“在危机后的世界，对金融服务产业而言，是否能解决这些问题，将有生死存亡的影响。在金融市场工作了 30 多年后，我对监管、金融体系及风险进行了反复思考，而分布式账本技术的变革性力量，让我从一家大型投资银行转到了一家小型的初创技术企业，试图改变我所熟悉的行业。”

不可否认，布莱思·马斯特斯和 R3 CEV 团队等为解决我们的金融体系里的失败之处而做出的努力是非常重要的。就如我们所说，无论是许可型还是非许可型的区块链，都关注解决社会信任的问题。相同的问题恰恰也存在于系统性的市场崩塌事件中，而在上述例子中就是银行与银行之间、机构与机构之间的关系。不过其中一个问题是，这一场新型分布式账本系统设计的浪潮，从中本聪的发明中挑选了一些对银行体系的参与者威胁程度较低的特性（如密码学确保的完整性），而去除了一些更激进的（或者可以说更强大的）特性，特别是去中心化的、非许可型的共识机制。

这些由银行雇用的开发者有明确的任务，即为传统的金融体系服务。因此，我们不能责怪他们对比特币技术的颠覆模式表现出来的选择性失明行为。而且，比特币的可扩展性挑战也带来了一些真实的忧虑。美国证券托管结算公司负责对美国的大多数证券和债券交易进行清算和结算，它每秒能处理 1 万笔交易；而在本书行文之时，比特币每秒仅能处理 7 笔交易。虽然比特币基于价值及激励机制的安全模型已经证明了其可靠性，但当政府债券市场存在着数十亿美元的诈骗机会时，纽约或伦敦的不法交易者是否会在几亿美元的比特币挖矿成本的安全屏障前知难而退？这仍是未知数。或许，市场最终会让比特币及挖矿基础设施的价格涨上去，从而设立一个更高的安全屏障，但这只是猜想。不管怎样，对 R3 CEV 及数字资产控股公司所服务的机构而言，这样的安全风险并非这类全球的退休基金、公司工资、政府债券发行的管理机构所能承受的。就目前来说，至少在闪电网络这类提供大容量的交易能力的解决方案完善之前，比特币技术还难以满足华尔街机构的后台运作需求。

此外，这还涉及法律问题。“51% 攻击”是指当某个矿工掌握了加密货币网络的大部分运算能力后就可以篡改交易记录。R3 CEV 的提姆 · 斯万森曾说，“51% 攻击”可能性的存在，意味着加密货币的交易不能实现“结算的最终性”[159]。他认为，这样的“永恒地狱”状态是华尔街的律师无法接受的。

当然，我们可以提出一些例子反驳这个观点，例如在金融危机发生后，通过紧急救援及其他方式，银行将它们在危机期间遭受的损失“逆转”了，这是对“最终性”的公然嘲讽，而比特币经长期验证的不可逆转性比华尔街体系的要高几个数量级。不管怎样，提姆 · 斯万森这种公然的批评言论在银行家群体中还是引来了不少关注。毕竟，他是在投其所好。

集中化的“守门人”权力是将我们带入经济危机的根源。而通过忽略这个问题，银行家现在就可以接受许可型账本，并将其视为解决比特币及其他非许可型系统所面临发展挑战的完美解决方案。在许可型系统中，成员机构有动力验证及维护共享的账本，是因为这会为它们的共同利益服务。它们并不是想通过竞争而赢得货币奖励，这意味着它们也不会像比特币那样去持续运营一个浪费资源的计算基础设施。而且，非许可型账本在处理可扩展性问题时会面对一些艰难的政治及经济问题。而许可型账本就无须处理同类问题了，也不需要在一个由数千名匿名用户构成的无领导者的全球社区中寻求共识，它只要在一个由熟人构成的小团体里提议并执行更改即可。

不过，由同属于一个“俱乐部”的成员去决定系统的运作方式，这其中的问题显然不小。一个由银行主导的许可型系统，将同样会被那些早已掌控我们金融体系的大机构的利益所左右；而这些机构是系统性危机、“守门人”限制及政治危机的始作俑者，也是各种加密货币希望取代的对象。你可以认为，银行业的许可型账本可能会将我们带回 2008 年的金融危机。那个系统性风险爆发及社会崩塌的时刻引发了强烈反应，也恰恰是加密货币开始发展的动力。

一些开发者正寻求让非许可型账本（如比特币和以太坊）克服其可扩展性、安全性及政治挑战的核心技术方案。我们认为个体、企业及政府真的需要支持这些方案的探索。在第三章中我们也对这些方案进行了讨论。其中，“链外”的扩展方案有闪电网络和以太坊新提出的 Plasma 概念，而链上的扩展方案有隔离见证及分片（sharding），它们可以对数据进行压缩，让去中心化网络可以安全地管理、存储及认可一个大型数据库的完整性，同时节省大量的计算资源。监管者应该控制住自己对这些开发者的实验进行扼杀的意图，这样他们就能够继续自由地研究这些激动人心的解决方案，而投资者也应该对此予以资金支持。我们不能够（也不应该）阻止银行寻找更聪明的解决方案并用于解决其自身的后台运作效率问题。不过，金融危机的伤疤仍在提醒我们，所有人都应该支持区块链系统的设计（无论是许可型还是其他类型），前提是这类方案能对大型金融机构的市场影响力形成有效约束。就社会利益而言，我们应鼓励开放的平台，这样非许可型方案的创新探索可以变革破旧的金融体系，并让更多的人有机会接触金融服务。

另一种模式：央行的法定数字货币

此外，对金融机构而言，还存在一个未知因素，让它们的前景充满了不确定性。除了开放的、互联的非许可型网络，这些金融机构或许还要面对一类大型的机构竞争者所带来的挑战，那就是各国央行。这些央行对数字货币技术的兴趣在持续增长，如果这些研究能加以落实，那么银行业所面对的冲击可能是最大的。

我们推测各国政府及央行可能会探索发行自己的数字货币。根据新闻机构 Finextra 的报道[160]，截至 2017 年 1 月，26 个国家的央行已经开展对区块链技术的探索，其中包括英国央行、日本央行及加拿大央行。还有更多小型的央行也在开展早期的研究。没有人知道这些研究会带来什么，但其影响可能是极为深远的。

在麻省理工学院的数字货币计划组织里，有一个国际项目正在进行当中，它的目标是开发出各国央行或政府可能会采用的法定数字货币的原型。这个项目的起点是一个名为 Cryptokernel（简称 CK，即加密核心）的区块链工具包。它是由这个数字货币计划组织的研究员詹姆斯·洛夫乔伊（James Lovejoy）创立的，让人们能够更容易对这项技术进行实验。而且它是开源软件，任何人都可以使用。罗布莱·阿里（Robleh Ali）是一位研究科学家，他曾是英国央行的一个开创性的数字货币计划的主导者，后来加入了麻省理工学院。据他所言，这个工具包很重要[161]，因为它意味着“我们未来金融体系的设计，将能由任何地方的任何人来进行构思。如果能让更多的人参与这个项目中，就更可能开发出掌握在人民手中（而非银行）的真正的去中心化金融系统”。

这个工具包的首个应用是名为 K320 的实验性数字货币，它与比特币有很大区别。比特币的发行计划，是通过编码的方式，规定了到 2140 年最多能够挖出 2 100 万个比特币；而 K320 的发行量并没有严格地固定下来。它的设计目标是，通过降低稀缺性这个因素来减少人们囤积这种加密货币的行为。对比特币进行囤积的做法愈演愈烈，让很多人认为比特币在社会中重要的功能是价值储存方式（数字黄金）而非用于日常交易的普通货币。社会需要人们将货币花费出去，而不是存储起来；而人们总是倾向于储蓄，部分原因是历史上长期存在的经济问题，我们见过最可怕的例子就是“大萧条”（1929—1933 年）。为了避免这个结果，K320 的发行机制是有着持续的温和通胀率的。这意味着这个货币的发行速度在前八年间会达到高峰，然后就会以每年 3.2% 的通胀率持续发行。这个数字是根据高于大多数央行对其国家的消费者物价指数目标而定的（高出 2 个百分点）。K320 数字货币团队正试图在通货紧缩（可导致像大萧条那样的囤积危机）和通货膨胀（没有人愿意持有货币，就像 20 世纪 20 年代发生在德国魏玛共和国的情形）之间找到平衡点。

尽管 K320 数字货币实验的货币发行机制的设计哲学与各国央行的做法很相似，但对很多发达国家的央行而言，它们不太可能采用一种难以控制的数字货币。与 K320 相比，各国央行要推出自己的数字货币，在刚开始应该会从现有的货币体系中借鉴更多的特征。我们有理由相信，首个由央行进行的算法式货币发行机制及数字货币实验，可能会出现在发展中国家，因为这些国家历史上长期存在的金融危机问题，让人们意识到货币体系若受到政治的干预，将会出现各种状况。不管怎样，各国央行还是对数字货币展开了探索，这开启了通往截然不同的未来法定货币金融体系的大门。

如果政府或央行发行的数字货币得以实现，个人及公司出于交易或托管目的而需要找个安全的地方来存储这些数字货币，就可以直接通过数字货币的发行机构来实现。相比于把钱放在私营机构（银行等）并不得不信赖它的偿付能力的做法，再考虑到这些私营机构为赢利而收取的手续费，上述这种方式的成本将会更低，也更安全。换句话说，当家庭和公司财务部出于支付目的而必须找地方存放短期资金时，无论这些钱是用于购买生活用品还是用作月度薪金支出，各国央行都可能会成为商业银行的颠覆性竞争对手。我们来看看苹果公司的例子，截至

2016年12月底，它的账本上就有2 460亿美元的海量资金，这些资金大部分都存放在短期“现金式”金融工具（如美国短期无息国库券）上，但小部分存放在银行的资金依然是一大笔钱。我们有理由相信，如果可以选择的话，这些公司会将它们的资产的一大部分交由央行来托管。这就是为何英国央行的研究员推测以后将需要两种不同的利率，其中较低的利率适用于央行的数字货币，而较高的利率则适用于银行存款[162]。这或许是为了降低灾难性的资金出逃事件，并平滑地进行数字货币的过渡。

无论如何，很多央行的官员都认为逐步将银行从支付业务中移除是一件好事。从理论上说，这会降低成本及提升效率，因为追逐利润的银行（有些人会说它们在寻租）将不再担任经济体系中商业活动的收费站角色。同样重要的是，对政府和央行而言，再来一次类似2008年的紧急救援事件的压力变得更低，当年它们担心的是银行体系的全面崩塌会切断经济体系的支付生命线。各国央行深知那场危机迫使它们将利率降至零，致使它们没有更多的操作空间了，直接限制了它们刺激经济增长的能力。就央行发行的数字货币而言，有一种最强有力的主张认为这种货币能带来金融稳定。

数字货币技术的到来，让各国央行及其监管的私营机构之间的利益分歧变得更明显了。过去，央行和银行之间存在共生关系，银行能够获得独家、受监管的货币体系的访问权，而央行则得到了来自银行的服务，让后者成为推进央行政策目标的代理人。这样的安排，让阴谋论者总是将长达数百年历史的、与秘密的阴谋集团及世界秩序相关的传说挂在嘴边，而这些传说往往带有反犹太主义的特征。当然，事实比这复杂多了。不过，现在区块链带来了一种创造、交换及管理货币的新模式，这使央行和银行可能会发现自己处于竞争的对立面。

超级账本联盟的内部斗争

直面这些变化的，并非只有这些金融领域的传统势力。各种非金融领域的大公司也在研究区块链技术，并探索对自身的意义。超级账本项目是其中一个获得它们重点关注的项目。这是一个涵盖了很多公司的联盟，专注于一个大部分开源的协作方案。超级账本项目想开发的简直就是一个为全球经济而设的通用区块链或分布式账本基础设施。它不只是针对金融及银行业设计，还考虑到了物联网、供应链、制造业的需求。

通过加入超级账本项目，其创始成员企业实质上表明了其对全球数字经济演进到一种更开放、更强大的模式的共同利益的支持。该组织的网站将这项技术描述为[163]“一个为市场、数据分享网络、微型货币、去中心化数字社区而设的操作系统”，并认为其“有潜力极大地降低现实世界各种运作模式的成本和复杂程度”。为了实现这样的宏大愿景，就不能对具体的模式有成见，毕竟谁都无法预知未来到底哪种模式会胜出。截至2016年底，该组织的成员单位数量已经超过100家。值得注意的是，其中有不少专注于比特币的公司，为其带来了去中心化加密货币系统的元素。这些公司包括区块链技术公司 Blockstream 和

Bloq、比特币钱包及数据处理公司 Blockchain. info 等。不过，这个组织里最大型的参与者都是传统的大公司，而这带来了协调上的挑战。这些公司的商业模式建立在对数据的中心化控制上，并在其客户的交易中扮演可信赖中介的角色。因此，这里不可避免地也会出现许可型与非许可型账本这两种技术路线的分歧与斗争。

超级账本的核心创始成员包括 IBM、数字资产控股公司、埃森哲、美国证券托管结算公司和英特尔等企业，它们让备受尊敬的开源软件组织 Linux 基金会来运营该项目。该基金会一直在维护 Linux 操作系统的核心部分。Linux 操作系统是无处不在的计算机操作系统，支撑着全世界 90% 的服务器的运作，并被广泛地部署到路由器、机顶盒和智能电视等设备，也是谷歌的安卓操作系统的底层。Linux 的故事是开源社区的教科书案例，它表明开源软件的开发能利用最广泛的人才库去构建更稳健、更通用的技术。超级账本也将布莱恩·贝伦多夫（Brian Behlendorf）选为执行董事，他对开源平台的开发有着强烈的意愿，曾带领过开源的阿帕奇网页服务器软件（Apache Web Server）项目，也是 Mozilla 基金会及电子前线基金会（Electronic Frontier Foundation）的董事会成员。

这些是非常重要的信号。为全球数字经济设计一个新的操作系统，要从零开始，是一个艰难的任务。因此，这样一个能够鼓励开放、创新的组织，是非常重要的，这意味着潜在的颠覆性新想法不会被那些感到威胁的“守门人”所限制。就如麻省理工学院媒体实验室的伊藤穰一所言[164]，“早期的网络业务包括了法国电信公司的公共信息网终端（Minitel）系统以及美国在线（AOL）或奇才网（Prodigy）这样的局域网。网络经济并不是通过这些早期的闭环局域网而发展起来的，而是要归功于TCP/IP 开放网络协议带来的完全公开的互联网。互联网的开放体系从那时起就被一些全球性的非营利性机构所保护，但有些人担心它们掌握了过多的力量。超级账本项目似乎是基于类似的开放原则而设计的”。

不过，超级账本成员中有不少大公司，这带来了一些挑战。每一个公司都需要为其股东利益服务，而这是通过将满足其业务优先度的代码元素，植入开源项目的代码库中实现的。在该联盟中，掌握资源的大公司可以简单地通过编写代码来实现这个目的。当其利益与项目的其他贡献者的利益相冲突时，就会引起争议及内部政治问题。“在媒体通稿中签个名很容易[165]，但真正做事是很困难的。” Linux 基金会的执行总裁吉姆·泽姆林（Jim Zemlin）在 2016 年 1 月举办的超级账本成员开发者社区的首次会议上说道，“我们在尝试组队搭建一个开源项目，并人为地将来自不同地方的人集结到一起。因此，让我们来听一下每一个人的意见”。他向该组织介绍了 IBM 从 Linux 的发展过程中学到的经验教训。刚开始的时候，IBM 会根据其工程师在 Linux 项目的代码库中植入的 IBM 相关代码而给予奖励。这其中的理由或许是，如果用 Linux 操作系统底层代码对 IBM 的计算机、服务器以及其为客户定制的 IT 解决方案进行优化，而掌控了 Linux

代码就意味着它能让这个系统在其竞争对手的机器上运行得更慢，那么这对 IBM 是有好处的。不过，就如 Zemlin 所说，IBM 很快意识到自己与 Linux 开源社区互动的方式极为低效。后来，它开始根据工程师对项目整体功能的完善程度而给予奖励，并意识到这样的做法最能为 IBM 的利益服务。

这是一个重要的案例，毕竟 IBM 已经将自己在超级账本中的位置变得异常重要了。在 2016 年 1 月的那场会议中[166]，这个技术巨头将其自动执行智能合约的 4.4 万行“链代码”（chain-code）开源了，相当于将其贡献给超级账本的通用账本软件项目（现在的 Fabric 项目）。这可视为一种慷慨、无条件的资源捐献行为。不过，这也意味着这个技术巨头在一开始就设定了这个项目的框架。随着时间的推移，似乎 IBM 想开发的系统是专门用于它自己的云服务器的闭环业务中。这符合广大社区的利益吗？

要说明一下，其他成员也贡献了代码和想法。数字资产控股公司贡献了其为金融机构设计的全局同步日志，而英特尔献出了其锯齿湖项目，用于确保计算机设备的可信性。不过 IBM 的早期举动，让其成为超级账本生态系统里的主要参与者。这似乎会增加 IBM 控制该系统底层代码设计，从而决定该系统商业和经济优先度的可能性。而这与比特币社区的问题有点相似——无论处于比特币“内战”的哪一边，人们都在关注给特定的开发者支付工资的到底是哪家公司。因为他们意识到，这些开发者会依据其雇主的意愿而赞同或反对增加区块大小的提议。

IBM 在超级账本项目中的兴趣大概是由区块链在供应链领域的应用机会所驱动的。就如我们在前面章节中提到的那样，它已经在使用其代码，为其业务线内的商户及供应商的支付业务改善争议处理机制。IBM 的区块链技术副总裁杰里·丘沃莫（Jerry Cuomo）在早前的超级账本会议中叙述了上述项目的概况，这对私有区块链的应用是很有说服力的。似乎你不需要一个开放的非许可型系统，就能利用类似区块链的时序性记账方案来实现业务价值。不过，他无意中也向人们证明了，一个具有影响力的成员的传统商业利益可能会让类似超级账本这样的开源联盟偏离目标，让其无法搭建一个真正开放的创新系统。很快，人们就意识到 IBM 所看到的商业机会，即向那些迫切想解决供应链管理问题的客户推销其传统业务。2017 年，IBM 发起了自己的“区块链即服务”平台，并首次使用“区块链”这个词来发布电视广告。这个服务平台鼓励客户与其供应链客户合作，开发出私有区块链方案，而这种方案的架构，完全就是以围绕 IBM 现有的云服务的方式展开的。若要让 IBM 持有你的区块链相关数据，实质上就是依赖于一个“可信的第三方”，这似乎与区块链的颠覆性及自助精神有所冲突。

人们的这种不满，部分来源于“云计算”这个词汇的误导。当 IBM、亚马逊或谷歌等云计算服务商为你存储文件或运行外包的计算服务，这些流程都会在由这些公司拥有且可被其识别的服务器上运行。它们相当于我们租用的服务器空间的“房东”。“云”这个词给我们营造出一种无形的、去中心化的系统，但实际上它就是个中心化解决方案，也要完全依赖于某个可信的第三方。

区块链的宏大愿景在于去中心化，在于其用户无须依赖任何实体去代表他们执行操作。（实际上，就像我们在本书前面章节中所讨论的那样，特定的去中心化应用程序已经开始在区块链架构上搭建，并致力于提供真正去中心化的文件存储及脱离网站的计算机服务。）IBM 的区块链模式，似乎专注于为一个被去中心化愿景威胁到的中心化、营利性商业模式寻找“第二春”。从 IBM 的股东角度来看，这是一个完全可以理解、理性的、聪明的策略，但这与超级账本的市场营销材料中表明的开放平台精神是相违背的。这也带来了法律上的担忧，如果区块链数据的关键元素存储在一家公司的计算机上，那么现有的数据相关法律，是否会让政府有控制区块链的能力？

在超级账本联盟的成员公司中，有不少是从前有反叛精神的初创企业。几十年过去了，它们依赖于其固有的商业模式，而这些模式如今有被颠覆的危险。那么，若要让这些公司真正为联盟的成员及未来客户的广泛的跨产业利益服务，将会是一个挑战。我们要正视这个问题，因为要实现这个目标，最好是由一个代表我们的去中心化倾向的社区带领。大型机构总是会阻挡那些对其地位构成威胁的创新想法的发展。那么，普惠性、新机会及最强大的思想创新战果，最终会来自一个开放的系统，这个系统无法容许上述的这类机构拥有过多的影响力。

许可型方案的局限性

大型金融机构及传统技术公司在追求的许可型、中心化解决方案，并不一定是糟糕或无用的。R3 CEV 和超级账本联盟所做的一些深入研究，其学习到的知识及成果将会继续贡献到更大的知识库中，全球的工程师和企业家都可以在此基础上继续努力，建立一个更好的全球信任管理系统。在上文中，麻省理工学院媒体实验室主任伊藤穰一提到过，开放的互联网协议（如 TCP/IP）最终战胜了公共信息网终端（Minitel）、美国在线（AOL）、奇才网这类封闭的、守卫森严的“局域网”。那么，如果我们从历史的经验中学习，就可以看到这些许可型区块链方案的固有局限性。伊藤穰一指出，当年的那些封闭的局域网模式最终失败了，因为它们无法与全球互联网生态系统所吸引的活动及应用开发的规模相提并论。

有了一个开放的电子邮件系统后，考虑到这个系统的特性能够由全球各地的人进行添加，那么为何会有用户或开发者还想使用美国在线那个笨重的“你有新邮件”系统呢？伊藤穰一称，若以史为鉴，同样的成功和失败教训，也会发生在区块链和分布式账本的斗争中。

像比特币及以太坊这样的非许可型系统天然就能辅助更多的创造及创新成果，因为其中没有由公司或公司联盟构成的“授权者”去限制人们可以开发的东西的范围。而与此相反，在许可型系统中，哪怕其管理人称会将平台开放给其他人使用，但既然有了这样的“守门人”角色，以后就有可能对外部人进行限制，因而开源社区的贡献者在加入这样的项目时可能就会有所保留了。恰恰是“非许可型”的特性确保了开放性，使人们对这种模式的网络更有热情了。这从加入公有区块链应用的开发者的数量和范围，就能窥知一二。当然，许可型系统还是会有用武之地的，因为在技术发展的现阶段，许可型系统更容易处理更高的交易量。但对我们而言，更重要的目标还是鼓励一个开放、可交互的非许可型网络的发展。

我们想要一个由开放、公有、分布式的信任模型组成的世界，让所有人都有话语权，这样的想法是有原因的。让我们将目光放在这个愿景上吧。

第七章

用区块链造福社会

在布宜诺斯艾利斯的巴霍弗洛雷斯（Bajo Flores）区域，有一座体育场，是属于天主教第266任教宗方济各（Pope Francis）最喜爱的圣洛伦索足球队的。在这座体育场周围，有一个棚户区，它是数十万贫困的玻利维亚移民的家园。在这里，很多人都住在危房里，当附近的马坦萨河的河水泛滥时，这些危房就可能会被冲走。不过，在这个社区当中，有一条只有两个街区大小的街道，而其中的房屋是建立于更牢固的地基上的。此处坐落着当地的学校、诊所及其他机构，它们为阿根廷的玻利维亚文化社区提供各种服务。相比于此地的其他社区而言，这个名为查鲁雅（Charrúa）的社区，在地理上并没有什么独特的优势。那么，问题来了：为何居住在这两个街区的家庭似乎特别受到上苍的宠爱？为何这个地方会成为玻利维亚在阿根廷的文化自豪感的焦点？

这归因于一个词：房产证明。

在与这个城市的政府进行了数十年的抗争后[167]，查鲁雅社区的200多户家庭在1991年被授予了一种对其长期发展最重要的基础，这就是财产所有权证书。相比于该地的其他社区，查鲁雅社区的这些家庭并没有更高的收入，也没有更高的教育背景或人脉。唯一不同的是，他们获得了由政府签发的明确文件，来证明其对自己房产的所有权。这样的状态，让他们开启了通往更多机会的大门。作为缴税的业主，他们在社区中就有了一定的地位，这意味着他们能够向政府争取各种服务，包括学校和诊所。而且，他们可以将地契用作抵押物来贷款做生意，这使查鲁雅社区成为一个拥有各种商店和小饭店的商业中心。在那些来自该城市北部走廊的高端社区的外来者看来，查鲁雅社区的各种设施还是极其贫乏。不过，这个占据两个街区的地带的现状，至少向当地的玻利维亚群体证明了他们中的一部分人已经获得了发展的机会。

上面的故事与区块链有什么关系呢？为了回答这个问题，我们先将目光从查鲁雅社区的 200 多户幸运家庭中移走，再来关注世界范围内众多无法获得产权的人。这些人中既有生活在布宜诺斯艾利斯的数十万玻利维亚人，也有该地区乃至全世界棚户区里生活的贫民。他们各自的社区认可其房产所有人的身份，但问题是，这样的权利无法得到官方的证明，也无法被政府或银行认可。在低收入国家中，公共登记体系很容易受到政府官员的腐败或无能的影响，这样，当印度北方地区或菲律宾马尼拉的某个村庄的贫民窟居民想以其房产作为抵押物来贷款时，就没有银行会接受了。在世界范围内，即便是更为富裕的房产所有人，也会经常碰到一些问题。例如，他们从开发商手上购买了一套公寓后，才发现该开发商通过贿赂登记处的官员，将自己的名字保留在地契上了。在这些地方，房产所有权的证明方式具有高度的不确定性，因此银行不愿发放按揭贷款（最起码不愿意以合理的利率发放）。

不过，最近我们看到一些初创企业试图用区块链技术解决这个问题。这是因为区块链具有难以篡改、时间戳证明、公开可审计等特性，它能够以将近实时的方式执行房产所有权的转移操作，并让双方通过私钥验证交易的细节，这使各方都无法单方面通过篡改记录的方式谋求利益。这样，在上面例子中提到的开发商，在理论上就无法通过贿赂登记处官员来撤销所有权的转移了，因为无论是开发商还是登记处官员，都无法提供这个过程所需的密码学证据。

之所以说是“理论上”，是因为土地产权领域是一个极度复杂且伴随着政治因素的领域，而我们要在此使用一个未经检验的想法，其效果仍是个未知数。而且，即便在新技术下，仍可能存在通过行贿而将错误的信息登记到区块链账本上的可能性。在贫穷的国家，土地产权登记体系需要从头建起，而那些负有证明民众产权义务的腐败政府官员，有可能在一开始就将有害的虚假信息植入基于区块链的登记系统上。在下文，我们将会讨论应对这种风险的方式。不过我们要注意到，当账本被视为一种无可置疑的事实时，到底什么信息可以登记在这个账本上？这就是一个严肃的问题了。

无论如何，若我们从宏观的层面来看，并假设在大多数情况下区块链的使用方式将会是诚实的，那么由密码学保障的资产所有权登记机制所带来的各种好处，会具有很强的吸引力。

秘鲁经济学家及扶贫活动家赫尔南多·德·索托（Hernando de Soto）预计[168]，全球范围内未经登记的财产——“呆滞资本”（dead capital）可达20万亿美元。他说，如果穷人能将这些资本用作抵押物，那么这样的信贷规模及其产生的乘数效应，将会为发展中国家带来超过10%的增长率，而这相当于世界GDP的一半以上。

土地产权并非唯一的应用场景。人们开始关注如何利用这项技术来帮助穷人证明自己对更多样的资产（如小型企业设备和车辆等）的所有权，并就信贷等场景为其提供良好的信用证明，以及确保他们投出的选票有被正确统计。区块链或许能让人们拥有证明自己提出的各种主张的能力，让以往一直被排除在外的边缘人群成为全球经济中的活跃公民。

各式证明

人类社会已经设计出由各种证明或测试构成的系统，人们必须通过这些测试，才能参与商业交换及社会互动的各个方面。除非他们可以证明自己的身份，而且将这个身份与按时付款的记录、财产所有权及其他形式的可信行为关联在一起，否则，除了预付费的电话和电力服务外，他们难以开设银行账号、进行信用评估或投票等。可见，区块链技术在解决全球普惠金融问题的过程中，最大的作用可能在于它能够帮助人们提供这些证明。简单地说，其目标可以定义为“证明我是谁”“我做了什么”“我拥有什么”。在寻找合作伙伴或雇员时，各种公司和机构总是会提出与身份、信誉、资产等有关的问题。

倘若一个企业无法获取与一个人的身份、信誉及资产有关的可靠信息，它就面临着不确定性。如果你没法获取一个人的任何信息，你会将他招募为员工或贷款给他吗？由于与这样的人做生意风险更高，所以这些人在使用各种金融服务时，必须支付更高的费用。他们贷款的时候会承担更高的利率；他们在将财产典当出去时，由于信用度不足，就只能接受当铺开出的极低价格；由于无法获取银行账号或信用卡，他们在用支票获取现金时所得到的钱比票面价值低很多；他们在汇款时要支付较高的费用；他们基本上用现金支付一切费用。而与此相比，我们从自己的信用卡上还能获得25天的免息还款期待遇，这差别是相当明显的。贫穷的代价非常昂贵，是一种恶性循环的生存状态。

这些服务提供商的警惕性，有时更多是由于监管及合规要求，而非银行或交易员达成交易的意愿所决定的。在美国及其他发达国家，银行若进行那些被认为风险较高的贷款业务，则必须持有更多的资本作为抵押物。不过，在其他时候，这样的驱动因素只是对未知的恐惧。不管怎样，若有机制为人们生活的各方面提高透明度，应该能帮助各类机构降低为人们提供金融服务及保险服务的成本。

事实上，这个问题并非发展中国家所独有。在美国，7.7%的人口没有银行账户[169]；而17.9%的人口被视为“未得到充分的金融服务”，他们只能依赖于发薪日“先租后买”等业务。在巴尔的摩，14% 的居民没有银行账户；在孟菲斯，这个比例约是 17%；在底特律和迈阿密，这个比例则为 20%。有不少中产阶层因为无法证明自己的良好信誉，也面临此类问题。在美国个人消费信用评估公司（FICO）的评分里，有些种类的贷款还款记录并没有被考虑进去，而这个评分对美国人来说相当重要。对我们这些生活在西方发达经济体中的人来说，可靠的出生证明、驾驶证、银行账号和信用评分都是理所当然的事，而这些都是我们使用各种服务时需要提供的证明。我们不难看出，这套系统变革的真正机会，在于发展中国家。

对全球范围内被世界银行定义为“没有银行账户”的 20 亿成年人而言[170]，这是一个好消息，因为人道主义和金融动机的结合，产生了一场致力于将这些人带到现代金融世界的运动。对那些在寻求下一个市场的人而言，这也是一个好消息。如果我们解决了这个问题，我们或许会迎来史无前例的经济爆发。这个机会，就藏在这个人群可能带来的新市场、新顾客、新产品及价值数十万亿美元的尚未利用的资本中。

“没有银行账户”这个说法在发展中国家经常被提及，但其实它有一定的误导性。它虽然准确地描述了人们无法获得标准银行服务，因而难以参与经济交易的事实，但它似乎表明为这些人提供银行账户是唯一的解决方案。不过正如比特币和区块链所展示的那样，点对点的数字交易系统能够绕开那些笨重、昂贵且具有天生排斥性的银行体系，这或许能提供一个更好的出路。

不过，现在银行还是官方所说的“普惠金融”计划的一部分。联合国计划于2030年在全球范围内消除贫困[171]，而其中的关键目标是“鼓励及扩展银行、保险、金融服务的服务范围”。而世界银行有一个专门的行动——“在2020年实现普遍可及的金融服务”（Universal Financial Access by 2020，UFA2020）。“世界银行扶贫协商小组”称，一些不同的组织，如金融机构、基金会、捐赠者及投资人等，在2013年承诺将拿出310亿美元资金[172]用于增加普惠金融的程度，以为穷人提供帮助。而这个数额预计会在每年增加7%。

区块链在这个领域能提供什么帮助呢？让我们先退一步，回想一下这项技术希望实现的事情：一个更完善、通用的信息及记录保持系统，在任何时候对任何人都开放，而且具有不可篡改性。这个概念，使机构（如政府和公司）及其应服务的人群之间的关系发生了变化。对我们自身信息的掌控权，让我们得以行使公民权利。这让我们有了与他人互动和协商的坚实基础。不管这些信息与我们的财产相关，还是与我们向房东或公共事业服务商的按时付款相关，如果我们无法掌控这些信息，而这些信息又是转瞬即逝且极不稳定的，那么与那些有控制权的人相比，我们的谈判地位就会变得更弱。可以引用赫尔南多·德·索托那部具有影响力的书籍《资本的秘密》（*Mystery of Capital*）的副标题，上面的这种不平衡性，是“资本主义在西方成功却在别处失败的原因”。我们现在或许有机会解决这种不平衡性，而这是一个非常具有力量的想法。

数字化时间戳

区块链所能带来的好处，可简化到一条带有时间戳记录的价值。在西方，当你购买房子、车子，当你注册一家企业，当你有了一个孩子时，就会得到一个关于这些事项的官方通知书。例如，这可能是医院提供的证明，可能是来自汽车销售商或前任车主的证明，或是一份所有权证书。这些文件都会被公证人盖上时间戳，作为官方对所有权的认可证明。这个时间戳虽然只是一个符号，但它有很大的作用。实际上，它就相当于“事实”。

或许你从未意识到，你对自己的房子和车子的所有权，对自己企业的成立，对自己孩子出生的主张，都可能受到质疑。不过，一旦这样的事情发生了，你可以拿出一个经过签章和公证的文件来举证。通过这份公证过的文件，你可以证明自己在体系中的记录，证明自己的合法性和诚信。时间戳让这一切成为可能，因为它将一个里程碑式的事件（如出生、毕业、所有权转让、结婚等）的声明添加到一个共同认可的历史记录中，这样所有人都能参考。

印章最早可追溯到公元前 7600 年[173]。首个由石雕工艺制造的圆柱形印章是于新石器时代在相当于今天的叙利亚地区制造出来的。这些印章的尺寸非常小，足可以戴在项链或手链上，甚至还能钉在一件衣服上。它们用作个人印章，从国王到奴隶，所有人都有这种印章。制作这种印章的材料后来从圆柱形石雕变成了戳印，不过目的还是一样。无论它的材质是黏土还是蜡，它都是用于检验真伪的印章。这样的传统延续至今，而我们这些在发达国家的人也将其视为理所当然的事情了。实际上，如果你对这种印章展开思考，可能就会关注在寻找公证人的烦琐过程上。不过，这种印章的作用非常强大。实际上，它就是区块链为人们提供的服务。这种公开的、被认可的开放账本，可以被任何人在任何时候检验，它的工作方式与公证印章几乎是一样的，它将某时某地发生的特定事件收集起来，并加上特定的信息，再用相应的机制确保这些交易记录无法被政府或个人篡改。

区块链在未来很有可能会取代公证处的签章，这可能发生在某个政府的区块链平台上，或发生在没有任何政府掌控的通用平台上。区块链技术最早期的非货币应用，主要集中在不可篡改的公证服务上，这是可以理解的。得克萨斯州奥斯丁的一家公司公证通（Factom）很早就意识到，它们能够通过这种技术将文档记录下来并加以证明。这家公司为金融相关文件的变更记录创造出一个可审计的索引，它的这种模式如能被广泛采用，最终会取代整个会计和审计产业。这样此类工作就不再是以季度或年度的方式开展了，而是会实时发生。这个领域的另一个参与者是 Stampery，其名字恰恰带有“签章”的含义。这家公司由一名杰出的西班牙年轻企业家路易斯·伊凡·昆德（Luis Iván Cuende）创立的，他在 12 岁就创建了一个大型的软件项目，21 岁就被人视为世界上最有创新性的黑客和开发者之一。Stampery 将文件的哈希值及对其变化的踪迹记录下来，将其存放到区块链上，从而为涉及谈判或诉讼的公司提供了很有价值的状态证明。例如，它能够跟踪一个商业合约的形成过程中由不同的律师及签字人做出的各种修改及重要的变化，并将其记录下来。

不过，我们可以将这种带有时间戳的认证过程扩展到文件的验证用途之外，这样我们就可以让它的用途不止限定在古板的律师工作和商业合约当中。在发展中国家，银行家“获取”一个客户的成本，实际上等同于为确保客户的信用而发生的尽职调查工作成本，一直是非常高的。那么这项技术，在这样的信用评分领域，或许就有一席之地了。若有一些人缺乏书面记录或政府颁发的身份证明，难以获取他们的信息，那么金融机构想要了解他们的信用程度就要花费大量的时间，这样的成本，在很多情况下要高于向他们提供贷款所能获得的好处。小额信贷机构专注于向穷人提供小额贷款，这类机构通过让专门的志愿者充当信贷员，到现场去了解客户，为他们提供担保，并用现金的方式送达贷款及收取还款款项。不过这样的模型所带来的人力成本，让其难以扩张。在孟加拉乡村银行（Grameen Bank）的创始人穆罕默德·尤努斯（Muhammad Yunus）因引领小额信贷产业而获得诺贝尔和平奖后的一段时间，这个产业违约率的提升和一系列丑闻，显示出这个产业的局限性[174]。这样的情形或许早在人们的意料当中。数十亿的人还是无法获取足够的信贷服务，这恰恰是因为信息的缺乏。

这实际上就是区块链有潜力去解决的一个问题，它能改善信息的状态。有人运用想象力，将比特币区块链平台的比特币记录及交换功能扩展到其他类型的资产上，这就是用区块链来改善信息状态想法的起源。这带来了各种广泛的思路，而不同产业的创新者也在紧密地对这些思路展开探索，其成果恰恰就是本书所讲述的内容。

这一切，可回溯到由亚历克斯·米兹拉希（Alex Mizrahi）领导的一个开发团队上。2013 年，他们根据梅尼·罗森菲尔德（Meni Rosenfeld）在 2012 年发表的一份白皮书发起了名为“染色币”（Colored Coins）的“比特币 2.0”项目。这个想法是将与现实世界资产有关的唯一可信的、认证过的元数据（如汽车底盘上的序列号或某块土地的地理坐标）与某个拥有特定比特币地址私钥的合法所有人联系在一起。比特币的交易包括一些信息字段，因此当汽车的所有权证书从一个人转移到另一个人时，这份文件的哈希值就可以插入比特币的一个交易中，然后由全网的矿工进行验证。（这样的哈希运算过程与第三章介绍过的比特币矿工所做的哈希运算差不多，不过这里的哈希运算是由资产所有权人，或有权更新这些信息的人执行的。）所有权文件的文本，会表明其对应的权利义务的变更记录（包括财产所有者的名字及留置权信息），而这个模式的实质是将这些文本输入哈希算法里进行运算，然后得出一个带有字母和数字的字符串。最后，这个哈希值会插入区块链的一个交易上。

在上述这些例子中，无论使用多少数量的比特币，结果都是一样的。一般来说，价值几美分的比特币就足以实现上述的功能。当然，如果要让矿工将这些交易记录到一个区块里，那么还是需要支付一定的交易费用作为补偿。那么，这笔交易，就仅仅用作一个信息的载体，将某种权利或主张传达到世界上。这种方式可行是因为区块链上的加密货币拥有了传统货币系统中不可能实现的功能，即其可编程性，这让它能够交流信息和指令。需要注意的是，这种资产的所有人除了能将它发送给其他人外，还能在自己拥有的比特币地址之间执行这种交易，这就能永久地记录自己拥有房产、汽车或其他资产的事实。

事实上，受限于其编程语言的局限性，比特币在执行此类操作时并非一个很灵活的解决方案。这也是以太坊这类更为灵活的比特币技术继承者能够吸引这个领域里的大部分成果的原因。不过，在概念上，染色币是一个重大突破。后来，染色币的创始人创立了一个名为 Chromaway 的区块链初创企业，并尝试在瑞典登记土地所有权记录。染色币展示了不可篡改的资产登记记录的前景，将去中心化信任及不可篡改性的有力概念带到了有数百年历史的所有权追踪实践中。这种实践，一般会涉及财产的主人、财产留置权的所有人，以及所有权转让的日期。

如果你曾经买过一套房产，你或许会知道“查找所有权”这个概念，但你未必知道其必要性。实际上，有一整个产业都是围绕“确定房产出处”这个平凡的任务来运作的。

倘若一处房产上还有未经报备的留置权，你肯定不想将自己拥有的（甚至是借来的）30 万美元投入这处房产上。在你为这部分流程付钱后，处理所有权的公司会查找该房产所有权的历史，以确保其中不存在任何差错，即在所有权的链条上不存在篡改过的文档。如果所有权信息经哈希算法处理并记录到区块链上，这样的查找操作就可以在几秒内以零成本完成，还能明显降低虚假的所有权主张的数量。

即便在那些拥有较为完善的土地记录系统的发达国家，也存在一个先有鸡还是先有蛋的问题。在美国，你需要面对一个标准的产权登记系统或“托伦斯登记制”（Torrens system）。这与你在美国所处的具体的州有关，在这些体系里，各州负责创建产权记录，并为此提供保证。在这类体系中，第一条记录的建立是最烦琐的，因为每一条新记录需要将所有相关事项都完整记录下来；而第二条记录的建立是相对简单的，不过若要查找其留置权或转让的历史记录，就会更为困难。在某些方面，区块链能够实现这种抽象系统的自动化，从而实现可查找性更高的托伦斯登记制；不过，若以这种方式搭建分布式账本，就需要一系列销售事件的记录来积累数据，这可能要数代人后才能让其发挥积极的作用。对那些致力于改革的政府而言，更简便的做法是寻找一个有意愿的初创企业，让其将现有的记录转换成可在区块链上存储的数字化记录。无论采取何种方式，显然都需要不少的工夫。以往，产权保险业务能够为房屋所有人提供保障，即在产权记录出现差错时，保险公司会赔付所带来的损失，那么这样的公司在这种新技术得到广泛应用后，就可能会日渐式微，甚至退出历史舞台。房地产投资者以往需要将大量的资金放到托管机构长达数月之久，在这种新技术的辅助下，或许就能充分利用这些资金了。无论是对房产市场还是对股票、债券市场来说，这种技术所带来的积极影响都可能是深远的。

释放“呆滞资本”的重大希望

颠覆发达国家现有的所有权登记制度及保险业务的想法很有吸引力，不过就如我们所说的那样，我们对这种技术在发展中国家的潜在影响更为看重。因为这项技术强大的地方不仅在于其记录信息的行为，更重要的是它在未来有可能创造出一种全新的生活方式，在社区的信息保持体系中创造新型的信任元素，这对社会资本的建造极为重要，还能扩展经济交易活动的频率与范围。

赫尔南多·德·索托一直都在致力于为世界上的穷人赋予所有权凭证，他将区块链技术视为实现其毕生壮志的工具。他是如此描述这项技术可能带来的行为影响的：“人们之所以不愿意留下各种私人记录[175]，除了苏联及发展中国家的那套记录体系仍十分破旧外，还有另外的忧虑，即他们在让渡个人信息的时候难以确保信息接收方的可信性。他们不想让自己处于脆弱的境地。而这就是不可篡改的区块链的用武之地，如果你能让人们正确地理解这项技术，他们就会知道将自己的信息记录下来是值得的。”

现在，这位秘鲁经济学家与区块链公司 BitFury 一起，为其毕生愿景努力。他正在格鲁吉亚共和国参与一个试验计划[176]，将该国的产权记录登记到区块链上。这样的试验也在其他的地方开展，如Chromaway的瑞典计划以及初创企业BitLand的加纳计划。在美国，区块链初创企业Ubitquity正与弗吉尼亚海滩地区的Priority Title & Escrow展开试验[177]，据前者的首席执行官内森·沃斯纳克（Nathan Wosnak）所说，这将“简化追踪和记录的流程，以实现长期的产权记录监护链条”。

虽然这些项目确实带来了希望，但在将其应用到世界上最贫穷的国家时，还是会面临一些挑战，而这些挑战恰恰提醒了我们将区块链技术视为解决贫困的灵丹妙药时可能存在的危险。这些国家若要培育正常运作的、普惠性的经济体系，就需要建立社会资本，而若要实现这个目标，就需要付出很大的努力，去建立“链外”的机构。塞拉利昂这个穷困的西非国家在这方面的经历，让我们意识到这个问题[178]。从1999年开始，该国的数十个国家机构尝试对其落后的土地产权系统进行改革。直到现在，塞拉利昂的土地产权系统还是倾向于保护那些在过去英国殖民体系里的产权登记处率先登记过的少数土地所有者的利益，而这是以牺牲该国大多数公民的利益为代价的。这个后殖民地时代的混合系统充斥着互相冲突的产权主张。这些问题非常严重，导致该国土地部在2008—2011年暂停了西部地区的所有土地交易。2015年这个国家实施了一个新的全国性土地政策，以解决这些问题。但问题是没有人真正知道从何处开始。政府会有意愿将改革进行下去吗？那些在改革中可能会有所损失的人或机构，会接受这样的改革吗？而这只是其中的一个国家而已。

值得注意的是，除了加纳的案例外，上文提到的各种试验项目都涉及将现有相对可靠的记录登记到不可篡改的区块链上。然而有的地方根本就不存在产权体系，又或者某个国家正处于风雨飘摇的境地，无法很好地将纸质记录妥善保管。那么，这些试验项目暂时就无法为它们提供服务了，这可谓是“巧妇难为无米之炊”。因为如果最初的记录不可靠，那么创造一个无可争辩的永久信息记录就可能反过来侵犯了某个人的财产权。这个问题在如下的案例中体现得非常深刻。区块链初创企业公证通曾在洪都拉斯开展一个产权登记试验，但后来中断了[179]。英属哥伦比亚大学教授维多利亚·勒米厄（Victoria L. Lemieux）对这个案例进行了细致的研究，并指出过度依赖技术去解决现实问题是有危险性的。维多利亚·勒米厄认为，区块链产权记录虽然对追踪交易十分有用，“但可能会对信息的真实性产生不良影响”。这个问题归根结底与认证有关，这就将我们带回了“可信第三方”的老问题，而在这个例子中人们是很难完全避免与可信第三方打交道的。我们应该依赖谁去证明某个财产的产权归属？这也是另一个“链外”的问题了。这个问题与数据哈希值存放到区块链上的操作关系不大，最终还是要归结于原始信息的脆弱性。

试想一下，在很多发展中国家，有一些可以追溯到数百年前的混乱记录。人们的忧虑是，倘若匆匆将这些记录放到永久性的、不可篡改的区块链上，就会将有权有势的人或腐败的人所提出的主张永久记录下来并合法化，这样就会损害其他人的利益。为达到这种确定性的、最终接受的状态所展开的斗争，可能会带来冲突、暴力和威胁。倘若直接让犯罪分子得逞，也会是一个问题。在贫民窟，财产权通常是由当地的贩毒帮派定义的，那么，我们会希望这套系统去证明这些帮派所提出的与现实世界相关的主张吗？

不过，这项技术所代表的更先进的会计和审计系统，可以成为正面行为的强大驱动力。区块链并不能捕捉到“链外”发生的现金贿赂行为，不过它能揭示出一个无可争辩的行为模式，这样在出现纠纷时，就可以作为对抗腐败官员的证据。所有权处理流程的每一个步骤，包括土地勘察、采访邻里、登记地契等，都可以记录并存放到区块链上。

这样的审计痕迹，为人们提供了挑战官方记录的强大工具，毕竟，传统的登记处可能会通过删除篡改痕迹的方式来掩盖自己的所作所为。而当人们知道自己被监视后，行事会更为谨慎。

如果要记录人们对其资产的所有权，就会面临很多社会性的挑战。赫尔南多·德·索托强调，我们不应该被这些挑战吓倒。通过创建可靠的所有权记录所带来的社会和经济收益，要远远超过维持旧有的不公平体系的耗费。他也以其自身经历证明，在很多时候，可以利用“谁拥有什么”这种深入人心的文化认知，并将其转换成可靠的数字化记录。

在喀麦隆和塞内加尔[180]，麻省理工学院媒体实验室的另一位研究员朱利叶斯·阿金耶米（Julius Akinyemi）找到了一个新方法，去使用现有的文化实践来解决见证过程中所面临的挑战。他让村庄里的老年人决定在村中“谁拥有什么”，这样他就可以将数据记录在数字记录上（这个是由他自己的系统而非区块链实现的）。这个方案的精妙之处在于，他将一个信用评分系统附加到这些记录上。如果这些人将不属于自己的土地或牲口划归给自己的兄弟，那么被侵权的人就可以通过这个评分系统来将自己的质疑登记上去。朱利叶斯·阿金耶米称自己找到了一个正反馈循环，老年人现在正通过正面的信誉评分机制来寻求认可度。

土地领域以外的应用

既然我们提到了朱利叶斯·阿金耶米，那么他的另一个想法也值得我们注意，这个想法将财产所有权的概念扩大到了土地以外。他正在为那些生物多样性丰富的发展中国家开发基于区块链的知识产权登记系统。这个想法是，预先登记热带雨林及其他生物多样性丰富的地方的自然资产，并将其记录到区块链上作为代表当地社区所提出的所有权主张，那么这些社区就能更好地行使其权利，外国的制药及化妆品公司就没那么容易侵犯他们的权利了。过去，这些公司在这些地方提取了不少材料，并以此为基础申请了无数的专利。现阶段这个概念还不成熟，我们在此用它是来表明区块链所能注册的资产远远不止土地。实际上，其他的一些资产可能更容易量化，其所有权相关的政治性和模糊性程度也相对较低。

一些人在探讨用区块链登记可移动资产（如汽车等）的方案，这可能涉及利用嵌入式无线射频识别芯片产生的信号将特定序列号记录到区块链上。区块链登记记录可以在销售时建立，并立刻提供与这种资产相关的抵押贷款，而这个过程相比于官方登记处而言，其需要的人工干预程度要小得多。

在麻省理工学院媒体实验室的项目中，有一个项目是由迈克尔·凯西的数字货币计划组织[181]的同事马克·韦伯（Mark Weber）所带领的。这个团队正与美洲开发银行（Inter - American Development Bank）一起，为一个开源的公共资产登记系统开发区块链技术基础，而这个系统将可以支持对一系列资产的所有权主张。这个团队的第一个测试应用项目致力于为发展中国家的贫穷农民提供不可篡改的收据，从而为在仓库里存入农作物的记录提供证明。仓单是任何国家在管理农作物买卖时不可或缺的一部分，但在发展中国家，银行一直不愿意将其视为可接受的抵押物。因为这些仓单通常是在管理不严的场所里用容易复制的纸张形式签发出来的，导致银行无法确认这些仓单是否被重复抵押。区块链可以确保每一次存入农作物时只会生成一个收据，并生成一个不可篡改的记录去记载这些库存被抵押的次数及具体对象。这是区块链防止双重支付的另一种方式。

在太阳能领域，由迈克尔·凯西带领的一支团队，正在探索将社区共有的微电网中产出的能源的使用权打包，从而为那些没有接入电网、又没有完善的法律与财产所有权体系的社区提供一种抵押融资的新方式。现在，由物联网初创企业 Filament、纳斯达克及技术团队 IDEO Colab 实验室组成的团队，已经找到一种方法，将智能计量设备的信号与区块链结合在一起，从而证明某个具有独特标识的太阳能电池板产出并输送了一定数量的太阳能，而且这个数量是可以验证和测量的。实际上，验证过的能源生产历史，可作为某种形式的太阳能使用权凭证，这样就可以用来交易或用作抵押物。然后，如果我们将 Filament 的这种设备与数字支付及智能合约系统连接在一起，并附带一个调节能源访问权的控制开关，就能创造出某种可远程操作的“智能财产”。如果该系统检测到数字货币的付款已经中断，那么智能合约就会在付款恢复之前断开对能源的访问，或将能源先调拨到储能装置或系统中其他保持付款的地方。这可能会对金融领域产生十分深远的影响。

显然，这种协议的条款必须对所有参与方来说都是公平的。（现在，已经有人提出道德及安全性上的质疑，认为在美国使用这类自动开关解决方案处理贷款申请可能会存在问题。）将你的能源网的控制权交给去中心化的算法，这听上去似乎不太明智。不过，当所有的参与方都同意该合约，并认可区块链的中立性能确保协商好的合同条款都得到执行，这个模型可以作为弊病丛生的法律体系的补充手段，这样就能极大降低此类地方的融资成本。

试想一下，假如在俄勒冈州的波特兰市有一个关注绿色能源的退休人士，他作为一名小投资人，将自己储蓄的一部分投资到基于区块链的贷款项目上，从而为印度北方地区的一个微电网提供部分的资金。这样的投资权益可以卖给其他投资者，也会受到智能合约的保障。现在再想一下，这部分贷款可以与其他投向微电网的贷款（部分来自微贷款机构、信用社、本地银行）捆绑在一起，变成证券化的“加密货币技术支撑的太阳能”金融资产，并可以出售给投资机构或其他大型机构。这个模式中，区块链是极其重要的，因为它提供了在非数字化世界中根本不可能实现的投资和能源流动信息的颗粒度及微观控制能力。在过去，传统的金融体系缺乏透明度，交易成本极高，根本无法支撑这样的小额交易。不过，由区块链治理的计算机网络，能够充当去中心化的、自动化的投资组合管理人的角色，从而更好地追踪各个微电网的融资组合的每一个可细分仓位的业绩。这样，我们至少可以想象一种更复杂的小微投资聚合系统。

将发展中国家的众多小资产，转变成华尔街投资银行希望买卖的财富，这是一个远大的目标。这更像是一个低端市场，但它可以说是一种抵押担保证券市场（华尔街的金融工程师会用大批的房屋贷款来创造投资级别的债券）的更可靠、更安全的版本。在未来，我们是否可以利用同样的革命性融资方式，在全球范围内资助这种重要的去中心化能源基础设施？能源是社区中最重要的资源。如果我们能够为边缘人群获取价格合理的融资渠道，让其建造可再生能源的生产设施，那么，这不但能为贫困社区提供经济发展的平台并据此建立丰富的本地商业活动，还能同时拯救我们的地球。

所有人都能使用的货币

国际社会最近在普惠金融前景上寄托的希望，来自手机及移动支付系统在发展中国家的快速扩张。2007 年，肯尼亚的 M－Pesa移动支付业务担当开路先锋。截至目前，已经有 93 个国家拥有了某种形式的移动货币服务[182]，其中 271 个系统已经投入使用，有 101 个还在计划当中。不过，在这些系统中，大部分都还停留在潜在市场。实际上，这些统计数字隐含了一个更大的问题。移动支付专家卡罗尔·雷里尼（Carol Realini）写道："60%～90%由新客户开通的移动支付账号[183]，几乎都在没发生过一笔交易的情况下就马上进入休眠状态了。"为什么会这样？因为这些系统中的大部分都还建立在一个底层的银行业基础设施上，而运营这个基础设施的银行对那些"无法使用银行服务"的客户的需求并不了解，甚至有很多银行对这些需求都感到困惑。所以说，这其中的纠结之处，还在于人们希望成为有资格使用银行服务的一员，他们一直在设法获得进入这个"神圣的领域"的资格，而那些拒绝他们得到这个机会的人，就成了实现此目标的障碍。大多数情况下，银行实际上就是问题的根源，或者说，至少与其使用的监管及风险控制模型有关。或许，让人们进入这种传统的银行体系，本来就不该是最终的目标。

具体来说，移动的信贷体系是很难得到扩展的，这也与银行业务范式带来的阻碍有关。像 M－Pesa 这样的移动汇款平台，必须得到每一个国家金融体系的支持，当涉及信用机制时，就不得不退回到传统银行领域中经典的贷款审批模式了。就这样，不可靠的身份证明及各种主观、不合理的信誉度评分标准，成为很高的门槛。具体来说，当占有主导地位的电信服务提供商利用其独特优势充当这些新型电子货币系统的守门人角色时，就会收取昂贵的费用。这些移动网络提供商（包括肯尼亚的 Safaricom）并不愿意让自己的系统与其他服务商的系统实现互操作性[184]。这导致跨电信公司及跨境的交换必须经过低效、烦琐、昂贵的非洲银行系统。这些本地化的移动货币解决方案，与比特币及区块链纯粹主义者所追求的开放、非许可型的创新平台相比，有天壤之别。这意味着无法使用银行服务的穷人现在虽然能更容易地进行支付（至少在其本地电信服务商的闭环系统内是这样），但银行体系的排他性模式始终给他们带来了影响，在其需要信贷的时候（这在紧急关头往往是必需的）更是如此。由于无法证明自己的身份、活动及资产，穷人继续饱受高利贷的压迫，使他们永远生活在贫困的恶性循环中。

如果比特币这样的无国界货币能够广泛使用，就不需要这样的个人证明了，这或许能让穷人从银行和电信公司的封闭体系中脱离出来。这或许也会让发明家开发出具有创新性的区块链服务（包括信用体系），以更好地帮助这些生活在边缘的人们。

技术社区花了很多时间，来讨论其对排除在金融体系外的人群（包括那些不精通技术的人）的承诺。虽然现在已经过了九年，但数字货币在技术社区之外的人群中的采用率还是偏低的。原因之一在于，加密货币在普通人群中被视为犯罪工具。2017 年，“想哭”勒索软件大范围肆虐，攻击者通过此软件攻克了医院及其他机构的数据库，将其重要文件加密起来，然后以勒索比特币为条件，才能将数据解密。这件事情强化了人们对比特币与犯罪相关联的刻板印象，一些要求禁止比特币的声音无可避免地出现了。其实，与美元纸钞相关的不法活动和洗钱活动远比这要多，而且相较之下，美元纸钞更难追踪。不过，这对比特币的声誉确实没有半点帮助，也很难改变人们对比特币的印象。

比特币的价格波动是另一个重大的缺点，而这通过创新可以帮助解决。人们现在总是以本国货币为基础来思考问题，而数字货币与美元价格之间汇率的大幅波动，让普通人很难将其视为交换媒介。谁会用一种每星期都会有 30% 价格波动的东西来购买生活用品呢？这对比特币实现普惠金融的愿景来说，的确是一个很大的障碍。在迈阿密居住的牙买加移民在向家乡的母亲汇款时[185]，或许会觉得比特币几乎为零的交易费用相比西联汇款 9% 的手续费更有吸引力。不过，如果她母亲无法迅速将这些比特币转换成牙买加元，那么汇率的波动很快会吞噬省下来的这些费用。

不过，在比特币生机勃勃的创新生态系统内，一些不断涌现的创新成果开始试图解决这些问题。一些汇款服务初创企业，如专注于小型业务的 Veem（以前的 Align Commerce），正使用比特币及区块链技术作为不同货币之间转移的“轨道”，从而绕过费用高昂的银行系统。通过基于区块链技术透明性及低交易成本的智能对冲策略，它们想到了让自己短期持有比特币的风险最小化的方法，从而为顾客提供可负担的费率，而这些顾客只需要使用自己当地的货币。这个方法就是支付分红，这在电子汇款服务商 BitPesa 上已经得以证明[186]。BitPesa 创始于 2013 年，这个公司在肯尼亚、尼日利亚、坦桑尼亚、乌干达等地提供跨境付款及外汇交易服务。据报道，它每月增长率可达 25%，交易量已从 2016 年的 100 万美元提升到在 2017 年中期的 1 000 万美元。除此之外，据报道，菲律宾移民在韩国汇往其祖国的汇款中，有 20% 是通过比特币来处理的[187]。

Abra 提供了一个极为创新的方案，试图解决比特币价格的波动性问题所带来的影响。它让某个国家的人可以通过智能手机直接将钱转移到异国某个人的智能手机上，而无须中介机构的参与。在使用 Abra 时，用户需要购买比特币，Abra 提供的应用程序引入了一种利用区块链交易的透明和低成本特性而实现的高科技的对冲机制，从而将波动性的风险移除了。这个应用程序能够在用户无感知的情况下，通过区块链智能合约系统执行如下的操作：如果比特币价格超过原始的购买价，就自动向第三方付款；如果比特币价格低于原始的购买价，就会收到别人的付款。这种所谓的差价合约有点像外汇交易期权，能够将其背后的比特币的价值锁定，而所有的客户在屏幕上看到的都是他们当初转入其 Abra 账户的法币价值（如美元等）。当一个生活在旧金山的菲律宾移民向其在菲律宾马尼拉的家庭成员汇款时，同样的过程会出现在菲律宾家庭成员的智能手机上，不过牵涉的就是比特币与菲律宾比索的合约了。这个系统之所以能够实现，全靠区块链及智能合约的使用，移除了在传统衍生品交易业务中充当中间人角色的银行、律师、托管中介等。它为交易汇率风险对冲的场景创造了一个成本更低的方式。

不过，这其中还涉及一个大问题，即货币服务的相关监管条例。纽约金融服务局在 2015 年针对数字货币服务提供商制定了 BitLicense 监管规定，开创了这个领域的先河[188]。BitLicense 反映了监管者的看法，他们在承诺让比特币生态系统内商务应用软件开发创新活动百花齐放的同时，也逐渐认为自己有责任监管法币与数字货币之间的交易。

这种规定带来了一系列的合规要求，也给数字货币的购买和使用带来了费用高昂的负担。那些提供美元到比特币的“入金”通道的初创企业声称，这些监管条例使它们无法为终端用户提供廉价的服务，它们中的多数都因此决定不再在纽约运营了。不过，纽约的地位如此重要，因此 BitLicense 也是很重要的。各种资金本来就经常流经纽约的辖区，而且纽约具有作为全球金融市场中心的影响力也意味着这样的模式会成为世界各国的监管者的样板（不过很多监管者也选择了没那么严苛的态度）。

最大的挑战是相关的合规要求，它让申请牌照的人必须证明自己有识别客户的能力。这样的监管规定，是与加在金融服务提供商身上不断增长的“了解你的客户”要求所匹配的。“了解你的客户”的目的是让金融机构远离洗钱、恐怖主义融资及其他不法活动。在金融服务机构与新客户签约时，它们必须“了解”该客户的信息并判断其风险程度是可以接受的。而这是通过客户的身份来进行判断的，这看上去是一个含混不清的标准。它依赖于传统的以国家为中心的身份证件概念及其定义的潜在危险信号，如禁飞名单。如果你没有可靠、由国家颁发的身份证件，你就会面临很多问题。倘若比特币服务的提供者也要面临同样的要求，那么使用这些服务的门槛也不会比使用银行服务低。

在金融危机、对恐怖主义的恐惧及贩毒活动面前，监管变得越来越严格了。而对银行而言，这也使“了解你的客户”的合规要求成本越来越高了。而且在国际资金流动中，机构及其他参与者也需要知道自己在其他国家的对手方银行或汇款机构是否有对其顾客执行正确的尽职调查，这就使问题变得更复杂了。此外，这类要求还引发了一些罚款事件。汇丰银行向美国政府支付了19亿美元的罚金，以对汇丰银行帮助墨西哥毒贩洗钱的指控进行和解，这让人们对合规的风险有了深刻的体会。很多金融领域的专业人士在分析了各种合规工作的要求后，便会意识到为“高风险”顾客提供服务是一种吃力不讨好的事情。这导致了一种被形容为“规避风险”的现象。在全球范围内，只要银行认为某些地区的机构或人口对自己的业务存在“过高的风险”，就会降低其信贷供应量及避免为其提供汇款。这与联合国及世界银行的普惠金融目标是直接冲突的。

以索马里为例。在这个国家，若要建立与正规的“了解你的客户”标准相匹配的身份机制，几乎是不可能的。这让这个国家成为恐怖分子、海盗、军阀的天堂，几乎没有人拥有足够安全的身份证明文件。因此，在美国财政部的指导下，美国的银行在事实上关闭了美国与索马里之间的汇款通道。其结果是，这个极度贫穷的国家，资金更加短缺了，迫使人们通过昂贵的、不可靠的黑市途径将资金汇入、汇出。在东非，对于与基地组织相关的伊斯兰激进组织，主要是伊斯兰青年党来说，这个国家似乎是它招兵买马的最佳去处。我们将此结果称为身份验证机制严重失效的例子。

那么，区块链能带来什么帮助？其实，我们能够通过对公开交易数据的分析，得出一个特定的节点或比特币地址的风险特征，而无须了解用户的名字。Chainalysis、Elliptic 及 Skry 这类区块链初创企业正与执法机构一起开发项目，以引入大数据分析、网络科学及人工智能等技术，去评估比特币网络里的金融交易流动情形。就如网飞公司使用大数据分析用户的观看习惯，去估计你可能想看的电影是哪部。那么对比特币网络上用户的交易流进行分析，能够得出与用户的行为（甚至是可能的动机）相关的各种细节情况。新型的匿名加密货币（如 Zcash 或门罗币），其目的就是作为抵制 Chainalysis 等公司的分析技术的隐私保护机制，这当然也有可能让犯罪分子更容易隐藏足迹。不过，我们在此关注比特币用例并非为逮住罪犯，而是关注如何让系统用户证明自己不是罪犯。这意味着缺乏身份证明但又不需要隐瞒什么事情的人，在用比特币进行支付时，他们的行为可以分析出来，并可视为有良好的信誉。

利用社区关系

各种社区都有建立自己的货币及银行体系的历史，从而将存款人和贷款人匹配起来。而解决信任问题后，这些体系就可以进行扩展了。现在，一些区块链开发者提出了相关策略，以全新的方式利用这种长期存在的体系，或许有一天，它能取代银行。

社区储蓄圈是一个正被探索的领域，其中的典型模式是互助会。在不同的地区，互助会的叫法也有所不同。在印度叫银会，在印度尼西亚叫 arisans，在拉丁美洲叫 tandas，在西非及加勒比海地区叫 susu，在中东叫 Game' ya，在日本叫 tanomosiko。不过它们都有一个共同的特性：一群互相认识、互相信任的人，承诺周期性地往一个储蓄池里注入一定数额的钱，比如每月 50 美元。这个储蓄池里的资金会定期付给组织内的某个成员，这可以看成事实上的信贷。然后，每个人继续贡献资金，直到队列里的下一个人得到了贷款，这个过程是循环往复的。这个系统意味着除了最后一个人外，每一个人都可以在某个时间点获得零利率的贷款，而你所要付出的唯一代价，就是在得到贷款后，承诺继续往储蓄池注入资金。

在传统上，这样的体系一般要依赖于信任，这通常是基于亲密的友情或亲属关系的纽带。如果所有人都认识你，那么你在收到自己那份钱后，再想要抵赖自己对往储蓄池中注入资金的义务，就相当困难了。不过这样的信任模型带来了一个地理空间上的可扩展性问题。人类学家罗宾·邓巴（Robin Dunbar）提出了一个理论，他认为任何人能够维持的稳定关系的最大数量是150人，这个数字也称为邓巴数字[189]。用这个数字试想一下，这个储蓄的圈子会非常小，因为每一个成员都需要将组内的成员限定在自己所信任的150人的范围内，随着组织规模的扩大，这样的可能性会持续地降低。

这就是区块链、智能合约及代币可能发生作用的地方。一个名为WeTrust的初创项目在使用这些技术为互助会增加结构化的、自动化的、基于代币的激励机制，从而迫使参与者做正确的事情。在传统的互助会模式中，大家可能都是互相熟悉的。而通过这样的激励机制，意味着能让陌生人加入互助会中。“了解你的客户”的解决方案一直在寻找让人们证明自己身份的方式，而与此不同的是，基于激励机制的方案通过在系统内部提高效率而降低参与门槛，因此对“了解你的客户”的需求就没那么迫切了。

无论WeTrust的模式是否可行，它或许能帮助我们了解这些新的算法系统及分布式信任机制是如何接入传统的、根深蒂固的社会信任网络中的。我们很希望穷人所面临挑战的解决方案，不会被勉强嫁接在硅谷风投资本家自以为是、千篇一律的方案上。真正能解决问题的方案，必须考虑到受助群体的基础文化结构，并对其进行量身定做。

我们应该寻找类似 WeTrust 这样的方案，毕竟它专注于降低身份识别的成本以实现普惠金融。现实是，每一个文化体系核心都有一个身份系统。与身份打交道是难以避免的。不过，当我们在下一章揭开“身份”的面纱后，就会发现这是一个有高度争议性的问题。在互联网时代，它长期伴着安全性风险及社会冲突。在这个领域中，有一些人正在探索区块链应用的一些激进理念。

第八章

一种自我主权的身份机制

截至目前，全世界的各类身份管理机构中，最大的五家一直是中国、印度、美国、印度尼西亚、巴西这几个国家的政府。不过，现在已经有一些强大的参与者，开始执行这些政府一直以来所处理的身份管理任务，而且，它们并没有照搬政府的那套“官方身份文件”（如出生证明、护照、身份证等）的做法。最令人震惊的是，在这些新参与者当中，脸书、谷歌和推特已经占据了世界上最大的五家“身份管理机构”列表里的三个席位。这些公司现在负责验证我们提出的各种主张，而这是一个关键任务。通过创建社交媒体账号，我们实际上就创造了可验证的身份，从而让第三方可以确认这样的主张。这也让单点登录（即一个账号登录多个网站）系统的使用率得以逐渐提升。这些技术巨头到底管理了多少这类新型的“身份”呢？据统计，脸书的注册人数已经超过了 20 亿人，而谷歌（通过 Gmail 邮件服务）的注册人数也有 12 亿人，至于推特的活跃用户数量则有 3.2 亿人。如果要创造一个指标，去判断这些公司对我们的生活有多大的影响，那么很显然，从它们持有的个人数据就能反映出来。而这些个人数据，实质上定义了“我们是谁”。

这类公司对我们的生活居然有如此重大的影响，这在西方国家激起了轩然大波。在爱德华·斯诺登披露了美国国家安全局对个人信息的监视后，这些公司再度被卷至风口浪尖，公众对此也议论纷纷。有一部引人入胜的新戏剧《隐私》（*Privacy*），其剧本是詹姆斯·格拉汉（James Graham）创作的。在其纽约首演中，《哈利·波特》电影中的影星丹尼尔·雷德克里夫（Daniel Radcliffe）担任了主角，而且，现场还播放了爱德华·斯诺登预先录制的一段视频。现场观众终于得知手机上的数据是如何被收集，以及如何被滥用的。这是令人深感不安的一幕，正如用户将自己的路线信息授权给打车应用优步却被投放到某个大屏幕监视那样。

如果在发达国家里，个人的数字信息被追踪的现状让人深感忧虑，那么在发展中国家的，民众面临的却是相反的问题，即他们的活动无法留下足够多的数据。他们根本无法证明“自己是谁”。根据世界银行的说法，世界上有 24 亿人无法获取官方颁发的身份证件，让他们的生存状态每况愈下[190]。他们不仅无法开设银行账户、申请贷款或去旅行，而且，由于缺乏各种个人证明文档，也会让穷凶极恶的犯罪分子有机可乘。联合国教科文组织针对泰国山地部落的儿童开展的研究表明[191]，公民身份和证件的缺失，是导致人口贩卖活动的最大风险点。这些儿童在法律意义上并不存在，因此就很难跟踪。就这样，他们陷入了苦不堪言的境地。在联合国难民署及各种非政府机构为难民设立的各种难民营中，这些儿童难免会成为人口贩子的目标。人口贩子会利用上述问题，向儿童伸出罪恶的魔爪。

电影《米娜》（*Meena*）讲述的是一个印度女孩被绑架后，被迫离开家庭并进行卖淫的故事。约翰·埃居（John Edge）曾是一位银行家和金融科技企业家，在观看了刘玉玲的这部电影后，他深感触动，希望能做一些事改变这个问题。在得知拯救缺乏身份证明文件的儿童是如此困难后，他认为区块链技术或许能通过创造一个全球性的、不可篡改的人口关键信息记录，从而提供通用的身份证明。他成立了一个名为ID2020的组织，这个名字反映了其在2020年前为世界儿童建立安全的数字身份的初始目标。（之后，这个组织的目标就与联合国的可持续发展目标相一致，在2030年前为全世界人建立官方身份信息。）约翰·埃居也意识到，在其基于区块链的通用身份系统的愿景实现之前，还需要解决不少的问题。谁会为儿童的身份做证？还有，考虑到私钥可以用于访问相关记录，那么在儿童成年之前，谁负责控制私钥及确保其安全性？

2016年5月，约翰·埃居与联合国展开合作并召集了约50家技术公司及数量相当的外交官和非政府组织代表，在联合国总部举办的ID2020峰会开幕式上，探索数字技术（主要是区块链）如何解决身份证明机制面临的挑战。而后人们就意识到，技术专家的方法与政府官员的做法有显著不同。对那些受雇于各国政府的外交官而言，政府颁发的身份证明文件（如驾驶证、护照、出生证明等）是极为神圣的。他们认为，政府应该负责身份证明文件的颁发与认证。与此相反，技术专家对国家的力量谨慎提防，并提出了“自我主权”（self－sovereign）的概念，而这在该会议上成为一个流行词。这个想法是，人们最好是依据自己（而非政府）收集及控制的与自身生活相关的数据来证明自己的身份。与外交官的想法相比，这明显是一个更具自治性的身份概念。

人们已普遍认识到，“模拟型身份”（analog identity，相对于“数字型身份”）要依赖于驾驶证、出生证明、护照等纸质文档的管理，这样的做法已经过时了。现在，我们必须建立“数字型身份”的标准和规范。否则，人们和机构都难以享受现代经济的效率。因为越来越多的服务是以电子化的形式提供的，我们需要一个更好的数字接口，让人们、公司和机器都更容易被识别从而能够授权访问各种服务，而无须检查一大堆不可靠的纸质文档。

公钥密码学技术是新生的数字身份模式的起点，就如我们在第三章讨论的那样，这样的技术是基于数学上匹配的密匙对，让人们可以在比特币和其他区块链上对交易进行授权。公钥密码学是在 1976 年由惠特菲尔·德迪菲（Whitfield Diffie）和马丁·赫尔曼（Martin Hellman）发明的，远远早于比特币的出现。它广泛用于电子邮件等其他互联网应用的安全机制上。公钥密码学技术让比特币用户通过私钥去对一个比特币地址（实际上是公钥的变种）进行签名，以证明其拥有这个地址。与此类似，负责验证个人信息的机构就可以用同样的数字签名模式，让某个证书具有权威性。这样的密匙对模式，可以就以下这类事项创造无可争议的记录：你的大学证明你拥有某种学历，你的公共事业公司证明你已经付了电费，某个出生注册处验证了你出生证明的真实性。

包括微软这样的大型技术公司在内的区块链开发机构[192]，正试图将权威机构签发的证明引入区块链的交易，来增强数字签名系统的作用。这个想法是引入一层额外的安全性，让认证机构难以撤回某项证明，毕竟其中的信息是写入一个只能添加（不能删除）和不可篡改的账本上。这就如比特币的交易无法撤回的道理一样。不过，将区块链用在这个场景的想法在身份认证的专家群体中有争议，这也引起我们在下面会提及的一些争论。

我们认为，社会必须改用一个更为去中心化、数字化的，最终能实现自我主权的身份管理模式。至于这个过程中使用的具体技术，我们并不限定。不管身份证明文件本身是否会在区块链上存放，但让其实现数字化，并用密码学确保可靠性，对其他类型的区块链应用的开发而言，也很关键。我们为何要鼓励创建一种系统，让人们对其个人信息的收集、存储和传播过程享有更高控制权？从下面的例子中，我们更可以看出这种系统的必要性和迫切性。Equifax 这家美国信用评级机构 2017 年 9 月遭受了黑客攻击，导致 1.43 亿人的姓名、社保号码、银行账号等信息被盗取。可见，倘若我们还是依赖大公司将高度敏感的个人数据存放到中心化的数据孤岛上，一旦它们被入侵，我们也会遭殃。就如我们在第二章提到的那样，这种持续增长的数据成为攻击者的目标。这个问题的答案，一定是拥有自我主权的身份机制。

政府对这个趋势产生了兴趣，这似乎是一件好事。不过它们关注的更多是“数字化”这个概念，而非“自我主权”。很多政府都希望拥有自己控制的中心化数字身份系统，其中不少都倾向使用指纹和虹膜等生物识别信息作为安全认证机制。

在发展中国家的政府官员眼中，印度是这场数字化革命的杰出代表。印度政府展开了一场庞大的任务，去识别每一个公民的身份，并将其与公民的生物识别指标（主要是指纹）的数字记录联系在一起，然后将这些信息存放到一个大型的中心化数据库中。在本书行文之时，这个在印度语中名为“支持”（Aadhaar）的系统[193]已经分配了11亿个唯一的身份号码，其中的4亿个已经与银行账号关联了。

印度的这个“支持”系统确实有不少的优势。它可以为多种数字化服务提供一个无缝的验证过程，这些服务可以是开设银行账号或访问个人医疗记录。在印度的海得拉巴和班加罗尔，已经兴起了在“支持”系统之上搭建各种应用程序的软件开发产业。例如，2017年初，印度基础设施发展金融公司（IDFC）旗下的银行发起了“支持”付款服务（Aadhaar Pay service）[194]，让商家通过一个安卓手机应用程序就能够接收来自“支持”系统身份识别码的款项，前提是后者要绑定一个银行账户。这样，市民就无须使用信用卡或手机支付了，他们只需用指纹及“支持”系统里的识别码即可完成支付过程。这种服务正对应了印度总理纳伦德拉·莫迪所指的，在“JAM”体系之上打造无现金的新型经济的努力。“JAM”体系的说法由来于三种新型的、能够互相联动的技术的首字母，即 Jan Dhan 支付体系（银行需要为此提供银行账户）、“支持”网络（Aadhaar）以及移动电话（Mobile telephony）。

相比于印度，爱沙尼亚这个富裕的小国在数字身份的发展上更进了一步。它的国民身份识别系统还是使用了实体卡，但卡中内嵌了一个芯片，从而提供了访问多种公共服务所需的数字接口。该国政府鼓励私营的服务提供商也连接到这个系统中。爱沙尼亚甚至还通过其备受赞誉的电子居民计划（e－residency program）来给外国人提供此类身份识别服务。这样，即便外国人不居住在这个国家，也可以成为该国的“电子居民”，从而简化营商的流程。这个国家的数字身份系统让持有者拥有了一站式的验证机制，让其在一系列的医疗保健及投票等服务中验证自己的权限。这样，该国的革命性的 i－voting 投票系统，就能让公民在全国大选时从智能手机和电脑上投票。在这里，这种基础设施也培育出了一系列的创新活动，其中一些实验正将爱沙尼亚的身份识别系统与上层基于区块链的服务连接在一起。例如，纳斯达克已经为股东投票的用途开展了[195]一个基于区块链的项目。

虽然印度和爱沙尼亚的这类项目确实具有突破性，但这种由国家运营的中心化数据库，总是存在一些不可否认的风险点。现在，这两个国家的政府似乎都尊重公民隐私权，不过，人们总是担心某些作恶的官员（甚至可能是整个权力体系）可以掌控所有的个人资料，并将其用于勒索等不法用途。印度总理纳伦德拉·莫迪或许是个温和派，但他所属的右翼人民党曾鼓吹印度教民族主义去对抗该国穆斯林少数民族利益。谁能保证未来的印度人民党政府还会继续保持现在的克制程度？谁能保证它未来不会使用这些生物识别数据去对付那些特定种族或持有特定信仰的人？至于爱沙尼亚，它脱离苏联的控制也才几十年时间，人们也有理由提出同样的忧虑。现在，一个来自美国和英国的数据安全专家团队已经表示[196]，爱沙尼亚的 i－voting 投票系统很容易遭受黑客入侵。

最近，纽约市发生的一件事情，让我们嗅到了这类危险的味道。人们有理由担心，特朗普政府可能会传召纽约市，让其解锁登记在纽约市政身份识别计划（New York municipal ID program）的移民名单。这个身份识别计划的初衷是好的。在纽约，有很多没有身份证明文件的人，其中不少人都在纽约居住了几十年。这个计划旨在帮助这些人使用各种服务并建立信用历史，也能帮助这个城市更好地监测及管理各种服务的供应。这个自由的大都市，即便拥抱了“庇护之城”这个信条，也曾极力对抗特朗普的反移民倾向，但最终这个计划无意中又给特朗普当局创造了一个机会，让其可以找到这些人，甚至有可能将他们驱逐出境。这个案例让我们想起了来自史蒂文·斯普拉格（Steven Sprague）的严厉警告[197]。他是隐私方案及计算服务公司 Rivest 的首席执行官，他认为，“纵观历史，身份信息一直是作为武器使用的”。这些中心化的个人数据集中地存在着脆弱性，容易引起不法之徒的觊觎，这也是我们要支持身份信息去中心化控制的原因。这就是区块链能发挥作用的地方了。

重新定义身份

我们总是倾向于将身份与官方记录混在一起，因为国家在提供身份方面起着重要的作用，它成为定义“我是谁”这个问题的关键一环。不过，就如身份政策专家大卫·伯奇（David Birch）指出的[198]，社会实际上存在三种类型的身份：一是我们的法律身份，它与个人的可识别性相关联；二是我们的社会身份，它是在我们与社会的外部交往、所建立的关系以及我们对外公布的身份主张的基础上形成的；三是我们的个人身份，即我们是如何进行自我定义的。后面的两种具有越来越大的流动性，这与社交媒体时代有关，与我们的文化能够接受更多的定义一个人的新方式（可以是基于性取向、性别、宗教、种族或人种的）也分不开。不过，一些新技术可以将这些多样的身份定义因素变成某种形式的证明（主要是在我们的社会身份领域发挥作用），这样的作用更为强大。我们的朋友圈子及各种互动关系，构成了一张信任网，它的信息价值是非常强大的。如果这个圈子有足够多可信的人（例如，其中并没有在禁飞名单上的人），那么就可能得出一个准确率较高的推论，去推断出你也是可信的。最起码，你在这样的情况下，也应该得到一个正面的分数，从而与其他判断可信程度的指标互相对照。

不过，我们如果要实现自我主权的身份架构，就需要让个人而非政府（也非脸书和谷歌这样的公司）去控制有价值的个人识别信息。一些公司正试图展示区块链实现这个目标的潜力。但在我们研究这些例子前，最好还是先重新思考我们若能实现这种身份架构，会如何处理我们的数据。例如，我们可以在使用某种特定的服务时，仅仅选择性地提供必要范围内的数据。

在这个充满了隐私风险的时代，保护这些数据至关重要。数字化技术能打散这些数据，将其变成颗粒化、只为特殊用途使用的结构，从而实现数据保护的目标。而“模拟型身份”需要识别证件，如驾驶证和护照，却是静态的。它们不会允许你将其中的某个信息片段抽取出来单独使用。当你向酒吧服务员拿出驾驶证，证明你已经达到了允许喝酒的年龄时，你最终透露出来的远不止“年龄”这点信息；你还会让别人知道你的全名、性别、驾驶证号码、地址、生日、身高甚至是眼睛的颜色。（到底纽约和新泽西州的驾驶证为何需要登记眼睛颜色，我们毫无头绪。）在夜总会开始使用身份证件扫描技术去测试证件的真实性后，这个“过度分享信息”的问题变得越来越严重了。你真的想某个形迹可疑的夜总会保镖收集一些与你的名字及居住地址相关的扫描信息吗？我们需要淘汰这种为了使用某种服务，就不得不公开所有身份信息的模式，并采用仅需证明一些必要的属性就能满足要求的模式。这些必要的属性，可能是证明我们的信用分已经高于特定的门槛，或是我们真的毕业于某个大学，或是我们真的是21年前出生的。在理论上，为实现这个目标，我们应采用可证明的数字化数据，让其与我们所做的事情、所建立的关系、所获取的资格及证书产生关联。

世界经济论坛对数字属性证明这个新兴的想法提供了一些有用的贡献[199]。在一篇题为《数字身份蓝图》的报告中，作者认为人们所理解的身份能够分解成三种属性。其中，内在的属性对个人而言是固有的，一般是静态的，这包括年龄、身高、体重、指纹或出生日期等指标；而累积的属性一般会随着时间变化，并可以将诸如医疗记录或在线购物活动习惯等信息包含进去；而一些被分配到的属性，则是由外部的一些拥有某种权力的实体授予的，这可以包含政府颁发的护照号码或邮件服务提供商所提供的电子邮件地址。

通过选择性透露这些不同的属性，人们并非以那种静态的、包罗一切的法律方式去确认自己的身份，而是提供他们不同"人物角色"的各方面信息。人物角色是这个飞速发展的领域里的流行语。迈克尔·凯西在麻省理工学院媒体实验室的四名同事，即亚历克斯·桑迪·彭德兰（Alex Sandy Pentland）、托马斯·哈桥诺（Thomas Hardjono）、大卫·斯奈尔（David Shrier）和欧文·沃拉达斯凯—伯杰（Irving Wladawsky - Berger），在提交给美国国家标准技术研究所加强国家网络安全委员会的一份报告中很清晰地表达了上述的这些事项："可靠的数字身份机制（不管是个人的还是机构的），都是解锁各种数据及其共享功能的关键[200]。数字身份不只包含到处可用的独特、难以遗忘的身份，也有能力访问与你身份相关联的信息，还有能力控制你在不同情况下提供的人物角色。这些不同化名身份（或称人物角色），包含了‘工作场所中的你’‘医疗保健体系中的你’‘与政府打交道时的你’。以此类推，在你与其他人展开的各种关系中，还可以引入各种各样特定的人物角色。这些不同身份都会拥有各自的数据，而只有‘生物意义上的你’才能拥有并控制这些身份。”

有一种激进的想法甚至认为，我们积累的数字信息和在线活动足迹的信息能力已远远超过出生证明和护照这样的官方文档所能提供的信息能力。而这个想法，是与那些在联合国开会的外交官的思路相冲突的。在进入大数据及网络分析的时代后，考虑到基于区块链的分布式信任系统能够确保数据的可靠性，那么我们的数字记录作为用于识别我们身份的行为指标，其可靠性远高于那些容易出错及造假难度低的护照及塑料卡片等形式的证明方式。任何人都可以使用手机的全球卫星定位系统累积的数据，去证明他们每天都会在离家一段距离内的某个地方停留大约 8 个小时，这样实质上就能证明他们拥有一份工作。他们的收入或许不会带有一张工资单，也没有自己的银行账户，但对贷款或其他服务而言，拥有一份工作最起码是达到合格条件的一个因素。

这个领域有两个重大的挑战。第一个挑战是，我们应如何将个人数据进行整理，让其可以展示与自己生活相关的有价值信息，但同时又不会侵害自己的隐私权和独立性？无论是在现实世界或网络世界积累下来的数字足迹中，还是在银行和高等院校等第三方机构为证明我们的属性而开出的证明和证书中，上面的问题都是存在的。

这些年来，密码学家已经提出了一系列巧妙的技术，让人们在不公开细节的情况下，用数学证据去证明某项主张的真实性。这样的策略属于“零知识证明”的范畴，其中甲方可以使用概率等其他数学工具去向乙方证明自己知道某项秘密，又无须将该项秘密的细节透露给乙方。有一个经常被引用的现实生活中的例子，或许能更好地说明这个机制：在一名色盲的男子面前，摆着两个球。他的女性朋友告诉他，这两个球的颜色是截然不同的，其中一个是红色，另一个是绿色。但是，这个色盲的男子并不能直接相信这位女性朋友的说法。这时，这位女性朋友就让该色盲男子在其背后将两个球调换位置，并给两个球做好记号，然后重复地向女性朋友展示出其中一个球并询问其颜色。因为这位女性朋友始终能重复说出某个球是红色而另一个球是绿色的结论，那么这名男子就能将概率论反映出来的道理当成证据了。

同态加密（homomorphic encryption）是另一种拥有极高潜力的隐私保护解决方案，它在缺乏某个数据池的元素细节的情况下，就能够对这些数据的集合进行计算。为理解这点，举一个简单的例子，有一群不希望透露自己薪资的雇员，他们应如何计算出这些人的工资总数，以及这些人的平均工资？第一个人会提出一个随机数，将自己的工资与该随机数相加，然后将结果秘密地分享给下一个人，然后同样的过程如法炮制下去。在这个序列的最后，得出来的总数会告诉给开始这个流程的第一个人，他就会将那个秘密的开始数字减去，从而计算出薪资总数和平均薪资。这执行的是一种最基本的人类计算方法，而这些基础的数学方式现在正整合到更复杂的密码学软件程序中，让计算机科学家能够对各种需要保密的信息进行一些不可思议的操作。另外，因为计算机将所有的数据（不管是文本、照片、定位坐标还是薪资这样的价值数据）归结为某种形式的数学表征，这些技术最终可以在数字世界中为人们的个人信息提供保护。

第二个重大挑战是，我们应如何确保对个人数据的独有控制权，同时向服务提供商确保其准确性？这是区块链创新者正在思考的任务。其中一种观点认为，数据的校验如果由一个去中心化的、由共识驱动的网络来执行的话，那么个人或机构（政府、公司等）都无法在其被确认及以特定格式记录下来后对其进行更改。另一种观点认为，只有个人、公司和机器才应该拥有将自己的相关（最好是加密的）数据公布给有需要的第三方的权限。这是一个复杂的问题，不过现在已经有一系列的研究实验室（包括一些声名显赫的大机构）对此展开研究了。

在这个领域的前沿初创企业包括 Mooti、Civic、Procivis、Tradle 和 BanQu，它们都寻求将银行或证书提供商这样的第三方机构所提供的证明放到可移动的身份管理服务上。前面四个企业都旨在为一系列的市场提供服务，而最后一个企业 BanQu 则希望为贫穷、边缘化的社区（包括失去了身份证件的难民）提供服务。

现在，围绕“身份管理局”（或“了解你的客户局”，这是模仿金融领域合规人员行话的流行语）这个概念已经展开了不少探索。比如信用评级机构，这个想法是让人们获取由某个公认的（或授权的）可信身份证明方提供的身份或属性的证明并用于在第三方机构获取服务的场景中。这有点像本章开头提及的脸书账号所提供的“单点登录”功能，不过，由于区块链提供了一种不依赖于脸书这样的中心化机构的证明方式，它可以与其他的系统实现互操作，这就意味着个人身份是“可移动的”。人们可以将这样的身份用在任何场所，并证明其可信。由西班牙对外银行、加拿大帝国商业银行、荷兰国际集团、法国兴业银行和瑞银集团构成的银行小组与 R3 CEV 联盟已开发了相关的概念证明项目。

从理论上讲，这些系统会大幅减少机构在身份验证及尽职调查阶段的各种烦琐的文书和合规工作，降低成本和摩擦度，从而有望提升金融服务的可用程度。此外，它也可以为有利于增进普惠金融程度的社会利益服务。例如，居住在美国的非法移民，就可以让自己祖国的大使馆充当某种形式的“身份管理局”。这样，这些大使馆将可以提供可证明的数字身份验证戳，让汇款公司可以在无须获取真实个人证件的情况下就为用户提供服务。只要这种标识能够与可追踪的比特币交易关联起来，由比特币支撑的汇款服务商就可以让用户执行完全合法的汇款申请，同时还能有效控制洗钱等风险。

除了初创企业外，微软、IBM 和英特尔等大公司也投入区块链身份管理的领域中。微软正与全球开源社区开发者及 Blockstack 和 ConsenSys 这两家分别在比特币和以太坊生态中引领基础设施开发的公司合作，寻找一个彻底的全球身份管理解决方案。据微软的重要的区块链战略人员约克·罗兹（Yorke Rhodes）所言[201]，这个任务的目标是实现“一个开源的、拥有自我主权的、基于区块链的身份管理系统，让人们、产品、应用程序和服务可以在不同的区块链、云服务提供商和组织之间实现互操作”。这个想法是很宏大的。如果你可以建立一个标准化的互操作架构，让人们可以在自己控制的区块链地址上积累自身数据，那么这个地址将会成为单一的基础性的分布式身份管理层。这能在不同的账本和区块链生态系统之间开启数字化的通道，让创新者能够打造各种接入这些身份的强大应用程序，从而开启通往去中心化商业的大门。

这实现起来并不容易

我们来仔细分析一下流行的区块链的身份模型，这是很重要的事情。区块链技术公司 ConsenSys 和 Blockstack 以及微软等关键参与者提出了一种新概念，它并不是在区块链的某个交易上直接存放个人或实体的认证数据，因为那样做会很快让分布式账本有限的存储能力消耗殆尽（对比特币而言更是如此）。实际上，数据将会在区块链之外进行存储，并存放在个人或机构选择的地方，如自己的电脑、智能手机或其他设备上；也可以存放在 IBM、微软或亚马逊云计算服务提供的空间上。当然，这些选项都需要在一定程度上信任其服务提供商。现在一些新兴的去中心化网络数据存储方案，如 Maidsafe、Storj、IPFS（星际文件系统）或 Sia，正被吹捧为身份领域的个人数据管理工具，这是一个很有趣的现象。这些分布式的文件存储系统，并非由某个具体的公司掌控。

不过，还是有一些关键的信息必须存放在区块链环境里。首先，是密钥配对的信息，它是基于我们上文讨论的同类公钥密码学生成的，但在这个例子中公钥密码学决定了人们如何通过其私钥去分享身份识别信息（而不是让认证机构来签名）。这样，个人或实体就可以对与现实世界中某个名字或身份相关的公钥进行签名，这些名字或身份可以是“Paul Vignal”、“Michael-Casey 9342”、“Acme Corp”或“theageofcryptocurrency. com”等形式。然后，用户就能向区块链的验证计算机（由此也是向全世界）证明，只有自己才拥有这个名字的控制权，因此拥有存放在区块链之外的数据的合法关联性。

在这种模式下，让我们来想象一下迈克尔·凯西正在申请一份工作。他可以向潜在雇主证明他毕业于澳洲的西澳大学，过程是：使用他的私钥去对其形如“MichaelCasey 9342”的区块链公开地址进行签名；将其存放在区块链外的、由西澳大学用密码学机制签名的学位信息的数字记录（或哈希值）用同样的私钥进行签名。这两个动作的结合，就能创造出一个不可篡改的、可验证的记录，去证明迈克尔·凯西提出的这个特定的属性以及其毕业于澳洲西澳大学的事实。重点是，由于其能够用时间戳为一连串事件提供证明，这些区块链交易可以确认这些数据的访问权归属于合法用户本人。

这听上去像是一个复杂的过程，也确实如此。现在，有不少人对区块链技术解决身份问题的能力提出质疑，这也在预料当中。身份管理充满了隐私相关风险，还有，就如我们在前面的章节中所提到的问题那样，与为一个人签发产权证书时，身份的证明会取决于某种外部人员所能提供的证据，这又将我们带回了一直存在的可信第三方问题了。在很多情况下，我们还是继续需要银行为我们提供验证服务，如为我们证明银行账户是可靠的、没有欺诈风险的；我们还是需要某个大学证明我们拥有某种学位；我们还是需要某个电子邮件服务商去证明我们拥有一个真实的电子邮件地址，而且我们并不是一个机器人。

这些质疑区块链效用的人并不一定是过时的"官方颁发身份机制"的支持者。他们之中包含了像史蒂夫·威尔逊（Steve Wilson）这样具有影响力的数字身份倡导者，他曾呼吁将过时的静态个人身份模型转换成由密码学证明的各项属性。史蒂夫·威尔逊告诉科技媒体 TechCrunch 的记者："公共的非许可型区块链刻意地[202]（傲慢地）将第三方移除，但在大多数情况下，如果没有一个第三方用某种形式为你提供证明，你的身份就没有任何作用了。区块链对某些事情是很有用的，但它并不是魔法，它也不是为身份管理问题而设计的。"

不过，假如我们真能脱离对第三方认证机构的依赖呢？如果我们希望有一个区块链模型去证明我们有资格做某事（或买某种商品），那么我们可以借助在网络生活中被动积累的各种数字信息，这比依赖第三方认证机构为我们的生活事件（如出生、学历、首个工作等）提供证明的传统做法会更有意义。如果我们可以使用合适的加密方法去隐藏敏感数据，我们丰富的数字足迹就可以为我们做很多事情。例如透露我们在社交网络中的档案，展示我们是倾向于与高中退学的人还是与具有硕士学位的人交往。它也可以从我们的支付历史、睡眠模式、旅行经历及在线活动中收集到有用的信息。如果社交媒体公司和其他收集同类数据的公司都认可元数据的开放标准，就可以形成一种更有意义的身份识别文化，其信息效用会远超 Equifax 这样的信用评级机构。这就是一些基于算法的信用评级公司及由大数据驱动的初创企业在做的事情。若将这些信息整合到由区块链提供证明的系统上，将会是一个让人们建立互信的强大方式，并将扩展人们的社交及经济互动范围。

不过，这样的技术也可能带来不公正的问题。如果要完全让算法去解读我们的行为，就会面临一系列严重的社会影响。如果做得不够完善，我们很可能创造出一个带有偏见性的“可信度”评价机制，这样，人们不论其文化、环境和个人原因，都可能因不符合某个算法定义的标准而被歧视。如果我经常查看共和党的政治网站，我的可信程度是更好还是更差？这是一个可怕的问题。就如匿名的加密货币记者胡安·高尔特（Juan Galt）所说的那样[203]，一个用于建立信任的网络，可能会退化成一个奥威尔式的“耻辱网络”。（类比奥威尔式的社会，即受到严格统治而失去人性的社会。)

富有影响力的加密货币思想家安德烈亚斯·安东诺普洛斯（Andreas Antonopoulos）认为[204]，在区块链上解决身份问题的尝试，恰恰是最大的问题所在，这与区块链开放的非许可型架构相冲突。他指出，“那些试图打造这种身份识别和信誉工具的区块链开发者实质上是在推广传统金融系统的隔年皇历”。根据他的理解，过时的金融机构（如银行等）需要信誉机制来识别与某个特定身份关联的违约风险，是因为它们无法安全地管理这种风险。他认为，我们不应该充当裁判和刽子手的角色，也不要假设“过去的行为会在一定程度上反映未来的行为”，我们应该做的是在出借人的投资组合里建立能够更好地控制违约风险的系统。他指出，比特币技术就拥有实现这个目标的工具。这项技术拥有不少对抗风险的能力，如智能合约，还有让一方不能私下卷走资金（而是需要另一方也对交易签名）的多重签名技术，以及自动化的担保机制。当然，更广泛地说，还有公共账本所能提供的信息透明度和颗粒度。换句话说，投资者早就有了对抗损失风险的工具。人们还需要担心与其交易的人的身份、过往行为和信誉吗？

我们能承担身份问题得不到解决的风险吗

安德烈亚斯·安东诺普洛斯的看法提供了一种迷人的自由主义愿景，它将隐私视为某种应该被保护的价值，以促进经济交换。不过这种观点现实吗？我们整个经济体系可以说是建立在一种身份及金融体系的结合体上，这种模式在社会运作所用的信任架构中已是根深蒂固了。对人们的身份进行识别，不论是通过老旧的政府文档这种“模拟型”的工具，还是通过与我们数字活动足迹相关的个人信息管理，或是仅仅向某人询问名字，都会继续成为我们与其他人及机构进行交易时的必备条件。

尽管这些正面和反面意见的对比可能会让你摸不着头脑，但实际上我们还面对着一个大问题。我们确实需要修复现在这套失败的身份和个人安全模式，并让其为数字化时代做好准备。更重要的是，我们需要让人们对自己的数据负责，以推进自我主权身份这个具有赋能性的理想。找出实现这个目标的方法，是我们的首要任务。

其中的一个关键点是寻找帮助人们管理自己的私钥的方法，这样他们在付款或分享身份属性的时候，就不需要担心丢失其关键的密码信息了。如果你在工作场所忘记了密码，你可以让系统的管理员给你重设一个。但在比特币区块链这类系统中，没有管理员能帮你实现这个操作。生物信息识别技术或许是最有可能成功的解决方案，但其也有严重问题。除了我们上文引用过的印度的“支持”系统反映出来的隐私问题外，最大的问题是，生物识别信息如果被盗窃，就无法恢复，毕竟你无法重新构造一个指纹或虹膜。黑客已经向我们展示[205]他们很容易就能用油灰将玻璃酒杯上的指纹复制下来，并用来欺骗苹果iPhone手机的指纹识别系统；黑客也很容易用照片去欺骗人脸识别程序。

比特币社区总是有一些人推崇自助的哲学，并持有“你应该是自己的银行”的想法。但我们要说明的是，大多数人会希望让某个专业的托管机构去保管自己最敏感的资产，而非自己亲自处理。大多数人在应对各种需要记住的网站密码时已经应接不暇了，更何况是让他们亲自看管通往自己的数字身份或加密货币资产的私钥。实际上，这样的托管机构模式，就是大多数的比特币钱包提供商（包括 Coinbase 这个最大的钱包服务网站）采用的架构。你一般会让 Coinbase 这样的服务商去执行你的比特币交易，而不是亲自操作。

为改变严重依赖银行的传统方式，区块链社区投入了不少精力去开发一系列的解决方案，使托管机构更难偷窃（或丢失）你的资产。在这些技术中，多重签名（multi - signature）技术提供了一个不错的折中方案。它为多人（如顾客，一个或多个托管机构）提供一系列配对的密钥，这样，任何一个人都不能单方面地签发交易或对数据进行签名；而是需要达到一定数量门槛的私钥持有者的配合才能进行这些操作。这样的系统可以为顾客设置一个或多个离线的（或称为“冷的”）私钥，这样就能在活动的（或称为“热的”）私钥丢失时提供保护了。顾客还可以将这些备份的私钥集合起来，绕过托管机构的控制权。多重签名确实是个很好的折中方案，它让第三方可以有效地管理你的资产，同时保证你对这些资产拥有控制权。

有些人总说，若依赖外部的认证信息，就会为基于区块链的身份解决方案带来脆弱性。不过，我们对此有一个理性的辩驳：我们早就信任这些实体去证明我们的身份，倘若区块链能作为一个通用的“事实机器”，让我们可以在不同的地方使用这些证明，扩展我们所能享用的服务范围，那显然将是对现有系统的改进。如果我们能利用那些提供了数字及在线活动记录的机构所提供的信息来构造数字身份，就能获取更多的数据用于增强准确性，并在降低人为错误或欺诈风险的情况下帮助某种结论的达成，这将会更有赋能作用。

就如我们前文所提到的那样，这项技术的未来，取决于其作为一种“不单纯依赖信任”的、经时间戳证明的交易账本的有限功能如何与非数字世界的基于信任的体系连接起来。相比那些仅仅依赖于区块链的方案而言，倘若有一种方案能将社会的各种记录体系结合起来，它将具有更惊人的威力。当外部世界的信息登记到这些账本上后，它就能增强信任，而非取代信任。

拥有自我主权的身份识别机制是一个值得追求的目标。它描绘了一个新世界：人们（而非其接触的中心化机构）会定义自己的身份及其愿意与世界分享的个人信息。不过，如果没有区块链技术去为所有的参与方确保数据的不可操纵性，我们就很难看到实现这个目标的希望。即便我们有来自某些机构用密码学技术签发的证书，即一个可靠的认证文档，也会存在该机构单方面撤销这个签名的风险。这恰恰就是美国总统特朗普通过撤销其前任的一系列命令（如取消了变性人服兵役的权利）所做的事情。如果一些权利信息不是登记在某个不可篡改的记录上，那么即便用数字化的方式对其签名，也会存在以上的风险。

当某项身份信息的证明过程登记在一个不可篡改的区块链环境后，那么它就无法被单方面撤销。这就是我们实现自我主权的方式。技术机构“学习机器”（Learning Machine）正在“区块证书”（Blockcerts）项目上开发一个产品，去证明人们的教育经历的可信性。“区块证书”是麻省理工学院媒体实验室发起的一个开源项目，让高等院校将教育文档的哈希值存放到比特币区块链上进行存证。需要注意的是，这个项目刻意使用了比特币这个最安全的非许可型区块链。在这个场景中，若要使用许可型区块链是会有问题的，因为人们担心控制网络的中心化实体总是能够绕过个人的私钥并撤销其教育证书。非许可型区块链是唯一一种能将真正的文档的控制权和所有权归还毕业生的方法，这样他们就能根据自己的意愿将这个重要的信息公布给有需要的人。就如“学习机器”的首席执行官克里斯·亚戈斯（Chris Jagers）所言[206]，“自我主权无法自动实现，它必须建立在基于区块链的社会基础设施之上”。

为何我们对这个控制权和所有权的问题如此执着？比特币基础设施开发公司 Blockstream 的一名研究科学家（也是区块链数字身份的前沿思想家）克里斯·艾伦（Chris Allen）是这么说的[207]：“身份是人类独有的一个概念。‘我’这个不可言喻的概念是自我意识的表达，世界上每一种文化中的每一个人都能够理解其意义。就如勒内·笛卡尔（René Descartes）所言，‘我思故我在’（I think，therefore I am）。不过，现代社会已让这种身份概念变得混乱起来。今天，国家和公司都将驾驶证、社保卡和政府颁发的其他证件与身份混为一谈。这是很有问题的，因为当一个国家撤销某个人的证件，或这个人越过了国界，那么他就会失去身份。而这用‘我思，我却不在’来形容就最恰当不过了。”

确实，这个领域没有灵丹妙药，所面临的挑战非比寻常。在这个阶段，这些想法还是很远大的。不过，这是一件很重要的事情。毕竟，这涉及人类生存状态的本质。不管它是用区块链这种“事实机器”还是其他能够为人们提供希望的去中心化技术，我们总应该为人类寻求一种途径，让每一个人都能在这个世界上获得一席之地。

第九章

任何人都是创造者

让我们回想一下第一章提到的三式记账法，并思考一下它对“会计师”这个建立在现有复式记账法体系之上的行业意味着什么。“四大”会计师事务所（德勤、普华永道、安永和毕马威）在区块链技术上似乎采用了“如果不能打败它，那就加入它”的策略。2017 年，单是德勤的分布式账本实验室就有 250 名员工，而其他的三个机构也有同样的投入力度。当然，这些实验室相对于这几个机构的庞大雇员数量而言简直是九牛一毛，不过这样的专门研发投入，表明了这些机构对区块链及分布式账本技术的重视程度。如果不可篡改的分布式账本在现实中广泛应用，那么它们的会计部门最终将会退出历史舞台，从而带来重大的人事冲击。在它们加起来共 1 270 亿美元的总营收中，有约 40% 是来自其审计和保证部门，其雇员人数大约是 30 万人。

这些机构正在探索这项颠覆性的技术对其客户有什么影响。不过，很明显，我们所了解的会计行业，即那种由一些团队在每季度去审查过往交易记录并评判过往事件可靠性的做法，将会退出历史舞台。而“四大”会计师事务所的审计部门只是会计行业的冰山一角。其实，这个行业中的每一个审计人员（包括公司内部的审计员）都会面临这种风险。事实上，当记账这个过程能够完全自动化完成，且能完全摆脱对账这个过程后，那些维护账本和审计账本的人，都将会失业。机器将会负责输入、分析和审计财务数据，这都会在几分钟甚至几秒钟内完成。根据美国劳工统计局的数据，单在美国，就有 130 万人受雇于会计行业，可见潜在冲击之大。

这种冲击并不会止步于会计师。整个投资行业，都是围绕在延迟发布的官方审计财务指标上开展的，这个行业的人也可能会失业。华尔街的股票经纪和研究业务的投资圈子，也是围绕这些数据的发布展开的。分析报告会预测并更新一个公司在某季度的每股盈利数据；市场会就此下注；当这些数字每三个月公布一次后，投资者又会重新计算股票应有的价格。与股权相关的一切信息，都与季度发布的数字有关。这对共同基金、退休基金和对冲基金的资产管理人来说也是一样的，因为他们的酬劳是取决于其投资组合在某个季度的表现与市场整体表现的对比。即便是政府公债的交易员，其交易策略也依赖于一些延迟发布的金融信息审计报告（在这个例子中，这些经济指标包括通胀率、失业率和 GDP 增长率的预期）。如果金融和经济数据能够自动化地实时更新，并拥有无可争议的特性，那么这个产业将会面临什么冲击？对那些即将失业的人而言，这意味着什么？这对工作文化来说，又意味着什么？

如果这本书所预测的未来成为现实，我们将会见证整个世界前所未有的大规模失业潮。现在，最容易遭受冲击的并非工厂工人、低级的文书人员或零售店助理这类常见的岗位，而是会计师、银行家、投资组合管理人、承保人、产权登记官员、担保代理、基金受托人，甚至是律师。需要澄清的是，那种认为“智能合约”将会取代律师的普遍说法是不太准确的，因为协议的条款即实际的合约，都需要由人类去协商。但不管怎样，法律行业还是会面临很大的冲击。那些不懂计算机代码的律师的价值可能会大幅下降（法律学位加计算机科学学位，或许是最容易找到工作的学位组合）。现在，你应该能够意识到，中产阶层在面临严峻的危机。

我们的很多政治家似乎都没有意识到这个趋势。在美国，特朗普总统推动了“美国优先”的运动（这个口号似乎有一点过去的法西斯主义的回音），与之配合的，就是威胁提升关税、撕毁贸易条约、将非法移民驱逐出去及所谓的“为美国做好事”。这些举措，都无法应对日渐逼近的去中心化软件系统所带来的冲击。物联网及 3D 打印系统，通过区块链连接起来，并结合智能合约触发的、按需提供的服务协议，将会让美国总统迫使某个公司在这个或那个工业区雇佣数百人的做法显得毫无意义。

如果我们要应对失业危机，并避免对外国的“替罪羊”及其他弱势群体展开更为恶劣的抵制浪潮，社会就不得不正视这个现实。过去，新技术对美国经济增长一直起到健康的推动作用，从而创造出新型的、更高科技的职位，进而平衡了其所取代的低技术含量（一般也是低收入的）的就业机会的损失。这样，农场的雇农就成为工厂的工人，而工厂的工人又成为办公室的职员。不过现在这个去中心化信任机制的浪潮，以及其他具有颠覆性的新技术的到来（如无人驾驶汽车、自动给药装置、点对点信贷、3D 打印、人工智能写手等），将会很难应对。那种认为在未来的几十年间纽约和芝加哥的办公大楼里将会有一半的地方是空置的想法，并非空穴来风。正如马克·安德森所言，“软件正在吃掉这个世界”[208]。

失业并非是唯一的问题。让各种算法去决定世界的走向，这也是一个范围更广的问题。毕竟，软件的设计者可能会将自己的优先级、偏好和偏见融入自己编写的代码中，不论这个软件是用于让优步司机决定搭载哪个乘客，还是用于决定比特币协议里的激励机制。之前，爱彼迎一直要求用户上传照片，导致房屋所有者能够对特定肤色的租客进行歧视性的挑选。人们对此议论纷纷，虽然爱彼迎一直试图解决这个问题，但收效甚微。这样的平台技术将会包含越来越多的信息，如果我们不能解决这些偏见问题，它们就会逐渐侵蚀社会结构。来自哈佛的科技与技术研究教授希拉·贾萨诺夫（Sheila Jasanoff）说道，“除非我们对技术如何影响社会互动的基本形式（包括层级体系及不公平的结构）有更深入的认知[209]，否则像民主和公民权这样的词语将会失去其指引自由社会的意义”。

想要解决这些问题，显然不能完全将其抛给技术。也不能说，“每一个人都应该成为程序员”。社会的各种政治性、法律性及慈善性的“线下”机构，都需要参与解决这些问题，否则，社会将分崩离析。那样的话，这种新型的去中心化软件的强大价值创造力量将会是空中楼阁。

在政策制定者和特定的经济学者当中，“全民基本收入”这个想法越来越受到重视。英国劳工党曾发出相关提议，并在一些斯堪的纳维亚国家中有不同形式的体现，它会向每一个成年公民提供基本生存所需的收入。这个想法是托马斯·潘恩（Thomas Paine）在18世纪首创的，在人们开始担心机器人、人工智能等技术可能会对卡车司机这类工作阶层带来的冲击时，这个想法又得到了重新关注。在基于区块链的去中心化模式开始有可能摧毁中产阶层的工作后，“全民基本收入”的想法对人们的吸引力更大了。实际上，虽然经典经济学理性主义者认为“国家补贴会降低劳动积极性”，但“全民基本收入”的想法在右翼派系中得到了一定的支持度。其中一个原因是，相对于以收入评估为基础的福利体系而言，这种简单的全民收入分配方式将可在降低浪费及官僚主义的情况下，实现更高效的资金分配。再说了，如果我们不再有工作机会的话，“降低劳动积极性”这个说法还有什么意义？

有一些人说，“全民基本收入”会带来地位甚至是收入和财富的不平等问题。社会的凝聚力将会受到“依赖于国家生存”这种耻辱标签的影响。富有资本和资产的人将会继续为自己创造财富，而依赖于“全民基本收入”的大众将只能勉强维持生活。因此，有人提出了“全民基本资产”（universal basic assets）的概念：人们可以获得社会及经济基础设施里的可用于投资的所有权份额。例如，每一个人都可以拥有本地分布式微电网的所有权，而这是以加密代币形式的证券存在的。如果某个商家需要使用更多的能源，那么居民就可以用这种加密代币作为支付方式。在这本书的前面章节中，我们讨论了信誉代币和个人品牌代币等概念，即将个人的技能和劳动作为创造财富的载体而非将其视为某种应被消耗的服务。这可能会找到一个方式去激励人类为公共利益服务。这或许就是我们应对未来挑战的方法：作为在公共利益中的个人权益的所有者。

从哲学层面讲，我们也需要为那些面临巨变的群体寻找某种形式的社会基础支持。它取决于人类的尊严，即人们应有为自己的生活创造一些东西的权利。随着机器开始承担越来越多的白领和蓝领阶层的工作，这将会引发“生命的意义”的讨论。其实，有一种具有建设性的方法，其认为我们必须设计一个后工业化时代的存在方式，并将鼓励人类将创意成果放在其核心位置，而无须考虑这样的创意是否能获取经济利益。即不论你是有梦想的企业家埃隆·马斯克等，还是雕塑家杰夫·昆斯（Jeff Koons）、歌手碧昂丝（Beyonce）或作家 J. K. 罗琳（J. K. Rowlings），每一个人都可以根据自己的创造能力获取一定的社会地位。

这并非一个新的想法。19 世纪末 20 世纪初的一些社会主义者就梦想这样一种政治经济体系，在其中由社区共同拥有的技术让人们从单调乏味的工作中释放出来，让他们能发挥其与生俱来的创造力。在奥斯卡·王尔德（Oscar Wilde）写于 1891 年的散文《社会主义下人的灵魂》[210]中，他认为“人们活着，很多时候只是为了别人，这是一个令人生厌却又无可奈何的事情。社会主义会将我们从这种窘迫中释放出来”。而且，在那种乌托邦式的未来里，技术将会让所有人从工作中解放出来，并让“一个人完全释放出潜力，为自己甚至是整个世界实现无与伦比的、可持续的收益”。他认为：“我毫不怀疑，这将会是机器的未来，就如人们在睡觉时树也会继续生长那样，人类会自我行乐，或享受农家之乐，或制造精致的东西，或阅读美妙的书籍，甚至仅仅是以崇敬和愉悦之心凝视世界，而这一切的背后，就是机器会负责将所有必须却又令人厌烦的工作承担下来。”

我们在《加密货币时代》一书中对上面的其中一个元素也进行了探索，当然，我们的文字并没有如此华丽。那时候，我们探讨了曾担任比特币开发者的迈克·赫恩（Mike Hearn）的愿景，他设想了一种无人驾驶同时又是无人拥有的汽车。这并不完全像是社会主义的想法。不过，结果可能会很相似，因为机器将为社区提供全方位的服务。实际上，这辆汽车将会通过智能合约进行编程，并与其他设备、在线市场及系统等互动。以为所有人实现最优利益的方式去运作，并以最优的价格为自己加油，还能根据市场状况决定何时会为人们提供服务。为何会有一个社区想推动这种事物的实现呢？就如我们在第八章讨论的那类分布式自治机构合作社的构想那样，这样的体系里将不存在赢利的动机，因此它将会为群体利益的最大化服务。从当代的视角来看，物联网的互联性所带来的效率，与区块链这样的分布式信任系统所实现的自动化治理机制相结合，就可能实现这种公共基础设施。这描绘了一种更为良性的技术概念，它的目标是将人类从烦琐的工作中解放出来，同时以最低资源消耗的方式改善所有人的生活体验。

不过，在奥斯卡·王尔德的“机器将人类从工作中解放出来”的浪漫设想中，到底是什么能让人们释放自己内在的艺术家或诗人的灵魂，从而“让每一个人都达到完美状态”？（他将这个设想称为“新个人主义”，这反映出奥斯卡·王尔德那种非正统的无政府主义式的社会主义思维。）在那篇散文中，这位剧作家似乎已经料到了潜在的批评声音，于是自己先来承认这个概念是“不太实际的，因为它违背了人性”。不过，他又强调说：“这恰恰是值得探索这个概念的理由。”让我们来看看在21世纪的社交媒体时代，人们的行为方式是怎样的。我们不难发现，大部分拥有推特账户的人都希望发出自己的声音；至于在图片分享网站Instagram上，虽然那些自拍照可能算不上高雅的艺术，但我们很难说那种通常以噘嘴形象出现且自我感觉良好的照片并非某种形式的表演。我们总是希望将自己内在的创意释放出来。更有趣的是，这种技术正成为一种协作的过程。就连幽默的作品都可以进行“众包”了，你只要想想“模因”（memes）搞笑图片及各种“井号标签”（hashtag）笑话的演变过程就明白了，每一种更诙谐的版本都建立在上一个成果之上。音乐、品牌和亚文化正糅合到这种共同的创意活动中。初音未来（Hatsune Miku）是一个永远都是16岁的虚拟女性人物，她的形象是由计算机软件生成的全息投影图像，也有一群真实存在的音乐家伴随着这个全息投影图像出现。她是使用语音合成引擎技术 vocaloid 来进行音乐创作的，其节目库里有 10 万首歌曲，都是由她的追随者编写和制作出来的，还有 17 万个相关视频上传到了 YouTube 视频分享网站上；此外，她还为上百万份艺术作品提供了灵感。

倘若你对这种“肤浅”的艺术形式存在一点势利的看法，我们也应该指出，同类的协作创造思维，现在正推动科学和创新领域的发展，而这在开源软件开发的领域中最为明显。比特币和以太坊就是最重要的例子。不过，随着运算能力的影响力开始超越单纯的计算机需求后，互相连接的、“众包”的创作方式所蕴含的能量的传播范围越来越大。其中一个比较超前的例子是生物技术专家安德鲁·赫塞尔（Andrew Hessel）在 2009 年发起的粉色军队合作社（Pink Army Cooperative）。这个由生物工程师组成的开源社区的目标是对基因编辑软件展开共同的协作，以为一种人工合成的溶瘤病毒设计出遗传代码，用于对抗及杀死乳癌细胞。他认为相比于那些由申请专利的欲望所驱动的制药公司，一个由全球专家组成的社区，会更有寻找急需的医疗方案所需的创新能力，而且消耗的成本几乎是零。安德鲁·赫塞尔之后成立了一家名为“人类基因组学”（Human Genomics）的公司，以获取一些传统来源的投资并为这个计划提供资金支持。不过，这个想法背后的开源协作原则还是被完整地保留下来了。

如果要认为我们自我驱动的内容和创意生产的集结努力，

能够在没有任何困难的情况下就能孕育出为更广泛社会利益服务的创意，那很可能是过于理想化了。其中一个问题是，这些创意的所有权的定义是非常模糊的，而且也很难确立下来，这就意味着从中提取价值的能力并不总是公平分配的。在数字艺术作品或文字内容领域更是如此，其中博客平台、内容聚合平台及社交媒体平台会攫取这些内容所产出的绝大部分的广告价值。这对那些在视频分享网站 YouTube 及其他服务网站上签署了收入分享协议的专业艺术家来说，也是如此，因为他们签订的分配协议的条款都定义得很模糊。这也是区块链技术的一个机会，创新者正尝试使用各种新型的去中心化出版方案，让内容的创作者对自己的成果拥有更高的控制权。有一个核心的想法是这样的，就如区块链可以利用货币代币和文档的哈希值创造出一种独特的数字资产，那么它也可以为内容赋予同样的属性，这样比特币所解决的“双重支付”问题或许有一天能应用到数码照片上面。从这个角度出发，我们可能就有了搭建一个更公平的系统所需的元素。

恢复艺术家的控制权

在开始研究这些提议之前，我们先来看一下那些一直滥用我们的出版及新闻消费权利的机构。脸书可谓是这些臭名昭著的滥用者中的典型。它现在已经积累了约 20 亿的用户。就如网络安全领域的传奇专家布鲁斯·施奈尔（Bruce Schneier）所言：“不要误认为你自己是脸书的一名客户。你只是它的一个产品而已。”脸书将我们上传的帖子、分享的音乐、写下的评论，重要的是将我们积累的关注者，都打包起来，并作为有价值的受众资源卖给了广告商。

脸书的新闻推送并非只是一系列的帖子，就如推特的新闻推送那样，它是某种专有算法的产物。这种智能的机器会为利润最大化的目标服务，做出“谁希望阅读什么内容”这种价值判断，并将某类帖子优先展示给脸书的市场营销部门所说的某类“相似受众”（这是一个值得担忧的描述方法）。这就是社交媒体上臭名昭著的“回音室”现象的形成过程，这些想法相似的受众总是能无意中对彼此的想法产生共鸣，而且总是了解不到反面的意见，而这样的群体一直被创造出来并得以自我强化。这种强加给我们的信息无形中又确认了我们的政治取向。《华尔街日报》的一篇题为《蓝色列表和红色列表》（*Blue Feed*, *Red Feed*）的报道[211]，表明脸书以政治取向划分的信息列表的差异性是何等明显。

这对政治而言，是一种有毒的混合体，因为它排除了与不同意见者互动的可能性，排除了寻找共识和达成妥协的可能性，也就排除了推动社会前进的可能性。但这对广告商而言，可谓是一个梦寐以求的环境。它们可以针对一群特定的受众进行推销，并能从这个群体就某个内容给出的“点赞”和“分享”的网络效应及强化作用中获益。这样的设计，意味着那种旨在获得关注度（即被“点赞”或被“分享”）的文章，其内容可能完全是无中生有。即便如此，这些内容也能注入上文提到的这种“回音室”中，并通过将有价值的注意力指引到内容的出处网站，从而赚取原生的广告收入或谷歌广告服务的收益。大家可以思考一下，这对《纽约时报》、《华尔街日报》或其他专业的新闻媒体而言意味着什么？这些专业媒体，现在也在试图使用脸书的强大平台，去将受众吸引回自己的网站上（这些网站上也刊登广告）。要知道，这些专业的新闻媒体在新闻采编、各种部门、律师及各种基础设施上花费了数亿美元的资金，就是为了确保其新闻故事的真实性。反过来看，这些专业媒体现在竟要与那些低质量的内容网站进行竞争[212]，而那些网站有组织各种“回音室受众”的能力（这是相当低劣的行为），其中还存在一些假新闻的制作者。例如，在2016年的美国大选中，一些来自马其顿的青少年就将“教皇方济各禁止天主教徒给克林顿·希拉里投票”这类假消息，成功地推送给了具有保守倾向的“同好者”。

在其他社交媒体平台上，算法和偏见带来的其他畸形现象处处可见。不过，脸书这样的社交媒体的做法可谓十分阴险，但它很自然地受到了其股东的欢迎；这重点说明了社交媒体环境的中心化的危险程度。作为脸书的注册用户，我们所产出的内容的受众，以及我们从别人那里读到的内容，都是由这个公司的秘密算法决定的。那么，我们无意中参与了这样的“社会工程”。到底谁会得到报酬作为补偿？很明显，不是我们，也不是内容的作者。这里的收益，都归脸书的股东所有。

我们早就应该有一个分布式的出版系统了。我们不应回到那种中心化的、自上而下的传统媒体模式，因此，我们的目标是将社交媒体视为一个平台。我们应该有一个公平竞争的媒体环境，让新闻的采编和传播能在这个互相连接的人类智慧所组成的网络中进行。

但如何实现呢？一个重要的出发点，就是从人们产出的原始内容开始。现在，如果你在互联网上发布一张图片，或一段自己所作但又未经唱片公司发行的音乐，那么，所有人都可以随便复制和分享。你或许可以去寻找每一个进行复制的人，维护自己的著作权，倘若你能找到躲藏在该网站背后的人，你还可以提起诉讼。当然，考虑到其中所涉及的人力物力（主要是法律费用），除了大型媒体公司之外，几乎没有人会采取这样的维权行动。而且，即便是大型的媒体公司，在进行此类维权时也会受限于可用的资源，因此无法追究每一个规模和受众影响力都较小的侵权者。

而且，即使你要切断人们免费享用你的内容的途径，也并不一定符合你的最大利益。互联网开放、分享的特性最神奇的地方在于它能够通过获取受众和建立连接来创造价值。有一个概念叫“网络公地”，这是一个能为所有人创造价值的开放交流空间。在这个空间，艺术家并不会在人们欣赏其作品时收取费用，而当这个“网络公地”运作状况良好时，艺术家就能够以利润、声誉度或影响力增长的方式得到回报，这样就能够以不同的形式实现经济价值。例如，音乐家能吸引更多人去其音乐会，艺术家能得到佣金，作家会得到演讲的机会。即便是对我们这种脸书或推特的普通用户而言，也能从用户关注或“点赞”我们的文章中获取社会资本。当然，考虑到这些平台上的大部分广告收入都被那些控制平台的人拿走了，我们很难说这个“网络公地”的价值生成过程是公平的。这在很大程度上是由于艺术家难以将自己与其产出的作品确切地关联起来。他们可能会在某个特定的平台上看到其作品在产生社会价值（如在脸书上看有多少人“点赞”），不过当这些作品被复制和分享到其他平台后，这个连接就中断了。

知识共享许可（Creative Commons license）协议是一个有创意的想法，它为艺术品和照片等作品的重复利用提供了一定的公平性，并创造出一个法律框架去明确不同形式的自由使用的许可方式，前提是使用者必须遵守特定的条件。根据该许可协议的一系列分类，这些条件指定了署名的方式或是否能用于商业用途等事项。现在，已经有超过 10 亿份作品是在这个体系下授权的[213]，它们中的大部分都是在 Flickr 和维基百科这样的平台上发布。不过，若要为艺术家赋能，增强他们与消费者之间的关系，还有很多的事情可以做。在所有的创意产业里（特别是音乐产业），赋能机制的缺乏，导致艺术家持续地被垄断了艺术性作品分发和营销渠道的中介机构压榨，这些机构以自己所提供的服务为条件，获得了相关的合同权利。哈佛教授劳伦斯·莱斯格及其他“自由文化”运动的领导者共同拥有一个愿景，希望实现一个开放的、激励创意的乌托邦世界。目前，“网络公地”的状况还无法与这个愿景相提并论。

区块链技术及其相关的分布式信息密码学体系如何解决这种不平衡问题？

我们在第四章讨论过 Brave 公司的基本注意力代币的例子，它通过对创意内容的消费者提供的注意力进行补偿，以及通过帮助广告商更好地度量这种注意力的有效性，致力于让广告产业实现新的平衡状态。从 Brave 公司所面对的竞争者阵容来看，似乎很多人都关心这项技术如何修复创意内容产业的这方面问题。基于以太坊平台的 adChain 服务[214]正使用区块链去为广告产业里的数据留下可审计的记录。此外，由美国的康卡斯特（Comcast）、迪士尼、NBC 环球（NBC Universal）、考克斯通信公司（Cox Communications）、意大利的 Mediaset、第 4 频道、法国电视一台等重量级媒体组成的联盟，已发起一个“区块链洞见平台”（Blockchain Insights Platform），以将广告业务迁移到这样的系统上。不过，更大的挑战在于如何让区块链更好地用于衡量和补偿创意内容的生产。因为在社交媒体时代，我们都是内容的生产者。我们应如何追踪所有的作品？

不过，这样的挑战并没有吓倒所有人。由一些技术专家、企业家、艺术家、音乐家、律师及害怕被颠覆的音乐界高管组成的非官方联盟，现在正探索用区块链主导的方式去为整个人类创作产业服务。其中最核心的想法是，在数字作品上附加与艺术家、创作时间、作品标题和其他细节相关的元数据（metadata），并将其以不可篡改的方式登记到区块链的一个交易上，这样就能将目前完全可以复制和无法追踪的东西转变成一种独特的财产，而且能在互联网上跟踪及管理这种财产的来龙去脉。这样，就有机会为艺术作品的创作者及其消费者赋能。

在这个领域，我们是非常早的实验者。2015 年 2 月 2 日晚上，我们将《加密货币时代》的哈希值提取了出来，并将该信息插入比特币区块链的第 341 705 个区块上。我们是使用数字货币委员会（Digital Currency Council）的课程主任丹·阿德尔（Dan Ardle）所提供的区块链技术工具来做的。他对这件事的重要性是这么描述的："这个哈希值对这本书来说是唯一的[215]，因此根本不可能在这本书存在之前生成。那么，通过将这个哈希值嵌入比特币的一个交易上，在那个交易日里，这本书的存在状态，就记录到人类历史上安全性最高且无法质疑的记录系统上了。"在某种程度上，这有点类似复杂版的"寄邮件给自己"的老戏法。在以前，作家会将手稿的一份副本寄给自己，这样，邮局服务就提供了一个可信的时间戳，为作家证明了其对作品的原创性，从而维护自己的相关权利。

说实话，我们当时并不担心美国法院无法维护我们的著作权。我们将那本书注册到区块链上，只是为了证明某种观点。而且，我们那本书的副本大部分都是以实物形式卖出去的，它不可复制，也不可追踪，这样区块链记录的作用就没那么大了。现在，很多用数码技术重制的艺术品和音乐都是在互联网上随便复制的，而我们的想法，能发掘一些新的机会，从而为这些作品的作者提供服务。例如，在以前，摄影师会将某种特殊的数字标记和签名放在重制的照片副本上，以将可复制的内容变成一种独特的资产。我们希望区块链能够提供类似的功能，将这类内容转化为一种数字资产。

格莱美奖得主、英国歌手及歌曲作家伊摩琴·希普（Imogen Heap）是区块链技术应用的先驱。Ujo 是以太坊生态实验室 ConsenSys 孵化的一个项目。伊摩琴·希普与 Ujo 项目合作，在以太坊区块链上登记了她为小女儿而作的《小小人》一曲。人们只需付 60 美分就可以下载该歌曲，并知道这些资金会通过智能合约自动地进行分配后直接发送给相关的贡献者，这包括伊摩琴·希普本人、录音师和其他的音乐家。而那些制作非商业性项目的音乐家，就可以花 45 美元，下载与这个音乐相关的基本元素，如其发音、鼓声、低音部分及弦乐器声音等，用于参考或整合到自己的作品里。不过，其市场营销活动并没有引起很大的反响。

对伊摩琴·希普而言，从音乐的销售中直接获得的收入并不是最吸引人的。不过，当音乐家建立了一个不可篡改的链接后，会使一个音乐文件能够被追踪，这样就可能得到更丰富的信息了。她并非将数据视为让音乐家通过防护性的著作权策略来争抢有限资金的工具，而是关注当艺术家的信息更为丰富后所带来的发现、协作和创新的机会。伊摩琴·希普说：“在这个星球上有数百万名艺术家[216]，但我们对其一无所知；我们不了解其音乐作品、能力及技能。这是为了改变人们的生存状态，让他们与受众互动，这样我们能够给他们的就不仅仅是毫不起眼的打赏。我们将让所有人的状态都提升上去。我对此很兴奋，因为音乐产业已经到了需要改变的时候，而我觉得这才是真正的开始。”

现在，唱片公司垄断了其艺术家的唱片的市场营销数据。通过数字版权管理（DRM）法律框架（在互联网时代，这个框架已用于对抗著作权侵权行为），这些唱片公司以具有掠夺性的方式在使用其特权。由于这个系统对创意活动带来了过多的限制，艺术品的消费者对此颇有微词。（例如，纪录片的制片人如果在背景中听到了某段音乐，就不得不停止拍摄该纪录片，因为他们不希望被拥有音乐版权的唱片公司起诉。）不过，数字版权管理系统也经常被艺术家批评，他们感受不到这个系统带来的好处。伊摩琴·希普说[217]：“我宁愿人们因对音乐的喜爱而持有并分享该音乐，也不希望看到这样的行为会向恶名化及犯罪化的方向演变。”

问题是，数字版权管理框架之所以被设计出来，是为了处理在数字世界内不可控的复制性问题，而我们现在或许就能解决这个问题了。过去，人们总是认为，与书本或录像带这种有实体形式的内容载体不同的是，在数字文件能够以接近于零的成本进行复制时，它就无法被视为独特的、独立存在的资产。这也意味着，在数字版权管理系统的影响下，创意产业的策略都是主动地限制作品的传播，而不是大范围地推广和使用。相对于以前来说，我们作为消费者的选择权所遭受的限制更多了。

随着在线流媒体开始成为人们获取音乐和电影及出品人实现作品经济利益的首选方式，我们能发现这些录音和录像的质量开始大幅下降，这是为了降低对网络带宽的需求。如果顾客可以在其他平台上通过付出更高的费用来获取高质量的内容的话，那并不是一个很大的问题，但现实情况是，他们没办法这么做。（这在一定程度上解释了黑胶唱片重新获得人们青睐的原因，当然，怀旧情结和布鲁克林的嬉皮士运动也是其中一个因素。）

不过，通过区块链技术，我们可以重新找回将艺术品视为一个个独特的资产的经历。

戴维斯·莱特·特里梅因（Davis Wright Tremaine）事务所的一位律师兰斯·昆斯（Lance Koonce）认为，区块链可以创造一个数字版的“初次出售”概念[218]。若用传统的纸质书籍来类比，就更容易理解了。因为一个实物资产进行销售时，其所有权和占有权都会转移，因此二手书商可以重新将书本销售出去；毕竟，除非他能接受昂贵、耗时、低质量、非法的复制过程，将书本在交给买家之前自己用机器复制一份，否则他无法留下一个副本。不过，对电子书籍和所有的电子文件而言，会碰到“双重花费”的问题，这也是在比特币出现之前，各种电子货币都不得不面对的问题。一直以来，对数字文件、文本、音乐或视频进行复制，都是一件轻而易举的事情。兰斯·昆斯称，“现在通过基于区块链的模式，我们可以预见一类系统，能确保某个特定的数字版创意作品是唯一可以合法地转让或销售的版本”。就如我们在第三章中所提及的那样，区块链首次让数字资产这个概念成为可能。

在围绕真正不可复制的数字资产的经济体系形成之前，我们还有不少的事情要做。毕竟，不管第一个顾客是否从艺术家手上获取某份（被登记到区块链上的）作品，复制文件的技术并不会消失，而且，旧有体系里的既得利益者并不会轻易放弃这个“生金蛋的鹅”。无论如何，一种登记在不可篡改的架构上的元数据，能让艺术家在无须依赖唱片公司这样的中介为其处理数字版权管理框架的情况下，就可以管理其创意资产。媒体的用户确实希望让作品的创作者获得恰当的收益，而这项技术能让他们更公平、更无缝地实现这个目标。

现在，有不少的初创企业在研究用区块链来为数字内容产业里的参与者管理业务，Ujo 公司只是其中的一个。这是个持续增长的领域，包括 Monegraph，它帮助艺术家用区块链证明自己的权利来建立独特的许可证业务；Stem 则是使用智能合约和协作协议的时间戳记录，来帮助乐队成员及其他贡献者追踪视频分享网站 YouTube 等平台自动分成的版税；dotBlockchain Music 项目，则计划引入一种以“. bc”为扩展名的独特编码文件，去包含歌曲在区块链上证明过的溯源数据。

尽管我们在这个领域看到了如此多的成果和合作关系，但对创意产业里的巨头而言，它们在这个领域的探索还较为缓慢。而在很大程度上，这个领域确实也需要它们的参与及合作。不过，确实已经有一些机构，开始探索这些技术。在美国伯克利音乐学院赞助的开放音乐倡议组织（Open Music Initiative）的 170 多个成员里，你可以看到一些大型唱片公司，如索尼音乐娱乐公司、环球音乐集团、华纳音乐集团，以及一些流媒体服务商，如声破天、纳普斯特（Napster）、网飞等。这个非营利性的项目能否让这些传统巨头接受新的规则，就取决于它是否能实现“为音乐权利人和创作者创造一个开源的统一标识协议”的目标。不过，我们不要对这些唱片巨头接受这样的新事物抱有过大的希望。这些传统的大公司，现在拥有海量的唱片所有权。开放音乐倡议组织所面临的一个危险，是这些传统的大公司会利用它，来将那些可能挑战到这些公司既得利益的改变扼杀在摇篮里。那么，这个倡议组织，也就只能成为某种不痛不痒的恳谈会了。

看来，这个新舞台上的大部分探索和尝试，就必然要先从新创作的音乐、电影、艺术品开始了，毕竟现有的唱片公司和电影公司所持有的带有版权的作品实在太多了，对其进行新模式的探索所遭遇的阻力将会更大。不过，还是有一部分人希望为很多早已出版的材料赋予有效力的所有权主张机制，从而为创意作品及其历史、创作者创建一个可识别信息的基础设施。在谷歌的 YouTube 视频服务网站、雅虎的 Flickr 网络相册以及品趣志（Pinterest）的网络相册等地方，有不少非专业或准专业内容存在。而这里的人也正在努力寻找一种机制，来确定这些地方的作品的所有权归属。在这些平台，我们这些大众所创作的内容为其公司的股东带来了很高的价值，但对我们这些创作者而言，并不是同一回事。

建造元数据银行

如果我们要重构社会输出创意成果及为其附加价值的方式，首先我们就得对内容进行识别。（你可能注意到，“识别”这个概念又出现了，而在这里是指识别数字化艺术品的“身份”。）这将是一项庞大的任务，充满各种由主观因素带来的进退两难的问题。例如，一张照片与另一张照片，在实质上应如何区分？著作权的主张需要什么程度的证明？在出现争议的时候，我们能用什么机制去解决？

不过，这个过程还是要从某个地方开始。位于美国布鲁克林的 Mediachain 正忙着与将艺术家相关的一些元数据（如艺术家的姓名、作品的标题及其发表的日期等）附加到互联网上现有的数字图片上，这样它们就能在一个去中心化的信任系统上被存放、登记和证明。Mediachain 已经打造了一个大型的分布式开放数据库，里面储存了超过 1.25 亿张图片，都可以用不同的字段进行搜索，如由智能图片识别系统自动生成的描述。这些图片中的大部分都是来自那些使用了“知识共享许可”的庞大作品池，目的是为创作者提供一个更强大的系统。Mediachain 的联合创始人杰西·沃尔登（Jesse Walden）说：“知识共享许可下的作品库一直分散在多个平台的数据孤岛上[219]。当你的作品离开了这些平台，即便有人使用或分享了你的作品，你也得不到满足感，因为你完全不会收到任何通知或信息。”为了解决这个问题，Mediachain 的分布式数据结构致力于贯穿所有平台，使每一张图片的元数据都可以被所有人获取。

不过，Mediachain 并没有使用区块链去存储这些元数据，至少没有将核心的登记功能放进去。这是因为公有的非许可型区块链（如比特币和以太坊）在存储这类数据时会面临迫切的可扩展性问题。在未来几十年，等待存储的数据足以将比特币每个区块提供的 1MB 空间消耗殆尽，而创作者也没有能力向矿工支付数亿美元的手续费，去确保其信息被包含到区块里及得到确认。考虑到世界上的内容的状态种类繁多，数量更是惊人，而且有数亿的潜在创作者分散在世界的各个角落，也没有办法将它们统一地组织起来。因此，我们很可能需要一个非许可型的分布式系统，使里面的数据无法被唱片制作室这类中心化机构限制及操纵。

Mediachain 应对此难题的做法，有点类似各种产业里的参与者搭建不可篡改的去中心化数据库去存储非金融信息的方式，它提出“链外”的方案来解决数据存储问题。它使用一个层级化的可验证密码学链接，让数据以高效且能被验证的方式进行整理，然后利用星际文件系统（IPFS）将其存放到互联网上的多台计算机节点上。Mediachain 为此提供了免费的开源软件，让任何用户都可以搜索该数据库，并让任何开发者都可以搭建新的应用程序。这其中的密码学机制确保了数据库的不可篡改性及可靠性，只要人们能够信任艺术家对其作者身份（主要是著作权）的主张。只有当数字资产及其相关的权利需要转让的时候，才会使用类似区块链的共识机制。

这最终的目标是，修复互联网上内容创作领域不合理的价值流向链条。这样，那些受广告业务驱动的社交媒体平台（如脸书和 BuzzFeed 这种专业网站），就无法再以极不合理的比例占有公众生产出来的价值。以前，这些服务是垄断性的，因此它们可以将自己网站里的受众行为模式货币化，为自己的赢利目标服务。由于 Mediachain 上的大部分图片都附有“知识共享许可”的免费使用权，因此要对抗垄断问题，就不能直接从用户手上收取费用并付给创作者。相反，正确的做法是应该关注对大众友好的解决方案上。

Mediachain 团队所提出的想法之一是“CC 感谢”（CC Gratitude）协议。它是在兰斯·昆斯这位律师的帮助下构思出来的。它对“知识共享许可”进行了修改，并要求用户在别处发布作品时，将具体的位置信息公布给作品的创作者。这与伊摩琴·希普希望让艺术家收到与其顾客相关信息的想法很相似。不过，“知识共享许可”背后的基金会在一开始就不太认同这个想法，因为它担心这会给终端用户或平台增加工作量（因为平台要建造实现这个需求的自动化系统），从而限制了公有领域作品的自然增长。如果 Flickr 这样的网络相册平台能够向艺术家收取少量费用来增加这个服务，这些担忧就会得到改善。不过，Mediachain 的联合创始人杰西·沃尔登认为[220]，“虽然我们在讨论‘知识共享许可’，但从总体上说，这些大型的平台管理者并不想将自己的数据共享到一个开放的、非许可型的数据库上”。Flickr 就是其中的典型，它就像互联网上的众多中心化提供商那样，希望让用户留在自己的网站上，而不是让他们利用 Mediachain 在互联网上到处寻觅自己想要的东西，这样，平台收集到的数据就可以卖给广告商和其他用户了。换句话说，去中心化的、基于区块链的解决方案将会对其造成冲击。

这样的冲击，可能会通过 Mediachain 已经提出但尚未贯彻的构思来实现。在某个时间段，Mediachain 差点就加入代币发行的热潮之中，而该公司也提出了其原生加密货币 CCcoin 的发行计划，目的是为“知识共享许可”下的内容服务。如果“知识共享许可”下的作者将自己的作品上传到 Mediachain 并得到其他用户对其质量的投票评价后，这些作者就能得到 CCcoin 这个代币的奖励[221]。你可以将此看成红迪网这样的社交媒体平台上根据内容的质量进行评判的小组模式，不过它涉及了代币的使用。杰西·沃尔登称，CCcoin 是一种“创意工作证明”的实验。它描绘了一个新世界，在其中创作者会根据其对公有领域的贡献获得可度量的所有权份额，而那些购买和使用代币的人会将这种形式视为“对公共利益的热心支持”，这与那些捐款给“知识共享”基金会的行为很相似。

2017 年中期，Mediachain 项目的 CCcoin 代币计划就中止了。这可能是因为 Mediachain 的公司结构产生了剧变。2017 年 4 月，它被世界领先的流媒体音乐服务商声破天收购了[222]，而后者将杰西·沃尔登及其团队整合到了纽约的办公室里。这场交易的背后有一个很好的理由：2016 年，声破天公司不得不支付 2 000 万美元给音乐创作人[223]，以就未支付的版税进行和解。声破天之所以收购 Mediachain，是因为它希望有更好的方式去追踪著作权和版税。这似乎就是 Mediachain 所做的验证技术。但是，这也可能让一个私营的公司，将有望为大众和社会广泛利益服务的技术掌控在手上，并将与其相关的各种代币创意等解决方案藏到追逐利润的诉求后面。我们希望不会出现这种结果。

通过这些构想，我们至少可以得出一种框架，去思考如何更好地保护互联网上这些重要的内容生产者和创意概念开发者的权利。不过，如果我们真要让互联网为所有人（包括那些以不同形式提供信息、娱乐、想法的大众）的利益服务，就必须对网络自身的治理进行思考了。

区块链的底层概念让我们不得不思考这个挑战，因为该项技术的核心就是一个治理机制。这就让它具有天然的政治性，但这并不意味着传统的政治家会决定这项技术的发展方向（当然了，国会议员和执法部门的探员也有一定的影响作用），而是指这个过程中的利益相关者会参与这项可能会给其生活带来重大影响的技术的规则设计当中。无论是谁负责开发这些算法，或是外部标准及可能制约这项技术发展的监管因素，归根结底都是政治问题。我们要让那些会受到影响的利益群体在区块链系统和应用程序的设计中有提出自己意见的机会，这是很重要的。这些不同的利益相关者应如何处理各自的优先度，这还是一个政治问题。

第十章

数字时代的“新宪法”

美国宪法背后的精神，包括了其强而有力的开篇宣言“我们认为这一真理是不言自明的，即人人生而平等”，这是经过数代人的努力中形成的。1647 年，离美国《宪法》的形成尚有 140 年时间，一群称为“平等派”的宗教异见人士在英国奋力争取所谓的“人民公约”。他们呼吁宗教自由、普选以及法律面前人人平等的理念。而古代的罗马人也曾提出过类似的概念，这要比英国平等派早很多。公元前 450 年的《十二表法》（*The Twelve Tables*）试图将当时的法律编撰成文，以期在统治阶层和普通人群之间实现“法律面前人人平等”的诉求。《十二表法》并非一系列开明的法律的集合，毕竟，它规定妇女在法律上应从属于男性，而残酷死刑是一种常见的惩罚方式。不过，它确实表明人们试图提出一系列规则，以为文明社会里的人提供规范。而比特币作为数字经济的一种新型去中心化治理模式，也并非无本之木、无源之水。比特币里的一些元素，如密码学，已经有数千年的历史，而其他元素，如电子货币，也有几十年的历史了。而且，从比特币的区块大小争论来看，比特币还是一种有待完善的事物。如果这项技术要在世界范围内使用，还需要解决很多问题。

目前，比特币和以太坊都因一些经济和政治方面的紧张因素而分裂。在区块链技术走向成熟的过程中，我们能从社会过往采用的政治解决方案中学到很多事情。美国《宪法》已经生效了229年，它可以作为一个很好的参考对象。美国的国父当年对这类问题进行了深入的思考。不过，我们必须指出，很多人严重怀疑包括美国《宪法》在内的西方民主的基础性文档的意义，其疑问是：在当今这个不断变化的数字互联世界里，它们是否还有参考性？

政府的权力就是由这些严肃的社会契约（《宪法》等）所赋予的，而在一国的边境内，政府才可以行使这些权力。但是，全球化、飞机旅行和计算机化的发展，已在无形中让这些边境逐渐失去了实际作用。这种无能为力的状态，带来了一种主权丧失的感觉，进而产生了对外界的那些不可控制的力量的恐惧感，最终表现为仇外主义和贸易保护主义的政治气氛。唐纳德·特朗普这样的政治家试图让民族主义的旧势力复活，推翻各种自由贸易协议，兜售本土资本主义那套花言巧语，采取严格的移民政策，并为种族冲突火上加油。不过，最深入的经济、技术和人口学分析成果会让你明白，这些举动并不能让技术变革的时代思潮停滞不前。毕竟，各类公司还是可以轻易地将其运作体系搬到海外那些更为友好的监管环境当中。如果说民族主义能产生什么影响，那就是它反而会确保变革的得益和损失群体以更不公平的方式分布。而如果要应对“特朗普现象”背后所代表的不满情绪，就需要另一种手段了。社会进行经济交易活动的管理，需要有一系列的治理规则。我们认为要先找出一种方式，让这样的治理规则与新型的信息技术所释放出来的去中心化力量达到更高的契合状态。

这并不意味传统的政府会消失。实际上，即便这些新型的网络技术能让无国界的社区在传统的、由地理边界定义的政府监管之外运作，但它也同时能为这些政府提供更多的工具，让其可以行使权力。比特币及其他由分布式共识机制治理的系统特意设计成没有任何中心控制点的结构，就是为了避免让中心化的实体拥有太多权力。不过，其他的系统就没有如此讲求平等了。斯诺登曝光的信息，让我们知道美国政府的情报机构是如何利用新型的机器去追踪人们持续增长的在线足迹，从而在人们不知情的情况下窥探他们的生活。不过，至少目前政府又在保护我们隐私的问题上承担了一个很重要的角色。在欧洲新推出的《全面数据保护法规》（*General Data Protection Regulation*）中，我们能看到一些由个人自由原则所指导的闪光点。同时，美国人也意识到当政府放弃保护隐私的角色时，他们就会面对很多问题。2017 年美国国会废除了奥巴马时代的隐私保护规则，而这些规则的目的是让互联网服务提供商在未经用户同意时不得分享或出售他们的数据。

政府所能做的、应该做的事情，其实是有限的。不过，考虑到目前就业岗位的加速消失及逐渐增加的社会和政治紧张局势，政府也不能坐视旁观，任凭有权势的公司实体决定新技术部署的方式。我们需要一个可以将这些新技术的好处分享给大众的系统。我们并非想让平均主义的失败实验卷土重来，但我们希望确保最有能力使用这些技术的人不会将其用于侵害其他人的用途上，也希望创新和新想法所带来的机会能够广泛传播出去。

技术、金融和政府体系，是我们生活中的三个强大的权力“中心”。我们所面临的未来，在很大程度上将会受到它们的影响。打个比方，在美国，硅谷（技术中心）、纽约（金融中心）和华盛顿（政府中心）就是这样的“三头统治”的中心点。不过即便扩大到全世界的范围来看，这三个城市也还是处于各自领域的中心位置。我们能看到，这些权力中心最关心的是如何以自己的方式塑造未来，从而让自己的利益最大化。在这个体系里，我们只能面对不懂技术的银行家、对经济一无所知的技术专家以及只懂政治的政治家。如果我们要用技术为最广大民众的最大利益服务，就要打破很多高墙和隔阂。未来的竞争，并非在于左翼或右翼、保守派和自由派、东方和西方，而是在于中心化和去中心化系统之间。我们需要明白如何利用去中心化技术去解决中心化系统里固有的问题。若要实现这个目标，我们将需要更多对技术、经济和政治都有良好的理解的人（或许他们还需要懂点哲学）。

尽管这本书的重点是展示比特币及区块链技术的各种方案所象征的潜能，但我们自己先要承认，在目前的发展状况下，这些技术方案还无法解决所有问题。我们来看看比特币就明白了，它的财富积累都是集中在最早期的采用者及三四个掌控了其大部分计算能力的大型矿池（mining pools）手中。若要充分地实现去中心化体系的潜力，比特币、以太坊及其他区块链协议都需要投入很大的努力去解决可扩展性问题。不过，就如我们试图强调的那样，比特币及区块链对互联网时代的治理挑战问题所能提供的贡献在于，它是一种重新思考社会问题的方式，也提供了一种应对这些障碍的新模式。最重要的是，区块链概念在软件工程师、企业家以及政治科学家、经济学家当中释放出来的创新和构想。而对我们而言，我们必须争取一个相应的社会和政治框架，让这个开放的创新过程有机会打造一个自由的、充满机会的系统。为实现这点，我们认为不论是哪种具体的软件系统胜出，我们管理信任关系的整体社会目标都应该是更去中心化的、去中介化的。考虑到这些想法释放出来的想象空间、狂热和开源的创新成果，我们认为它能创造出一个更美好的世界，而这并非夸夸其谈或是过于理想化了。

去中心化并不是应对每一个问题的灵丹妙药。我们最终的目标并不是去中心化本身，而是将其作为一种实现特定目标的手段，这些目标包括机会平等、普惠性、更高程度的共同富裕和协作等。只要去中心化的方式能更好地为这些目标服务，就应该加以推行。不过，在很多情况下，尤其是在中介机构可信、可靠的情况下，中心化架构总是具有更高效的信息处理能力。

商界在探索这项技术的时候，我们总是能听到这样的问题：“我们需要用区块链去做这件事吗?”答案可能是，“如果在这个经济关系中，用中心化的方式去维护信任的成本，要高于使用去中心化计算机网络来管理信任关系的话，那么就应该采用区块链技术，否则就不应该用”。因为一个社区必须花费很多资源去证明区块链上交易的可靠性，这样的记录保存系统在因彼此的高度不信任而带来极高的协议管理成本的情况下，是最有价值的。这样的成本可以表现为不同的方式，如付给中间人的手续费，对账及结算交易的时间，或是导致某种特定的商业过程（如共享供应链上的信息）根本无法开展。有时，银行会拒绝给一个完全合法以及信用状况良好的房屋所有人发放按揭贷款（除非是以极高的利率），是因为该银行无法信任地契和留置权的登记记录。那么，我们就可以认为，在这种场景下建立信任的代价非常高，因此区块链可能就是一个很好的解决方案了。

至于是否让某个产业实行去中心化，那就要考虑这样做是否能创造公平竞争的环境？现有的中心化架构是否为用户带来了不合理的成本并限制了创新者提出更好想法的能力？我们可以来参考一下美国前总统西奥多·罗斯福（Theodore Roosevelt）标志性的反垄断法，它形成于20世纪初，为我们带来了一个持久的原则，即美国政府积极地维护一个有竞争性的市场，是符合民众利益的。不过，这个模式的问题是，工业时代的“垄断”定义并不能照搬到软件和信息网络当中，毕竟对后者而言，顾客所得到的价值是直接来源于网络规模，所支付的成本也并非美元，而是宝贵的个人数据。这个领域里的主导者声称，其持续优化的产品和“免费”的服务带来了不断改善的客户体验，从而模糊了其商业模式背后的真正的剥削性。而这种商业模式与秘密的、封闭的算法及已有一定规模的网络的诱惑力相结合，就限制了竞争者对其市场统治地位的挑战能力。

不过，像美国联邦贸易委员会这样的反垄断监管者似乎没有注意到这些问题。因为它们过时的“竞争力”标准对互联网时代的中心化机构积累权力的各种方式视而不见。实质上，传统的反垄断思维无法理解我们只是脸书公司的一个产品，而非其顾客。在这个“人人都是创作者”“人人都有自己的品牌”的时代，我们需要提出新的宣言，去保护信息市场里的公民权利，而去中心化技术需要成为其中的一环。区块链技术背后的想法，可以是一个很好的开端。

每一个中心化系统都应当用这样的思维进行评估，即便是政府和政治的运作过程。现在，已经有 Procivis 这样的初创企业在研究电子投票系统，将点票的过程放到基于区块链的后台系统上，而一些大胆的政府也对这个想法持开放性态度。爱沙尼亚是这个领域的引领者，它在纳斯达克的 Linq 区块链服务上进行了公司股东投票的实验。这个想法认为区块链可以确保每一个投票都不会重复计算（就如比特币无法双重支付），这样就能在智能手机上实现可靠的移动投票功能，这将是突破性的进展。以前，经常有人因无法及时赶到投票场所而丧失了投票机会。有人认为，区块链投票系统既能降低对这些人的投票权的漠视程度，又能创造更透明的、可追责的选举系统，这个系统能够进行独立审计，从而确保了公众的信任。

那么，我们来看看政府功能，它应该被去中介化吗？在某些案例中，确实如此。在本书前面章节中，我们已讨论过将产权记录登记在基于区块链的不可篡改账本上的可能性。不过，一些密码学自由主义者将目光放到了更宏大的目标上，他们希望取代国家主导的政府模式，因为他们认为那种模式是失败的、过时的。例如，一个叫“比特国家”（BitNation）的项目[244]在推销基于区块链的“世界公民身份标识”、“大使馆”、“国家”和“联盟”，目标是为网络社区建立一种自我管理的新型“政府”模式。这个项目的网站上写道：“比特币区块链让我们能够选择自己的治理方式，从而为我们提供点对点、本地化、全球化的生活方式。”有些人可能希望这样的想法能在更大的范围内争取到追随者，但至少从人类历史的目前阶段来看，还言之尚早。其中一个原因是，他们忽略了我们国家的法律系统在我们体验到的“正义”中所扮演的根深蒂固的角色。法律体系是一个深刻的概念，它植根于我们在数百年发展过程中所形成的集体和文化思维方式。大部分人不会接纳“代码即法律”这种幻觉，也不想为一个陌生的系统而放弃我们的社会框架所能提供的丰富元素。虽然我们很难否认，国家力量的某些方面在这个全球化的数字经济当中已开始减弱，但我们仍然认为国家政府的去中介化还是非常遥远的事情。不管怎么说，在开始考虑进行这个领域的深入探索之前，我们还是要先解决那些重大的挑战。

让互联网重新去中心化

我们需要面对的首个挑战是修复互联网。现在，已经有一些参与者展开协作，去实现互联网的“重新去中心化”，以重构互联网上文件和信息存储的层级化架构，让网站的创建者对他所发表的内容及其具体位置有更高的掌控能力。这个努力背后的想法，是希望找回早期网络体系里的那种开放的、所有人都拥有不受干预的话语权的愿景，以此作为瓦解谷歌、脸书这样的巨头对我们的数据和生活的中心化控制的手段。人们认为，如果我们不这么做，不能为互联网带来更高的互操作性，我们就无法实现真正的“开放数据”承诺。开放数据的深入分析，将有可能为我们揭开与地球上的生命息息相关的信息。

现在，已经有不少人经过深入的思考和开发，试图实现这些目标。例如，有一些基于区块链的项目，希望实现存储空间和计算业务的去中介化，以打破那些昂贵、不经济、对环境有害的私有数据中心的垄断。像 Storj、Sia 和 Maidsafe 这样的平台，会对你将闲置硬盘空间资源共享给一个全球网络中的用户的行为，给予适当的代币作为奖励。那么，相对于亚马逊云、谷歌、Dropbox 云盘、IBM、甲骨文、微软和苹果这样的所谓“云服务商”而言，你可以认为前面提到的几个去中心化云存储平台所提供的才是真正的“云”服务。

甚至还有一些人在考虑做出更大的改变，这包括一些旨在完全重构互联网的项目。有一个名为 Solid（Social Linked Data,

社会互联数据）的项目，它是一个新型的数据存储协议，把数据的控制权归还其主人。它的核心理念是，我们会将自己的数据存储在个性化的在线存储空间里，并通过自己控制的授权机制将数据分发给各种应用程序。这个项目是蒂姆·伯纳斯—李（Tim Berners - Lee）的智慧结晶。作为一位计算机科学家，他为人们完善了超文本传输协议（HTTP），为世界带来了万维网（World Wide Web）。由胡安·贝内特（Juan Benet）设计的星际文件系统（Interplanetary File System）是另一个让很多人感到兴奋的项目。它背后的原则与流行的文件分享系统 BitTorrent 相似，而与纳普斯特那种以侵权名义将音乐和电影制作室告倒的做法有极大的差别。就如 BitTorrent 那样，星际文件系统将互联网文件在独立的计算机组成的网络上进行分发，并存放在普通人的硬盘上，同时存有多个副本作为备份。那么，这样的网络存储空间服务就成为在互联网上的一种集体性的存储空间分享方式，绕开了中心化的传统存储模式。

还有一种更有变革性的提议，来自一个自称“经济空间局”（Economic Space Agency，ECSA）的组织。它在某种程度上受到加密代币、去中心化信任系统及智能合约的启发，但它实现经济去中心化及重新为个体赋能的做法与比特币及以太坊的差别很大。“经济空间局”并没有将每一笔交易和智能合约指令的处理放到一个区块链网络上，它采用的是一种自下而上的去中心化模式。它有一个名为“重力”（Gravity）的软件工具包，是基于马克·米勒（Mark S. Miller）这位密码朋克数十年前的对象功能（object capabilities）计算机安全模型搭建的。“重力”让本地网络里的计算机可以安全地签署智能合约。“经济空间局”项目还强调，应让社区自行设计其治理模式。这个项目的理念，是为人们赋能，让其可以建造新的“经济空间”，在其中的社区可以通过发行和交易加密代币来鼓励协作。这种理念得到了一群不拘一格的技术专家、经济学家、政治科学家、人类学家的支持。与以太坊不同的是，“经济空间局”项目里的交易无须由性能强大的全球区块链网络来验证。不过，通过在无须可信第三方担当中介的情况下实现社区之间的交易和互动，“重力”声称能从这自下而上的起点搭建一个更具互操作性的去中心化全球经济。

如果这个项目可行，其手段不仅能帮助解决比特币及以太坊过度消耗计算机运算能力、充满争议的治理机制以及有限的可扩展性的问题，还能避免 Brave New 这个基于社区的学习和协作平台的创始人卢西恩·塔诺斯基（Lucian Tarnowski）所说的“人类成为算法的奴隶”的风险。卢西恩·塔诺斯基对比特币和以太坊这种大一统的软件解决方案进行了关注，他和一些人都认为我们可能会屈服于软件自身的集中权力及其背后的设计者。我们要重申，大多数区块链模型所使用的开源许可协议是旨在将更多的元素带入其设计过程中。但现实是，算法规则可以变得很死板，而修改这些规则的能力又是集中在一小部分拥有专门知识的人手中。

不过，我们又要给出那个老生常谈的警告了：这一切都是处于试验阶段。我们完全不知道这些想法是否会有效。现在，很多人通过 ICO 这样的筹款方式向这些项目扔钱。但在这个试验阶段，其中很大一部分钱可能会遭受损失。不过就如我们解释的那样，我们是想强调，这些同时发生的项目，几乎都是以开源和分享数据的方式进行的，这极大地提高了成功的概率。我们不能以孤立的方式去评判其中某个具体项目。这些项目的背景是全世界非常聪明的人所进行的大规模创意交换活动，它代表了“群体智慧”的变革力量及其所代表的充满创意和进展的正反馈循环。没有人知道这一切会通往何方，就如互联网早期的架构师难以想象基于其发明会产生流媒体音乐、网络语音电话或在线电子市场。不过，我们可以认为，互联网及其背后的广泛经济体系将在未来产生非常大的变化，而其中心化程度也会显著降低。

技术的光芒在权力的殿堂绽放

2016 年美国大选期间，当希拉里·克林顿宣布了她对“公共服务区块链应用”的支持后[225]，她的很多支持者都困惑不解。她是在布赖恩·福德（Brian Forde）的建议下使用这个词语的，后者曾任奥巴马时代的白宫技术顾问，也是麻省理工学院媒体实验室的数字货币计划组织的第一任主管。2017 年，他决定竞选国会议员。后来，他把劝服希拉里·克林顿团队采用这些术语的尝试称为“富有挑战性的”。虽然希拉里·克林顿的关注点是区块链在政府运作中的应用，而非对其进行监管，这是令人印象深刻的，但我们也要注意到“区块链”这个词再也没出现在这场大选中了。

无论如何，在官场的某些地方，这方面的探索在持续发生。我们已列出了数十个国家的央行在进行的研究。不仅在美国、欧盟、日本和中国这样的大型经济体，就连迪拜、格鲁吉亚、瑞典、爱沙尼亚、墨西哥、新加坡和卢森堡这样发展状况多样的地方，我们都能看到世界范围内的政府机构对区块链应用展开了试验性和探索性的调查。例如，在日本，其金融服务局为比特币交易所提出了反洗钱规定和资本要求，并将比特币和其他数字货币分类为一种支付体系。这实际上是将这些货币收揽到监管规定当中，在传统的资本市场里给它们赋予了正式的地位。这种做法的影响是极为迅速的：日本的比特币交易量自此突飞猛进，在很大程度上对比特币在 2017 年的暴涨也起了很大的作用，而且，不同的日本公司都在开始接受比特币作为付款方式。同时，区块链初创企业 Neocapita[226] 正与巴布亚新几内亚及阿富汗合作，在区块链上记录这些政府的开销，试图提高它们运作的透明性，恢复外国捐赠者对其的信心，并释放此前被冻结的援助资金。从国际层面来看，国际货币基金组织和世界银行都在研究区块链技术；美洲开发银行对此也持有很高的热情；至于联合国，现在已经成立了一个专门的区块链专家组，并曾为与区块链个人身份问题相关的会议提供了赞助（我们在前面章节中提到过此事）。

即便是在美国国会，也有一些立法者开始对此关注[227]。

2017 年 2 月，来自科罗拉多州的民主党人杰瑞德·波利斯（Jared Polis）及亚利桑那州的共和党人大卫·斯瓦克特（David Schweikert）共同发起了立法者的“区块链核心会议”（Blockchain Caucus）。会议提出，“为基于区块链的技术和数字货币提供可靠的公共政策”。在州政府的层面，也有相关的动作发生。特拉华州正与区块链初创公司 Symbiont 合作[228]，将公司注册记录及共享证书管理系统转移到一个分布式账本系统当中。2017 年 3 月，伊利诺伊州的政府宣布[229]它已经加入了 R3 联盟并发起了伊利诺伊州区块链倡议组织，这是一种政府与私营企业组建的合作关系，目的是使用分布式账本将该州的大部分公务基础设施连接起来。

在这些活动背景下，一种称为“监管科技”（regtech）的技术开始浮出水面。区块链是它的一个子集，不过我们已经看到像欧洲刑警组织等国际执法部门[230]与 Chainanalysis 等区块链分析公司展开合作，将全球的资金流动状况描绘出来。爱沙尼亚已经将自己变成一个名副其实的“公民技术”（civic tech）试点。该国政府开始青睐区块链作为一种更可靠的公证服务的想法，这项技术将能确保人们更轻易地将可信的文档提交给政府部门，从而申请各种服务。所有形式的政府记录都会很快转移到这个不可篡改的环境当中。如果公民对这些数据的访问能有更高的控制权，而不是让其锁在蒂姆·伯纳斯—李所说的那种孤立的部门里，那么我们就能更接近开放数据时代所带来的强大的信息处理能力。我们对此渴望已久了。

尽管我们看到了这些进展，但监管机构在面对这些可能发生的变革时，反应能力还是很滞后。其中一个问题是，我们让法律制定者和监管者了解区块链技术之前，需要他们专注于这个时代的数字化革命的其他事物，即人工智能、虚拟现实、3D打印、物联网、网络分析学为经济体系带来的范式转型。就如新泽西州参议员科里·布克（Cory Booker）两年前在华盛顿的一场技术相关会议上所说的那样，“大部分人根本没法说出共和党或民主党的科技观的差别，因为目前根本就不存在这样的东西”。

因此，目前这个领域还非常缺乏相关的规则。我们以货币转移服务商在处理跨境汇款时所面临的“了解你的客户”及反洗钱要求为例。现在，已经出现一些可靠的数字身份工具，能够保护顾客的隐私，而当它与区块链分析技术相结合后，就可以让穷人更容易进行汇款，并让监管者更好地监测不法资金的流向。但是，在20国集团（G20）的金融行动专责委员会（Financial Action Task Force）里，有一种观点坚持认为只有更严格地执行由国家背书的传统身份认证机制，才能有效地对抗洗钱和恐怖主义融资活动。这个无解的状态，让汇款服务商开始将越来越多的顾客拒之门外，使贫穷的国家继续处于资金缺乏的状况，让其成为恐怖主义的温床，最终促使人们使用不可追踪的黑市系统去将资金转回自己的家中。技术及支付系统合规专家胡安·利亚诺斯是这么说的：“这个监管框架还没有适应数字时代，更何况是区块链时代。”

不过，正如我们所提及的那样，区块链产品正被大众开发出来，不管有没有政府的支持。改变即将来临，我们需要让监管框架对此准备就绪。不过，我们并不一定需要新的规则。毕竟，监管的本能或许是扼杀创新的最快途径。与此相反，监管体系应该准备一些深思熟虑的策略，即便这个策略是“什么都不做”。

其中一个原因是，区块链技术就像很多基于软件的想法那样，它天生就是全球化的。这意味着使用这些技术的初创企业会被吸引到更为友好的监管辖区中。瑞士的楚格州是一个很好的例子，它的昵称是“加密技术谷”（Crypto Valley）。不少的以太坊开发者及一系列新型智能合约、加密货币、区块链解决方案团队，都已经进驻那个地方。这是因为瑞士的法律制定者使代币发行活动更容易成立其筹款所需的基金会。类似的还有英国金融市场行为监管局的“沙盒”（sandbox）策略[231]，它为初创企业开发和测试新型的金融科技产品设置了一个相对负担较轻的监管环境。技术专家对此极为欢迎，认为这是一种驱动创新的方式。这对英国的经济来说也是一个聪明的举动：在英国脱欧后，伦敦这个重要的金融地区需要确保自己走在纽约的前面，同时也要与欧洲的资本中心竞争。这种将自己变成金融科技领导者的举动，是确保其优势的最佳举措。在脱欧前，英国前首相戴维·卡梅伦（David Cameron）领导下的英国政府甚至认为可以投入1 000万英镑到数字货币的研究当中。下一个问题就是：在这个重要的新领域里，美国的金融和信息技术中心可能已经开始输给这些外国的竞争者了。到底要怎么做，才能让美国的政策制定者紧张起来呢？

将“无须信任”的软件带到信任的社区里

即便在比特币里，信任在我们所发起的每一笔交易里也都是不可或缺的。当比特币从一个人手中转移到另一个人手中，我们必须相信他们会送达所承诺的商品或服务。我们也需要相信用来发送这些比特币的电脑和智能手机的可靠性，以及确保传输这些数据的无线网络和互联网服务提供商没有被入侵。

我们又回到了这个话题，是因为如果我们要为全球经济这样高度复杂的体系设计一个完整的分布式账本和区块链系统，就需要找出方法，让去中心化账本与这些交易涉及的可信的人或实体联合起来，这非常关键。如果要实现正确的设计方案，我们就必须明白信任在定义我们身份时所发挥的作用，以及它如何建立形成社区所需的共同支持关系。

我们以法国信托投资局（Caisse des Dépôts et Consignations）这个具有200多年历史的机构为例。这个具有宪法地位的机构有广泛的权力，它的职能可谓是包罗万象。它由议会监管，而非行政分支机构。这个机构在法国国家事务的投资协调中扮演中心角色。它负责管理产权记录、基础设施投资、管理公共储蓄及退休金计划。它同时也确保资金会流到司法部等司法机构、高等院校以及国家赞助的研究计划里，并确保不受政治因素的影响。如果在一个功能失调的政治环境中，法国信托投资局可能就会成为腐败的温床以及具有政治倾向的机构，那么它就会失去民众的信任。不过，在法国，人们认为能够在法国信托投资局工作是一种无上的光荣，而这样的荣誉文化成为深度信任的源泉。问题是：即便我们能通过一个算法来创造分布式信任的系统并用它来取代法国信托投资局这样的机构，我们会希望这么做吗？这种机构的存在，象征的是几百年间形成的文化和社会基础，我们会想将这一切都抹掉吗？

无论是政府部门、法院这样的公共机构，还是公证服务、公共事业公司这样的私营部门，它们都是我们在西方社会进行交易和互动时所需的中介机构。而这些机构的正常运作，不仅仅依赖于我们为让其负责而设计的治理体系和法律体系，还依赖于一些关键的文化规范；如果我们有更多的这类体系和规范，我们就更愿意信任这些强大的守门人，同时这些守门人也会认为自己需要尊重这种信任。这就是根深蒂固的公民责任感的一种扩展形式，它让人们愿意排队，愿意为陌生人提供便利，或说一声“请”和“谢谢”。人们对机构的信任是一种社会性的益处，在世界各地，这都是一种极为稀缺的社会资本。我们现在拥有这种资本，但要是有一天我们失去了它，真可能会手足无措。其实，在每一种以此种方式构建信任的案例里，其对社会的价值可以说是大于该机构所承担的特定角色。

密码学热衷者有句座右铭：“不要信任，去验证下。”这对那些在重要的计算机系统上运行负责安全机制以抵御黑客攻击的人而言，是一个明智的建议。至少，在与陌生人进行交易时，这是保护你财产的正确方式。但这句座右铭应用到更广泛的领域时，它就可能会贬低让社会集结在一起的核心元素的作用。

一直以来，信任被视为一种积极的事情，而早期密码学家对比特币系统的“无须信任”定义并没有受到普罗大众的认可，这两者都是有原因的。我们应该将区块链提供的分布式信任解决方案视为让社区在其他环境里强化信任纽带的方式，而非用于取代这种信任纽带。

作为一种社会黏合剂，信任让我们每天进行的多种交易成为可能，这包括那些我们不太可能需要法院见证却又有达成共同交换协议性质的活动。例如，当我们登上公共汽车，拿出手上的票来刷，我们就预期司机和这辆车会在合理时间内将我们安全送达目的地；当我们下车后，走到一条繁忙的街道上，我们也会相信对面的人不会撞到我们身上。这样的文化、社会及心理因素，让我们可以建立包括上述事例在内的各种各样的信任纽带，因此它必须被视为这个快速进化的数字化社会的去中心化治理系统中的关键元素，而不管我们所用的具体设计方案是什么。信任的纽带会帮助我们解决软件治理的“链上”交易与人类治理的现实世界之间的互联关系。

在区块链发展早期，它最主要的局限性在于我们反复提到的可扩展性问题，这也是要想办法顾及这项技术发展所涉及的人类元素的原因。以现在的设计来看，比特币和以太坊是非常复杂的，其运行成本也很高，毕竟它们网络中的计算机都需要参与同样的计算过程，都需要验证同样的交易、身份主张、资产转移和智能合约操作。虽然它们各自的共识机制、激励机制和协议设计带来了不同的计算效率与各自的低效问题，但比特币、以太坊及其他大部分非许可型的公有区块链网络，在其网络增长的过程中，都不可避免地要消耗更多的计算资源和能源。

好消息是，已经有不少的智力活动和投资活动都投入到这个领域当中，试图克服这些挑战。我们在本书的前面章节中提到了这些想法：闪电网络通过在比特币上增加一个付款通道层，来释放交易性能；EOS 是初创企业 block. one 发明的非许可型区块链，据称它能在每秒内处理 100 万笔交易；Tezos 正重新设计治理机制，以实现一个具有更高流动性的民主体系，让区块链协议可以持续得到改进；Zcash 和 Monero 正试图解决隐私问题；还有詹姆斯·洛夫乔伊的 Cryptokernel 项目，其 K320 应用程序试图解决比特币中令人烦恼的货币囤积现象，也希望避免高性能的特定用途集成电路（ASIC）挖矿设备所带来的不公平优势；还有一个叫 Algorand 的项目[232]，是麻省理工学院的一支包括了图灵奖得主希尔维奥·米卡利（Silvio Micali）在内的团队所提出的新型区块链方案，它致力于一次性解决区块链目前所面临的很多挑战。如果我们认为这些项目中的一个或多个可以在未来某天超过比特币和以太坊的采用率，或至少能与比特币久经考验的经济安全性相提并论，或至少能让这些区块链先行者采用它们的一些想法，那么这种发明的过程则是新希望的来源。未来我们或许能实现一个开放的、非许可型的、动态的去中心化信任架构，同时又能让其更容易管理、更容易实现扩展、更容易确保其安全性。这样，我们就可以用它来管理全球化的数字经济。而上述这些实验和努力结合起来，将会让这个愿景实现的可能性得以提升。

不过，我们最需要的是更多的开发人才。在一个全球化的系统层面，安全性绝对是高于一切的。实现这个目标的复杂性，意味着区块链系统目前依赖于高度专业化的深层知识。如果没有这些专家去维护、更新、修复核心的软件协议，整个区块链生态系统就无法继续运行。以目前的设计来看，区块链整合了包括密码学、共识机制在内的一体化特性，同时又需要更多的安全设计，这都是一些沉重的、复杂的、劳动密集型的任务。为了应对这些难题，需要有特殊的软件开发者参与。

像 EOS 这样的项目旨在创建具有更高用户友好性的工具包，让企业可以搭建自己的区块链解决方案。这或许会减轻企业对区块链专家的招聘压力。但是如果社会整体要在这个新型经济治理系统的演变方式中有相应的话语权，我们就需要积累软件协议开发者的人才库。我们也需要从最广泛的、最具有多样性（跨越性别、种族和民族界限）的人员中寻找人才。这样，在将要治理我们生活方式的算法中，被整合进去的价值观和思维偏向就不会只来自一个固定的人群。这个故事的寓意是：为所有人普及编程教育。

公民权利的崛起

在去中心化价值的背后，有着比金融稳定性更为基础的东西。它与公民身份这个基础性的概念息息相关。本书探索了个体如何成为经济参与者，行使其参与商业、自由表达及创意思维的权利，同时掌控自己的合法财产。起源于启蒙运动的一种观念认为，上述的基本权利定义了一种特定的“公民”地位，而它归根结底取决于对信息的控制。我们如何管理信息及其访问权、使用权，将会决定自由的界限。这就是无法侵蚀的“事实机器”所具有的赋能意义。

你可以选择不听从我们的片面之词，而是直接查看2016年1月英国政府科学办公室对区块链技术及其多种应用的研究报告[233]。“这项技术可能为一系列服务提供新型的信任机制。”该国议院的两名成员马修·汉考克（Matthew Hancock）和艾德·维济（Ed Vaizey）在前言中写道：“就如我们看到开放数据重构了公民与国家之间的关系，这些技术带来的可视性能够为我们的金融市场、供应链、商业服务、公共登记处等带来变革。”然后，在一个题为《政府中的应用》的章节里，帝国理工学院的凯瑟琳·莫里根（Catherine Mulligan）写道：“数字账本技术对英国社会的最终影响，可能与英国《大宪章》的创建这样的基础性事件有同样的显著性。”是的，你没听错，她说的就是英国《大宪章》。

这种记录工具，怎么能与宪法的重要性相提并论呢？我们之前提过，区块链可能是人类历史上首次实现的一种存有不可打破的历史记录的系统。我们也讨论了它对终结长达千年的“控制信息意味着控制权力”模式的潜力。现在，它的重要性更是上了一个台阶，因为美国总统居然认为他自己就可以定义什么是“假新闻”，并发布其支持者称为“另类事实”的可疑

“官方”信息[234]。在这个背景下，我们若能搭建一个“事实机器”，不论它在区块链上实现，还是在基于“重力”项目的经济空间上实现，这样的想法都非常诱人。让具有自我主权的个体在无须任何人同意的情况下，就能在公开可验证的记录上留下数据，这种理念具有深远的赋能意义。如果你创造了某种有价值的事物，如某份流行的艺术品或一个可赢利的想法，还能在无须某种商业名称登记处或认证机构许可的情况下主张自己的所有权，那么这将会改变一切。在某些国家，各种机构无法发挥正常的职能，甚至某类机构根本不存在，那么前面的想法就更能发挥作用了。当你为这些记录加上不可损毁的特性，其可能性就更广泛了。信息的持久性是民主的必要组成部分。

我来过，我的人性很重要

这是一个由字母和数字代码构成的账本系统，它的发展过程中充满了各种趣事、魅力和疯狂的元素。如果你不相信这样一套“俗气”的系统能保留人类的历史，那我们会请你来研究一下比特币区块链的另一个很少被提及的属性：区块涂鸦现象。比特币用户经常会将一些信息嵌入比特币的交易里，这仿效了比特币在历史上发生的第一笔交易的做法。当时，比特币的发明者中本聪将那天的一份英国报纸的头条标题放到了一个比特币交易里的数据字段里，具体的信息就是《泰晤士报》2009 年 1 月 3 日的报道“首相将第二次对处于崩溃边缘的银行进行紧急救助”。从那时候开始，人们一直将比特币这个账本系统看成一个不可篡改、有时间戳标记的日记，并将自己认为应该经历时间考验的声明放到上面。

当我们在 CryptoGraffiti 这个网站上从 2017 年春天开始，查看过去几个月里的比特币涂鸦时，就可以发现海量的各式声明，其中很多都是情书。例如 3 月 20 日的这条信息，来源于比特币地址 1GRtrEGKPwXJTqS3jp8JbZDkLNpZjagCCb，其所有者花费了 0. 00 055 039 个比特币（当时价值 0. 57 美元），并将如下的信息放到了比特币的第 458 160 个区块里，让其成为永久记录：

我对这个世界里的所有生物的爱是无穷的。而我对这些生物中的一员的爱，已超越这个世界。简娜 · 赛德莱科娃（Jana Sedlackova），你就是我的一切 ——彼得（Petr）。

我们在之前的交易中，还找到了以多种语言写下的各种富有情感的相似评论，还有交易技巧、机动车辆出售广告、立岩地区对输油管线的抗议、“伯克利区块链”的成员发给一个名为托比亚斯（Tobias）的同事的告别信，偶尔也有一些阴谋论故事和关于时空旅行的评论。然后，我们开始回顾 2016 年 10 月，当时叙利亚政府军正在阿勒波市发起总攻，而我们在本书引言中提到的纳贾 · 萨利赫 · 阿尔—穆罕默德，在 2015 年就已经逃去约旦了。阿勒波市的人被切断了与外部世界的联系，除了有一些坚守在那里的自由职业博客主有最基本的互联网条件，来讲述被困在那里的人们的故事。在那个月，有三条信息冒了出来：

“需要 30 个比特币！求求大家！我想离开叙利亚！

http：//syria. mil. ru/syria/livecam. htm

帮我离开叙利亚！我住在阿勒波市。我只有 14 岁。我不撒谎。社区，帮我一下吧!!!”

然后，我们就开始从这些涂鸦信息中感到一丝不安了。这也提醒了我们历史上的类似事件，如“冷战”期间的柏林墙。在西德那边的墙上，也有很多这样的涂鸦，它们包括尊重人民权利的诉求、情信、祈求和平及希望的信息，还有很多频繁出现的简单语句如“我来过这里”。这是一个经典的存在证明，也是人性的证明。如果“冷战”期间的涂鸦体现的是对柏林墙这个旨在限制人类来往的高墙的蔑视，那么在比特币这个奇怪的数字会计系统上的留言就更为强大了。这是一个很有价值的地方，让人们能够表达自己的声音，不论它是情诗还是求援信息。这反映了区块链的一种重要作用。

致　谢

对任何人来说，要想跟上加密货币和区块链发展的狂热趋势，都是一件难事。而对一名作者而言，这更会应接不暇。这项技术背后的社区的发展节奏，要比图书出版行业的节奏快很多倍。这为出版行业的作者带来了特殊的挑战，使其必须依赖团队的支持，而这个团队需要了解其中的挑战，也能够灵活地应对总是发生在最后关头的修改要求，还能在压力重重的时候对你保持耐心。而在这个例子中，由于我们每个人在本书的合同期间都各自参与了其他互不关联的图书项目，使这项任务变得更为复杂。本着这一精神，我们想感谢那些为这个项目的成型做出了贡献的人。当然，由于涉及的人员太多，我们无法将所有的名字都逐一列出。

如果我们必须要列出一些人的名字，那么首先当然是我们的代理人吉莉安·麦肯齐（Gillian MacKenzie），她一直保持对我们的信任，孜孜不倦地支持我们的工作。对我们这样的作者而言，她也持续扮演着良师益友的角色。我们将她视为一个重要的合作伙伴及朋友。

圣马丁出版社（St. Martin’s Press）的蒂姆·巴特利特（Tim Bartlett）是本书的编辑，他确实是行业中的佼佼者。再次证明他是一位严格认真的编辑，他总是要求我们澄清一些难以解释的想法。这种严厉的爱，在这本书的完善过程中所起的作用是无可估量的。随着时间的推移，行业中的各种故事和我们的计划安排也发生了变化，在这个问题上，他也极其慷慨地给我们提供了一个灵活的出版时间计划。在圣马丁出版社中，也有一支庞大的团队在背后为他提供了帮助。我们不规则的工作习惯，导致计划时间表过于紧张，而这支团队很好地适应了这个问题。在那些特别值得感谢的人当中，包括蒂姆·巴特利特的助理爱丽丝·费菲尔（Alice Pfeifer），她在准备出版手稿的问题上为我们提供了十分有益的指引；总编辑艾伦·布拉德肖（Alan Bradshaw）让我们能够保持工作的进度；审稿编辑詹妮弗·西明顿（Jennifer Simington）为我们的作品提供了一丝不苟的审查工作；副社长劳拉·克拉克（Laura Clark）为我们在圣马丁出版社发行的两本书都提供了支持；公关人员凯蒂·巴塞尔（Katie Bassel）和市场营销人员詹森·普林斯（Jason Prince）的组合也为我们的作品带来了不少帮助。

迈克尔（Michael）

我在麻省理工学院的同事总能为我带来启发，事实上，他们塑造了这本书背后的大部分想法，或许他们自己都没有意识到。我特别感谢媒体实验室的主任伊藤穰一、数字货币计划组织的主任内哈·那鲁纳（Neha Narula）以及我在斯隆商学院的联合讲师西蒙·约翰逊（Simon Johnson）。此外，我还要感谢罗布莱·阿里（Robleh Ali）、马克·韦伯（Mark Weber）、塔奇·迪瑞亚（Tadge Dryja）、切尔西·巴拉巴斯（Chelsea Barabas）、普雷马·什尼科尼斯纳（Prema Shrikrishna）、阿林·德拉格斯（Alin Dragos）、詹姆斯·洛夫乔伊（James Lovejoy）、桑迪·彭德兰（Sandy Pentland）、达扎·格林伍德（Dazza Greenwood）、哈维·迈克尔斯（Harvey Michaels）、大卫·伯内奇（David Birnbach）以及克里斯蒂安·卡塔利尼（Christian Catalini）等人。我们也要特别鸣谢数字货币计划组织的首位主任布赖恩·福德（Brain Forde），他现在正致力于将区块链技术带到国会，而且他还曾说服我中止记者生涯并投入学术研究。同时，我还要特别感谢区块链媒体 CoinDesk 的凯文·沃思（Kevin Worth）、马克·霍奇斯坦（Marc Hochstein）和皮特·里佐（Pete Rizzo），以及团队中的其他成员，他们给了我一个展现想法的新平台。虽然那只是业余爱好，不过重新参与新闻工作还是一件挺有趣的事情。

还有一些人应当为其提供的洞察、支持和友情而得到我的感激。这包括里克·威拉德（Rik Willard）、尼尔·诺特·洛克（Nii Nortei Lokko）、兰斯·昆斯（Lance Koonce）、帕特里克·穆尔克（Patrick Murck）、胡安·利亚诺斯（Juan Lianos）、马里亚纳·达汗（Mariana Dahan）、马哈·伍吉诺维奇（Maja Vujinovic）、凯尔·布格斯（Kyle Burgess）、乔·科朗吉洛（Joe Colangelo）、约克·罗兹（Yorke Rhodes）、巴拉吉·斯里尼瓦桑（Balaji Srinivasan）、乔尔·特尔普纳（Joel Telpner）和唐·塔普

斯科特（Don Tapscott）。

我还要特别感谢区块链峰会（Blockchain Summit）大家庭的成员所提供的友情和鼓励，这包括但不限于以下的这些人：瓦莱里·瓦维洛夫（Valery Vavilov）、乔治·济科瓦德泽（George Kikvadze）、比尔·泰（Bill Tai）、杰米·史密斯（Jamie Smith）、托米卡·蒂勒曼（Tomicah Tilleman）、但丁·蒂尼帕特（Dante Disparte）、文尼·林厄姆（Vinny Lingham）、赫尔南多·德·索托（Hernando de Soto）、加布里·埃尔阿伯德（Gabriel Abed）、伊摩琴·希普（Imogen Heap）、埃里克·米勒（Erick Miller）、海蒂·皮斯（Heidi Pease）、劳拉·欣（Laura Shin）、吉姆·纽瑟姆（Jim Newsome）、罗娅·马哈布博（Roya Mahboob）、伊娃·凯莉（Eva Kaili）、萨那·萨伊德（Suna Said）、贝丝·摩西（Beth Moses）、乔比·威克斯（Joby Weeks）和珍·莫里斯（Jen Morris）等人（限于篇幅，这里列举的只是其中一部分）。

同等重要的，是与我最亲密的人，没有她们的支持我也无法完成这项工作。佐伊（Zoe）、莉娅（Lia）以及我生命中的挚爱艾丽西娅（Alicia），感谢你们对我的耐心以及鼓励，让我能够做自己喜欢的事情。

保罗（Paul）

跟以往一样，我在《华尔街日报》的同事一直在鼓励我，也很慷慨地提供了支持。我十分感激斯蒂芬·格罗瑟（Stephen Grocer）、埃里克·赫姆（Erik Holm）、亚伦·卢塞榭蒂（Aaron

Lucchetti）、戴维·赖利（David Reilly）、尼尔·普舒茨（Neal Lipschutz）、凯伦·潘西罗（Karen Pensiero），以及我们的主编杰拉德·贝克（Gerard Baker）。

我的家庭始终是我的灵感和动力的来源，如果没有他们的支持和鼓励，我根本无法完成这个项目。所以，伊丽莎白（Elizabetn）和罗伯特（Rokert），谢谢你们。我爱你们。

注　释

引　言

1. 这是由世界粮食计划署人员进行的采访,2017 年 8 月 7 日通过电子邮件寄给了迈克尔 · 凯西。

2. 这来自其在 2017 年 7 月 20 日与迈克尔 · 凯西进行的电话采访。

3.《上帝视角:优步被指为满足派对活动者的喜好而跟踪用户》,作者是克什米尔 · 希尔,发布于《福布斯》2014 年 10 月 3 日。

4. 若要了解互联网 3.0 的架构,可以参考 Tempered Networks 网站上由 Jeff Hussey 发表的《互联网 3.0:欢迎来到安全网络的未来》一文。https://www.temperednetworks.com/resources/blog/internet-3.0-welcome-to-the-future-of-secure-networking.

5. 可参考 TechCrunch 网站上乔纳森 · 赛伯于 2017 年 5 月 23 日发表的文章《区块链联盟 R3 融资 1.03 亿美元》。https://techcrunch.com/2017/05/23/blockchain-consortium-r3-raises-107-million/.

6. 这是由 CoinDesk 在 2017 年 8 月 22 日通过电子邮件提供给迈克尔 · 凯西的数字。

7. 参见克里斯 · 伯尼斯克和杰克 · 塔塔尔于 2017 年发表在 McGraw Hill 的文章《加密资产:创新投资者的比特币等投资指南》。

8. "价值互联网"这个概念在瑞波实验室的推广下得以流行起来,这个实验室负责点对点支付和交易的瑞博协议的管理。这可能是早期的出处——2014 年 9 月 27 日，斯特凡·托马斯发表于 TechCrunch 的《互联网缺失的一环》。https://techcrunch.com/2014/09/27/the-internets-missing-link/.

第一章

9. 可参考道格拉斯·加伯特在《会计信息》1984 年 11 月第一期上发表的《古美索不达米亚在会计历史中的重要性》一文。http://www.accountingin.com/accounting-historians-journal/volume-11-number-1/the-significance-of-ancient-mesopotamia-in-accounting-history/.

10. 雷曼兄弟控股公司，“依据 1934 年证券交易法第 13 条或第 15(d)条所发布的 2007 财政年度(截至 2007 年 11 月 30 日)报告”，美国证交会，https://www.sec.gov/Archives/edgar/data/806085/000110465908005476/a08-3530110k.htm.

11. 皮尤研究中心，“公众对政府的信任度：1958—2017”，2017 年 5 月 3 日，http://www.people-press.org/2017/05/03/public-trust-in-government-1958-2017/.

12. 盖洛普，《对机构的信任》，http://www.gallup.com/poll/1597/confidence-institutions.aspx.

13. 若要清楚地理解雷曼兄弟如何使用“repo 105”回购交易工具，可参考：Jacob Goldstein，“Repo 105：解释雷曼兄弟的会计诡计”，美国国家公共电台货币星球节目，2010 年 3 月 12 日，http://www.npr.org/sections/money/2010/03/repo105_lehmansaccountinggi.html.

14. 玛丽·朴维，《现代事实史》(芝加哥大学出版社，1998)。

15. 同上。

16. L. E. Sigler, 斐波纳契的《算盘宝典》:列奥纳多·皮萨诺的《计算》近代英语版(Springer 出版社, 2003)。

17. Jeremy Cripps, Particularis de Computis et Scripturis, a Contemporary Interpretation (Pacioli Society, 1994)。

18. 来源同上,第 2 页。

19. 詹姆斯·霍,《忏悔和记账:现代会计的宗教、道德和修辞基础》(纽约州立大学出版社, 2006)。

20. Quoted in Jeremy Cripps, Particularis de Computis et Scripturis: A Contemporary Interpretation (Pacioli Society, 1994).

21. 马特·莱文,"美国银行在最后一季度或多或少收入 1.68 亿美元",彭博视点,2014 年 10 月 15 日,https://www.bloomberg.com/view/articles/2014-10-15/bank-of-america-made-168-million-last-quarter-more-or-less.

22. 中本聪,《比特币:一种点对点电子现金系统》,https://bitcin.org/bitcoin.pdf。

23. 伊恩·格里格,"三式记账法",2005, http://iang.org/papers/triple_entry.html.

24. 尼克·萨博,"上帝协议",http://www.fon.hum.uva.nl/rob/Courses/InformationInSpeech/CDROM/Literature/LOTwinterschool2006/szabo.best.vwh.net/msc.html.

25. 托米卡·蒂勒曼于 2017 年 7 月 27 日在英属维尔京群岛内克尔岛的 2017 区块链峰会上所做的评论。

26. 尤瓦尔·诺亚·赫拉利,《人类简史》(Harper, 2015)。

第二章

27. 来自西姆斯的博客里描述的细节：彼得 · 西姆斯，“我们能信任优步吗?” Silicon Guild 协会网站，2014 年 9 月 6 日，https://thoughts. siliconguild. com/can – we – trust – uber – c0e793deda36.

28. 乔安娜 · 布寅和查理 · 沃梭，“‘上帝视角’：优步对其纽约高管侵犯隐私的行为发起调查”，BuzzFeed 网站，2014 年 11 月 18 日，https://www. buzzfeed. com/johanabhuiyan/uber – is – investigating – its – top – new – york – executive – for – privacy.

29. 卡亚 · 怀特豪斯，“优步就其‘上帝视角’指控达成和解”，《今日美国》，2016 年 1 月 6 日 http://www. usatoday. com/story/tech/2016/01/06/uber – settles – god – view – allegations/78383276/.

30. 克雷格 · 希尔弗曼和劳伦斯 · 亚历山大，“巴尔干地区的青少年是如何用假新闻愚弄特朗普支持者的”，BuzzFeed，2016 年 11 月 3 日，https://www. buzzfeed. com/craigsilverman/how – macedonia – became – a – global – hub – for – pro – trump – misinfo.

31. 例子可参见巴顿格尔曼的《脸书：你并非顾客，你只是产品》中引用的布鲁斯 · 施奈尔的评论，2010 年 10 月 15 日，TIME 网站。http://techland. time. com/2010/10/15/facebook – youre – not – the – customer – youre – the – product/，或《经济学人》的《世界上最宝贵的资源不再是石油，而是数据》，2017 年 5 月 6 日，https://www. economist. com/news/leaders/21721656 – data – economy – demands – new – approach – antitrust – rules – worlds – most – valuable – resource.

32. 若要详细分析这场纷争，可参考阿玄 · 哈默西德，《详解苹果手机与美国政府的斗争》，《纽约时报》，2016 年 3 月 21 日，https://www. ny-

times. com/interactive/2016/03/03/technology/apple – iphone – fbi – fight – explained. html.

33.“高德纳称世界信息安全开销在 2016 年将会升高约 4. 7% 从而到达 754 亿美元”,高德纳,2015 年 9 月 23 日,http://www. gartner. com/newsroom/id/3135617.

34. 斯蒂芬·甘德尔,“劳合社首席执行官称,网络攻击每年会为公司带来 4 000 亿美元损失”,《财富》,2015 年 1 月 23 日, http://fortune. com/2015/01/23/cyber – attack – insurance – lloyds/.

35. 朱尼普研究公司,“到 2019 年,网络犯罪会为企业带来超过 2 万亿美元的损失”,朱尼普研究公司,2015 年 5 月 12 日,https://www. juniperresearch. com/press/press – releases/cybercrime – cost – businesses – over – 2trillion.

36. 来自世界银行在“全球经济前景:一场脆弱的恢复”中的预计数字,世界银行集团,2017 年 6 月,https://www. worldbank. org/content/dam/Worldbank/GEP/GEP2015a/pdfs/GEP15awebfull. pdf.

37. 若要更好地理解 Dyn 攻击事件,可参见:彼得·克伦,“Dyn 攻击——物联网是如何让‘全球信息网格’的基础崩溃的(第一部分)”, RSA, 2016 年 10 月 25 日,https://www. rsa. com/en – us/blog/2016 – 10/the – dyn – attack – how – iot – can – take – down – the – global – information – grid – back – bone – part – i.

38. 拉尔夫,雅各布森,“每天有 2. 5 百万兆字节的数据被创造出来。快速消费品和零售业是如何管理它的?” IBM, 2013 年 4 月 14 日, https://www. ibm. com/blogs/insights – on – business/consumer – products/2 – 5 – quintillion – bytes – of – data – created – every – day – how – does – cpg – re-

tail – manage – it/.

39.“身份盗窃:2013 余波”,身份盗窃资源中心，http://www.idtheftcenter.org/images/surveys_studies/Aftermath2013.pdf.

40. 在事故发生后一段时间里,一些报告指 Naikon 这个位于亚太地区的黑客组织曾入侵了马来西亚政府的服务器。参见:埃尔西·维贝克,“在马来西亚航班失踪后出现的网络攻击”,The Hill 网站，2015 年 4 月 21 日，http://thehill.com/policy/cybersecurity/239529 – cyberattacks – followed – malaysia – airlines – flight – disappearance.

41. 布伦丹·艾科纳，“深入调查这场震惊美国政府的网络攻击”，Wired 网站，2016 年 10 月 23 日,https://www.wired.com/2016/10/inside – cyberattack – shocked – us – government/.

42. 亚当·鲁德温于 2016 年 3 月 29 日在美国证券托管结算公司的“区块链研讨会”上的演讲。

43. 参见约翰·克罗斯曼的两篇文章:“共享秘密的身份模式已经终结”,Medium 网站,2016 年 2 月 24 日，https://medium.com/@john17722/the – shared – secret – identity – model – is – finished – 59bd30e1da6a 以及“设备身份机制”,Medium 网站，2016 年 2 月 26 日,https://medium.com/@john17722/the – device – identity – model – 6444ca6328f 9.

44. 安娜·王尔德·马修斯，“Anthem 保险：被入侵的数据库包含了 7 880 万人的信息”,华尔街日报网站,2015 年 2 月 24 日,https://www.wsj.com/articles/anthem – hacked – database – included – 78 – 8 – million – people – 1424807364.

45. 伊恩·谢尔，“Wanna Cry 勒索软件:你需要知道的一切信息”，CNET 网站，2017 年 5 月 19 日，https://www.cnet.com/news/wannacry –

wannacrypt – uiwix – ransomware – everything – you – need – to – know/.

46. 阿里尔·艾克布洛和阿萨夫·阿扎里亚,“MedRec:区块链上的医疗数据管理”,PubPub 网站,2016 年 9 月 19 日,https://www.pubpub.org/pub/medrec.

47. 托马斯·弗里德曼,《世界是扁平的:21 世纪简史》(法勒、施特劳斯和吉鲁出版社,2005)。

48. 保罗·维格纳与迈克尔·凯西,《加密货币时代》(圣马丁出版社,2015),第 57—60 页。

49. 蒂莫西·C. 梅,“密码学无政府主义者宣言,” https://www.activism.net/cypherpunk/crypto – anarchy.html.

50. 若要查看有关 Xanadu 项目的宏大愿景及其失败的实施结果,请参见:“Xanadu 的纷争”,Wired 网站, 2015 年 6 月 1 日, https://www.wired.com/1995/06/xanadu/.

51. 唐·塔普斯科特和亚历克斯·塔普斯科特合著的《区块链革命:比特币底层如何是如何改变货币、商业和世界》英文版(Portfolio, 2016),第 5 页。

52. 劳伦斯·莱斯格,“代码即法律:网络空间的自由”,《哈佛杂志》,2000 年 1 月 1 日, http://harvardmagazine.com/2000/01/code – is – law – html.

53. 卡尔·荣格,《心灵的结构和动力》(卡尔·荣格作品集第 8 卷)(普林斯顿大学出版社, 1970,第二版),第 325 页。

54. 参见埃明·居恩·西雷尔,“注意:The DAO 可能会成为一个自然增长的庞氏骗局”,Hacking Distributed 网站, 2016 年 6 月 13 日, http://hackingdistributed.com/2016/06/13/the – dao – can – turn – into – a –

naturally – arising – ponzi/ 以及《比特币杂志》2016 年 6 月 21 日刊载的德鲁·辛克斯所写的《DAO 漏洞的法律分析及可能的投资者权利》,https://bitcoinmagazine. com/articles/a – legal – analysis – of – the – dao – exploit – and – possible – investor – rights – 1466524659/.

55. 在线的文档已经删除了,不过在红迪网论坛以太坊分论坛上有相关的总结：https://www. reddit. com/r/ethereum/comments/4oo0ql/thedaoterms_andconditions/，访问于 2017 年 9 月 8 日。

56. 埃明·居恩·西雷尔,《对 The DAO 攻击的想法》,Hacking Distributed 网站，2016 年 6 月 17 日,http://hackingdistributed. com/2016/06/17/thoughts – on – the – dao – hack/.

57. Preston Byrne,“#THEDAO：破碎的,但值得修复”,2016 年 5 月 17 日，https://prestonbyrne. com/2016/05/17/thedao – dont – walk – away – restructure/.

58.《美国证交会发布调查报告,指数字资产 DAO 代币属于证券》,美国证交会,2017 年 7 月 25 日,https://www. sec. gov/news/press – release/2017 – 131.

第三章

59. 若技术人员希望深入理解比特币工作原理,我们推荐:安德烈亚斯·安东诺普洛斯的《掌握比特币:解锁数字加密货币》,（O’Reilly Media，2014）.

60.“维萨卡公司概览”，维萨卡,2017 年 4 月,https://usa. visa. com/dam/VCOM/download/corporate/media/visanet – technology/visa – net – fact – sheet. pdf.

61. 保罗·维格纳,《为何你短时间内不会使用比特币购买一杯咖啡》,《华尔街日报》,2017 年 7 月 2 日,https://www.wsj.com/articles/why-you-wont-be-buying-a-coffee-with-bitcoin-anytime-soon-1498996800#.

62. 迈克尔·凯西于 2016 年 9 月 27 日在纽约对其进行的采访。

63. 隔离见证提议及源代码可以在如下网址查看,https://github.com/bitcoin/bips/blob/master/bip-0141.mediawiki.

64. 约瑟夫·潘和撒迪厄斯·迪瑞亚所著的《比特币闪电网络:可扩展的链外即时支付》,2016 年 1 月 14 日 ,https://lightning.network/lightning-network-paper.pdf.

65. 劳拉·欣,"这场大型的权力斗争会给比特币带来严重打击吗?"《福布斯》,2017 年 3 月 21 日,https://www.forbes.com/sites/laurashin/2017/03/21/is-this-massive-power-struggle-about-to-blow-up-bitcoin/#9872e4873250.

66. "在 Consensus 2017 会议上达成的比特币扩展协议",数字货币集团, Medium 网站, 2017 年 5 月 23 日,https://medium.com/@DCGco/bitcoin-scaling-agreement-at-consensus-2017-133521fe9a77.

67. 维塔利克·布特因,《以太坊白皮书:下一代的智能合约及去中心化应用平台》,http://www.the-blockchain.com/docs/Ethereumwhite_paper-anextgenerationsmartcontractanddecentralizedapplication_platform-vitalik-buterin.pdf.

68.《以太坊社区颂歌》,Steemit 论坛,2016 年 10 月,https://steemit.com/ethereum/@owaisted/an-ode-to-the-ethereum-community.

69. 2014 年 1 月 26 日迈克尔·凯西在迈阿密所做的采访。

70. 沃尔夫·赵，“据报道，因 Parity 钱包存在漏洞，有 3 000 万美元的以太币丢失了”，CoinDesk 网站，2017 年 7 月 19 日，https://www.coindesk.com/30 – million – ether – reported – stolen – parity – wallet – breach/.

71. “以太坊的历史” http://www.ethdocs.org/en/latest/introduction/history – of – ethereum.html#the – ethereum – foundation – and – the – ether – presale.

72. 维塔利克·布特因和约瑟夫·潘所著的《Plasma：可扩展的自治智能合约》，2017 年 8 月 11 日，http://plasma.io/plasma.pdf.

73. 在 2017 年 4 月 4 日由“三角比特币及商业见面会”记录下来的介绍，可在如下网址查看，https://www.youtube.com/watch? v = OZu4u5L0l8.

74. 在某个论坛上，评论者猜测 3.5% 的溢价是由于这些是“被洗白的币”。参见“美国法警拍卖 29 659 个比特币”，https://texags.com/forums/16/topics/2488176.

75. 罗伯特·哈克特所作《从微软到摩根大通，商业巨头正在支持以太坊》，《财富》，2017 年 2 月 27 日，http://fortune.com/2017/02/28/ethereum – jpmorgan – microsoft – alliance/.

76. 詹姆斯·默舍，“初始代币发行活动不再只筹集小额资金”，美国经济研究所，2017 年 7 月 26 日，https://www.aier.org/research/initial – coin – offerings – going – way – beyond – small – change.

77. 参见文森特·艾弗兹对伊恩·格里格的采访，“在 EOS.IO 区块链上实现每秒 100 万笔的交易性能：采访 Block.One 的伊恩·格里格”，可在如下网址查看，https://www.youtube.com/watch? v = UC6RYwYPnpU.

78. 由迈克尔·凯西在 2017 年 6 月 29 日对 Tezos 首席执行官凯瑟

琳·布雷特曼及首席技术官亚瑟·布雷特曼进行的采访。

第四章

79. 这一章中的多个段落均是取自迈克尔·凯西为区块链研究协会(BRI)提供的一份报告。这份题为《代币经济:当货币具有可编程性》的报告于2017年9月29日被分发到该协会的会员当中,并计划在2018年春天公开。这里引用的段落得到了区块链研究协会的明确许可。

80. 乔·拉塞尔,"Mozilla前首席执行官在30秒内为其浏览器初创企业Brave筹得3 500万美元资金",TechCrunch网站,2017年6月1日,https://techcrunch.com/2017/06/01/brave-ico-35-million-30-seconds-brendan-eich/.

81. 这是根据媒体Coindesk的ICO跟踪服务提供的信息,https://www.coindesk.com/ico-tracker/.

82. 罗布·赖瑟恩,"运营商从手机广告赚取的收入比广告商还多",Medium网站,2015年10月4日,https://medium.com/@robleathern/carriersare-making-more-from-mobile-ads-than-publishers-are-d5d3c0827b39.

83. 玛格丽特·博兰,"网络罪犯每年从广告产业窃取数十亿美元",《商业内幕》2016年5月28日,http://www.businessinsider.com/the-ad-fraud-report-bot-traffic-2016-3.

84. 摘自BATS白皮书关于阻挡广告的内容,《基本注意力代币:基于区块链的数字广告》,2017年5月29日,第9页,https://basicattentiontoken.org/BasicAttentionTokenWhitePaper-4.pdf.

85. 同上。

86. 加瑞特·哈丁,《公地悲剧》,《科学》, 1968 年 12 月 13 日,162(3859):第 1243—1248 页。

87.《世界上最宝贵的资源不再是石油,而是数据》, 2017 年 5 月 6 日《经济学人》,https://www.economist.com/news/leaders/21721656 – data – economy – demands – new – approach – antitrust – rules – worlds – most – valuable – resource.

88. 史蒂文·D. 莱维特和斯蒂芬·J. 达布娜,《魔鬼经济学:揭示隐藏在表象之下的真实世界》(William Morrow,2005)。

89. 根据这家公司的网站首页, https://gamecredits.com/,访问于 2017 年 9 月 8 日。

90. 迈克尔·凯西在 2017 年 6 月 29 日对其进行的采访。

91. 批评者包括以太坊创始人维塔利克·布特因,可参见其推特文章,https://twitter.com/VitalikButerin/status/869972830191984641.

92. 例如达斯汀·拜因顿所写的"我们为何需要为每一个 ICO 设置上限,来看看 Tezos",Medium 网站, 2017 年 5 月 7 日,https://medium.com/@dustinbyington/why – we – need – a – cap – on – every – ico – looking – at – you – tezos – 90d412f 34b88.

93. 迈克尔·德尔·卡斯蒂略,"为何 Brave 的 3 500 万美元 ICO 对高科技招聘热潮来说或许是不够的?",CoinDesk 网站,2017 年 7 月 12 日,https://www.coindesk.com/braves – 35 – million – ico – may – not – enough – high – tech – hiring – spree/.

94. 皮特·里佐,"以太坊:比特币价格的下跌致使筹得资金价值下跌了 900 万美元",CoinDesk 网站,2015 年 9 月 28 日,https://www.coindesk.com/ethereum – bitcoin – decline – 9 – million – funding – short-

fall/.

95. 保罗・维格纳，“无人管理的公司融得过亿美元”，《华尔街日报》，2016 年 5 月 16 日，https://www.wsj.com/articles/chiefless-company-rakes-in-more-than-100-million-1463399393.

96. 罗杰・艾特肯，“金融科技项目 Golem 的云计算版‘爱彼迎’在数分钟内筹得 860 万美元资金”，2016 年 12 月 12 日，福布斯，https://www.forbes.com/sites/rogeraitken/2016/11/12/fintech-golems-airbnb-for-computing-crowdsale-scores-8-6m-in-minutes/#324579c73583.

97. 阿里萨・赫蒂格，“ICO 疯狂？Gnosis 的 3 亿美元估值激起市场反应”，CoinDesk 网站，2017 年 4 月 25 日，https://www.coindesk.com/ethereum-ico-irrationality-300-million-gnosis-valuation-sparks-market-concerns/.

98. 保罗・维格纳在 2017 年 6 月 29 日对其进行的采访。

99. https://www.coindesk.com/ico-tracker/.

100. 保罗・维格纳，“比特币的克隆品如何帮助一家公司在 12 分钟内筹得 1 200 万美元”，《华尔街日报》，2017 年 5 月 17 日，https://www.wsj.com/articles/how-a-bitcoin-clone-helped-a-company-raise-12-million-in-12-minutes-1495018802？tesla=y&mod=e2tw.

101. 迈克尔・凯西在 2017 年 6 月 22 日对其进行的电话采访。

102. “加密货币爆发：15 个新对冲基金希望获得 84 000% 回报率”，福布斯，2017 年 7 月 12 日，https://www.forbes.com/sites/laurashin/2017/07/12/crypto-boom-15-new-hedge-funds-want-in-on-84000-returns/#40c3d1aa416a.

103. 斯坦・希金斯，亚历克斯・深纳伯勒格和皮特・里佐，“1.5 亿美元：蒂姆·德雷珀支持的 Bancor 项目完成史上最大的 ICO"，2017 年 6 月 12 日，https://www.coindesk.com/150-million-tim-draper-backed-bancor-completes-largest-ever-ico/.

104. 保罗·维格纳，"忘掉 IPO 吧，ICO 是初创企业致富的新途径"，《华尔街日报》，2017 年 7 月 7 日，https://www.wsj.com/articles/forget-an-ipo-coin-offerings-are-new-road-to-startup-riches-1499425200.

105. 凯瑟琳·布雷特曼，"前面的道路：亚瑟与凯瑟琳·布雷特曼给 Tezos 社区的信"，Medium 网站，2017 年 10 月 18 日，https://medium.com/@arthurb/the-path-forward-eb2e6f63be67.

106. 安娜·伊雷拉，史蒂夫·斯蒂克洛和布伦纳·休斯·内韦，"特别报道：暗斗危及这个 2.3 亿美元的加密货币项目"，路透社，2017 年 10 月 18 日，https://www.reuters.com/article/us-bitcoin-funding-tezos-specialreport/special-report-backroom-battle-imperils-230-million-cryptocurrency-venture-idUSKBN1CN35K；保罗·维格纳，"Tezos 在一场火热的代币发行活动中筹得 2.32 亿美元，然后出现了斗争"，《华尔街日报》，2017 年 10 月 19 日，https://www.wsj.com/articles/tezos-raised-232-million-in-a-hot-coin-offering-then-a-fight-broke-out-1508354704；杰夫·约翰·罗伯茨，"Tezos 拒绝回答有关美国证交会对其 2.32 亿美元 ICO 进行调查的传言"，《财富》，2017 年 10 月 28 日，http://fortune.com/2017/10/28/tezos-sec/；克洛伊·康沃尔，"这个 2.32 亿美元 ICO 引发的争议将让监管压力变得更紧"，《金融时报》，2017 年 10 月 26 日，https://www.ft.com/content/fcb16026-b45a-11e7-aa26-bb002965bce8.

107. 同上。

108. 斯坦·希金斯,“中国的加密货币交易所在 ICO 禁令发布后下架代币”,CoinDesk 网站,2017 年 9 月 6 日,https://www.coindesk.com/chinas-exchanges-yank-token-listings-ico-crackdown/.

109.“美国证交会发布报告,称数字资产 DAO 代币是证券”,美国证交会,2017 年 7 月 25 日,https://www.sec.gov/news/press-release/2017-131.

110. 迈克尔·凯西于 2017 年 6 月 26 日对其进行的电话采访。

111. 斯坦·希金斯,“60 分钟筹得 2 亿美元:虽然存在技术问题,Filecoin ICO 融资也创下纪录”,CoinDesk 网站,2017 年 8 月 10 日,https://www.coindesk.com/200-million-60-minutes-filecoin-ico-rockets-record-amid-tech-issues/.

112. 弗雷德·威尔逊,“开放协议的黄金时代”,AVC 网站,2016 年 7 月 21 日,http://avc.com/2016/07/the-golden-age-of-open-protocols/.

113. 迈克尔·凯西 于 2017 年 3 月 23 日对其进行的采访。

114. https://interledger.org/.

115. 可参见权泽(Jae Kwon)和伊桑·布赫曼的白皮书,《Cosmos:分布式账本网络》”,https://github.com/cosmos/cosmos/blob/master/WHITEPAPER.md.

116. 迈克尔·凯西于 2016 年 6 月 19 日在德国海德堡对其进行的采访。

117. https://tokenstars.com/.

118. 凯德·梅斯,“忘掉比特币吧,区块链可以揭示今天和明天的真相”,《连线》,2017 年 3 月 22 日,https://www.wired.com/2017/03/forget-bitcoin-blockchain-reveal-whats-true-today-tomorrow/.

119. 来源于2017年8月8日分享给迈克尔·凯西的白皮书草稿。

第五章

120. 克劳斯·施瓦布,《第四次工业革命》,(Crown, 2017)。

121. 布鲁斯·施奈尔,《物联网的入侵会转变为现实世界的大规模灾难》, Motherboard 网站, 2016 年 7 月 25 日, https://motherboard.vice.com/enus/article/qkjzwp/the-internet-of-things-will-cause-the-first-ever-large-scale-internet-disaster.

122. 维纳·珀斯沃伦和保罗·布罗迪,《设备民主:拯救物联网的未来》, 2014 年 9 月, http://www-01.ibm.com/common/ssi/cgi-bin/ssialias? htmlfid=GBE03620USEN.

123. 安迪·格林伯格, "这个'魔鬼般聪明'的后门被隐藏在计算机芯片的一个小角落里", 2016 年 6 月 1 日, https://www.wired.com/2016/06/demonically-clever-backdoor-hides-inside-computer-chip/.

124. 若要全面看待可信计算模式的正反两面,参见《可信计算:风险和机遇》,电子前线基金会, 2003 年 10 月 1 日, https://www.eff.org/wp/trusted-computing-promise-and-risk.

125. 背景信息可参见"超级账本锯齿湖文档", https://intelledger.github.io/.

126. 丹尼尔·帕尔默, "哈希算法出问题了? IOTA 的价格因其技术受到批评而持续下跌", CoinDesk 网站, 2017 年 9 月 8 日, https://www.coindesk.com/broken-hash-function-iota-price-drops-on-tech-critique/.

127. 可参见红迪网论坛 IOTA 版块的一些评论, https://www.reddit.

com/r/Iota/comments/6z87sw/allofthisfudisagoodsign/? st = j8ks3khu&sh = 8be3c663.

128. Limo,"竞争对手和艾米·凯斯托:利用声誉及诋毁 IOTA 的故事",The Tangler 网站,2017 年 9 月 13 日,http://www.tangleblog.com/2017/09/13/competitors - amy - castor - tale - reputation - usage - discredit - campaign/.

129. 米斯蒂·温德,"IOTA 联合创始人谢尔盖·伊万契格洛(化名 Come - from - Beyond)回应 IOTA 代码中所谓的漏洞传言,称根本不存在漏洞",Medium 网站,2017 年 9 月 10 日,https://medium.com/@mistywind/iota - cofounder - sergey - ivancheglo - aka - come - from - beyonds - responses - to - the - ongoing - fud - about - so - ea3afd51a79b.

130. https://www.trustediot.org/.

131. 杰米·雷德曼,"国土安全局向公证通提供 20 万美元以奖励其 ID 系统",Bitcoin 网站,2016 年 6 月 18 日,https://news.bitcoin.com/dhs - awards - 200k - factom/.

132. G. 阿纳科特利斯纳恩,"莫迪呼吁富裕国家降低碳排放,于贫穷国家共享碳空间",The Hindu 网站,2015 年 12 月 1 日,http://www.thehindu.com/sci - tech/energy - and - environment/cop21 - paris - climate - conference - narendra - modi - cautions - against - unilateral - steps - in - combating - climate - change/article7933873.ece.

133. 凯蒂·费伦巴彻,"在阿布扎比酋长国,创下了令人惊讶的太阳能价格世界纪录",财富网站,2016 年 9 月 19 日,http://fortune.com/2016/09/19/world - record - solar - price - abu - dhabi/.

134. 杰夫·圣·约翰,"微电网在飓风"桑迪"下如何提供帮助",

Greentech Media 网站,2012 年 11 月 20 日，https://www. greentechmedia. com/articles/read/how – microgrids – helped – weather – hurricane – sandy.

135. 来自其与迈克尔·凯西分享的初步方案草稿。

136.“能源公司与落基山研究所及网格奇点携手发起全球能源区块链倡议组织”,2017 年 3 月 8 日,落基山研究所,https://www. greentechmedia. com/articles/read/how – microgrids – helped – weather – hurricane – sandy.

137. 凯蒂·里拓，“在契普多墨西哥餐厅的大肠杆菌危机爆发一年后,该连锁店仍处于危机中”，CNBC. com,2016 年 10 月 31 日，https://www. cnbc. com/2016/10/31/one – year – after – chipotles – e – coli – crisis – chain – still – struggling. html.

138. www. provenance. org.

139. 罗伯特·哈克特，“沃尔玛与 IBM 合作,将中国猪肉登记在区块链上”,《财富》,2016 年 10 月 19 日，http://fortune. com/2016/10/19/walmart – ibm – blockchain – china – pork/.

140. 皮特·里佐，“世界上最大的矿业公司计划用区块链为供应链服务”，CoinDesk 网站,2016 年 9 月 23 日，https://www. coindesk. com/bhp – billiton – blockchain – mining – company – supply – chain/.

141. 吉安·沃尔皮利,“区块链如何帮助制止来自冲突地区钻石的流通”,《连线》杂志英国版,2017 年 2 月 15 日，http://www. wired. co. uk/article/blockchain – conflict – diamonds – everledger.

142. 来自其在 2017 年 3 月 2 日发给迈克尔·凯西的电子邮件。

143.“洛克马丁与 Guardtime Federal 就创新网络科技签约”，洛克马丁网站,2017 年 4 月 27 日，http://news. lockheedmartin. com/2017 – 04 – 27 –

Lockheed - Martin - Contracts - Guardtime - Federal - for - Innovative - Cyber - Technology.

144. 来自2017年3月22日迈克尔·凯西对大卫·布莱恩及马克·豪兰这两位联席总裁进行的采访。

145. “重构建筑业:达成更高生产力的路径”,麦肯锡全球研究所,2017年2月,file:///Users/michaelcasey/Downloads/MGI - Reinventing - Construction - Executive - summary. pdf.

146. 金·纳什和瑞秋·金,“IBM发起迄今最大的区块链实施项目”,华尔街日报网站,2016年7月29日,https://blogs. wsj. com/cio/2016/07/29/ibm - set - to - launch - one - of - the - largest - blockchain - implementations - to - date/.

147. “渣打银行进行区块链贸易融资工具实验”,PYMNTS. com网站,2017年4月3日,http://www. pymnts. com/news/b2b - payments/2017/standard - chartered - hong - kong - blockchain - distributed - ledger - trade - finance - banking - pilot - blockchain - hong - kong/.

148. 安德鲁·索尔斯,“在650万美元的实验计划后,富士康使用区块链为新型供应链融资平台服务”,SCF Briefing网站,2017年3月17日,http://www. scfbriefing. com/foxconn - launches - scf - blockchain - platform/.

149. 迈克尔·凯西和黄平达,“得益于区块链,全球供应链将会更为完善”,《哈佛商业评论》,2017年3月13日,https://hbr. org/2017/03/global - supply - chains - are - about - to - get - better - thanks - to - blockchain.

150. https://www. beltandroadblockchain. org/.

151.“中国的‘一带一路’：它会重塑全球贸易吗?”播客速记，2016年7月，McKinsey. com 网站，https://www. mckinsey. com/global – themes/china/chinas – one – belt – one – road – will – it – reshape – global – trade.

第六章

152. 中本聪，《比特币：点对点货币的开源实施方案》，P2P 基金会，2009 年 2 月 11 日，http://p2pfoundation. ning. com/forum /topics/bitcoin – open – source.

153. 凯伦·威瑟，“细算金融危机的整体成本”，彭博社网站，2012年 9 月 14 日，https://www. bloomberg. com/news/articles/2012 – 09 – 14/tallying – the – full – cost – of – the – financial – crisis.

154. DTCC 在其网站上统计每年的每天中失败次数：http://www. dtcc. com/charts/daily – total – us – treasury – trade – fails.

155. 迈克·赫恩，“比特币实验的结论”，Medium 网站，2016 年 1 月 14 日，https://blog. plan99. net/the – resolution – of – the – bitcoin – experiment – dabb30201f7.

156. 迈克尔·刘易斯，《大空头：走进末日机器》（Norton，2010）。

157. 劳伦斯·刘易恩，“巴菲特如何利用‘金融大杀伤性武器’赚取数十亿美元”，雅虎财经，https://finance. yahoo. com/news/how – buffett – used—financial – weapons – of – mass – destruction—to – make – billions – of – dollars – 175922498. html.

158. 其于 2016 年 9 月 18 日发给迈克尔·凯西的电子邮件中的评论。

159. 提姆·斯万森，“公共区块链的结算最终性风险”，Tabbforum.

com 网站，2016 年 12 月 30 日，http://tabbforum. com/opinions/settlement – risks – involving – public – blockchains.

160. “区块链与央行：第二篇”，Finextra 网站，2017 年 1 月 9 日，https://www. finextra. com/blogposting/13532/blockchain – and – central – banks – a – tour – de – table – part – ii.

161. 其在 2017 年 9 月 1 日发给迈克尔·凯西的电子邮件里的评论。

162. 约翰·巴尔代尔和迈克尔·库玛霍夫，“员工工作报告第 605 号：No. 605：央行发行数字货币的宏观经济学”，英国央行，2016 年 7 月，http://www. bankofengland. co. uk/research/Documents/workingpapers/2016/swp605. pdf.

163. http://hyperledger. org/about.

164. 伊藤穰一经常做出此类对比，包括《麻省理工技术评论》于 2017 年 4 月 18 日举办的“区块链商业”会议中发表的评论。

165. 2016 年 1 月 28 日在新泽西州泽西市 DTCC 办公室里的评论。

166. “IBM 为开发者提供区块链及服务应用，决心让区块链的商业应用做好准备”，IBM，2016 年 2 月 16 日，https://www – 03. ibm. com/press/us/en/pressrelease/49029. wss.

第七章

167. 豪尔赫·萨洛蒙，“布宜诺斯艾利斯南部的一个玻利维亚小镇查鲁雅”，《西班牙国家报》，2016 年 2 月 12 日，http://www. elpaisonline. com/index. php/2013 – 01 – 15 – 14 – 16 – 26/sociedad/item/204708 – el – barrio – charrua – una – pequena – bolivia – en – el – sur – de – buenos – aires.

168. 赫尔南多·德·索托，《资本谜事：为何资本主义在西方胜利却在其他各处失败》,(Basic Books, 2000)。

169. 洛瑞·雷顿,“前十个没有银行服务或银行服务不足的城市”,2017 年 3 月 29 日,https://www.goebt.com/the-top-10-unbanked-and-underbanked-cities/.

170. 全球 Findex 数据库,世界银行,2014, http://www.worldbank.org/en/programs/globalfindex.

171. 可持续发展目标,联合国,http://www.un.org/sustainabledevelopment/poverty/.

172. 世界银行扶贫协商小组,“2014 年预计有 310 美元国际资金投入到普惠金融中”, CGAP 网站,2016 年 1 月 19 日,http://www.cgap.org/news/2014-saw-31-billion-international-funding-financial-inclusion.

173. 约书亚·J. 马克,“美索不达米亚的圆柱形印章:其历史及显著性”,《古代历史百科全书》,2015 年 12 月 2 日,http://www.ancient.eu/article/846/.

174. 大卫·卢德曼,“引领穷人贷款的格莱珉乡村银行遭遇还款问题”,全球发展中心,2010 年 2 月 9 日,https://www.cgdev.org/blog/grameen-bank-which-pioneered-loans-poor-has-hit-repayment-snag.

175. 迈克尔·凯西,“区块链能为穷人赋能并释放全球增长潜力吗?”,Techonomy 网站,2016 年 3 月 7 日,http://techonomy.com/2016/03/blockchain-global-growth/

176. 罗拉·辛,福布斯网站,2016 年 4 月 21 日,“格鲁吉亚共和国与经济学家赫尔南多·德·索托及 BitFury 公司一起进行区块链房产登记实验”,https://www. forbes. com/sites/laurashin/2016/04/21/republic - of - georgia - to - pilot - land - titling - on - blockchain - with - economist - hernando - de - soto - bitfury/#3c381e6144da.

177.“由区块链提供保障的房地产交易平台 Ubitquity 与美国的‘Rising Barn’合作进行产权登记”,Ubitquity. io 网站,2016 年 10 月 17 日,https://www. ubitquity. io/blog/ubitquityllcpartners_prioritytitleblockchain10172016. html.

178. 土地治理评估框架,最终报告草稿,世界银行,2015 年 9 月,http://siteresources. worldbank. org/INTLGA/Resources/SierraLeoneFinal_DraftReportOct12v2. pdf; 也可以参见:塞拉利昂土地部国家规划和环境局,《塞拉利昂国家土地政策草稿》,联合国发展计划,2015 年 8 月 1 日,http://www. sl. undp. org/content/dam/sierraleone/docs/projectdocuments/environment/Land%20Policy%20SL%20151214%20FINAL. pdf.

179. 维多利亚 · 勒米厄,“信任记录:区块链技术是答案所在吗?”,《记录管理杂志》26, no. 2 (2016): 110—139, doi: 10.1108/RMJ - 12 - 2015 - 0042。

180.《释放国家的财富》, http://wealthofnations. media. mit. edu/node/2.

181. 麻省理工学院几个项目的细节来自迈克尔 · 凯西与这些组织的合作,更多的信息可在该实验室的网站查看,https://www. media. mit. edu/.

182. 全球移动通信系统协会的移动货币部署状况跟踪器,http://www. gsma. com/mobilefordevelopment/m4d - tracker/mobile - money - deployment - tracker.

183．卡罗·雷尼，“无法享受银行服务的客户渴求更完善的服务”，carolrealini 网站，2015 年 2 月 7 日，http://www.carolrealini.com/unbanked-consumers-better-banking-services/.

184. 罗布·西略，“机场宾馆呼吁共享 Safaricom 的 M-PESA 平台”，Capital Business 网站，2015 年 7 月 3 日，http://www.capitalfm.co.ke/business/2015/07/airtel-presses-for-share-of-safaricoms-m-pesa-platform/.

185. 世界汇款费用，世界银行，https://remittanceprices.worldbank.org/en/corridor/United-States/Jamaica.

186. 罗拉·辛，“格雷克罗夫特投资公司领投，比特币支付公司 BitPesa 融得 1 000 万美元”，福布斯网站，2017 年 4 月 30 日，https://www.forbes.com/sites/laurashin/2017/08/30/bitcoin-payments-firm-bitpesa-secures-greycroft-as-lead-investor-for-10-million-total-funding/#4dfaefb66066.

187. 卢克·帕克，“比特币处理了韩国到日本之间的 20% 汇款需求”，Brave New Coin 网站，2016 年 9 月 14 日，https://bravenewcoin.com/news/bitcoin-remittances-20-percent-of-south-korea-philippines-corridor/.

188. 纽约金融服务局，纽约法规、规则与条例，第 23 篇第一章第 200 节：虚拟货币，http://www.dfs.ny.gov/legal/regulations/adoptions/dfsp200t.pdf.

189. Maria Konnikova，“友情的极限”，纽约客网站，2014 年 10 月 7 日，https://www.newyorker.com/science/maria-konnikova/social-media-affect-math-dunbar-number-friendships.

第八章

190. 玛利亚娜·达韩阿兰·格尔布,《2015 年后发展议程中的身份目标》,世界银行,2015 年 9 月 17 日,http://www.worldbank.org/en/topic/ict/brief/the-identity-target-in-the-post-2015-development-agenda-connections-note-19.

191. “人口贩卖及艾滋病研究项目”,联合国教科文组织,2017 年 7 月 4 日,http://bangkok.unesco.org/content/trafficking-and-hivaids-project.

192. 黄桥安(Joon Ian Wong),“微软认为区块链技术可以解决互联网最大的问题之一:数字身份”,2017 年 6 月 1 日,https://qz.com/989761/microsoft-msft-thinks-blockchain-tech-could-solve-one-of-the-internets-toughest-problems-digital-identities/.

193. 珍妮特·罗德里格斯,“纵使人们对被监视存在恐惧,印度的身份项目还是应得到世界银行的赞赏”,彭博新闻网站,2017 年 3 月 15 日,https://www.bloomberg.com/news/articles/2017-03-15/india-id-program-wins-world-bank-praise-amid-big-brother-fears.

194. 桑迪·普非肯,“Aadhaar 支付:新型 App 消除了交易费、借记卡和信用卡”,NDTV 网站,2017 年 3 月 8 日,http://www.ndtv.com/india-news/aadhaar-pay-new-app-does-away-with-transaction-fee-debit-credit-cards-1667254.

195. 肖恩·沃特曼,“纳斯达克称其在爱沙尼亚的电子投票实验很成功”,CyberScoop 网站,2017 年 1 月 25 日,https://www.cyberscoop.com/nasdaq-estonia-evoting-pilot/.

196. 德鲁·斯普尼尔、特拉维斯·芬克瑙、萨基尔·德鲁梅里克、杰森·基特、哈里·赫斯迪、玛格丽·玛卡恩品和 J. 亚历克斯·黑尔德曼，“爱沙尼亚互联网投票系统的安全性分析”，2014 年第 21 届计算机与通信安全会议，2014 年 11 月 3—7 日，http://dx. doi. org/10. 1145/2660267. 2660315.

197. 来自其与迈克尔·凯西于 2015 年 6 月在纽约市进行的会议。

198 . 大卫·伯奇，《身份是新货币》，（London Publishing Partnership，2004）。

199. “数字身份蓝图：金融机构在打造数字身份中的角色”，世界经济论坛，2016 年 8 月，http://www3. weforum. org/docs/WEFA_Blueprint-forDigitalIdentity. pdf.

200 . “通过可信数据互联网：身份和数据共享的新框架”，2016 年 8 月，麻省理工 Connection Science，https://www. nist. gov/sites/default/files/documents/2016/09/16/mitrfiresponse. pdf.

201. 约克·罗兹，“身份在今天的现实和数字世界中意味着什么?”，微软网站，https://azure. microsoft. com/en – us/blog/what – does – identity – mean – in – today – s – physical – and – digital – world/.

202. 罗恩·米勒，“在区块链上管理身份的前景”，TechCrunch 网站，2017 年 9 月 10 日，https://techcrunch. com/2017/09/10/the – promise – of – managing – identity – on – the – blockchain/.

203. 胡安·高尔特，“安德烈亚斯·安东诺普洛斯：为何反对信誉和身份系统”，《比特币杂志》，2015 年 12 月 19 日，https://news. bitcoin. com/andreas – antonopoulos – case – reputation – identity – systems/.

204. 同上。

205. 拉塞尔·布兰登，“你的手机的最致命漏洞是你的指纹”，The

Verge 网站, 2016 年 5 月 2 日, http://www. theverge. com/2016/5/2/11540962/iphone - samsung - fingerprint - duplicate - hack - security.

206. 克里斯·亚戈斯,“数字身份与区块链”学习机器博客,2017 年 7 月 16 日,https://medium. com/learning - machine - blog/digital - identi-ty - and - the - blockchain - 10de0e7d7734.

207. 克里斯·艾伦,《通往自我主权身份的道路》,敏捷生活博客,2016 年 4 月 25 日,http://www. lifewithalacrity. com/2016/04/the - path - to - self - sovererreign - identity. html.

第九章

208. 马克·安德森,《为何软件正在吃掉世界》,《华尔街日报》,2011 年 8 月 20 日,https://www. wsj. com/articles/SB10001424053111903480904576512250915629460.

209. S. 加萨诺夫,《发明的伦理:技术与人类的未来》,(W. W. Nor-ton, 2016)。

210. 奥斯卡·王尔德,《社会主义下人的灵魂》,首次发表于《双周评论》,1891 年 2 月,第 292 页。

211.《蓝色列表和红色列表:一起看看自由派和保守派的脸书账号》,《华尔街日报》,http://graphics. wsj. com/blue - feed - red - feed/.

212. 克雷格·西尔弗曼和劳伦斯·亚历山大,“巴尔干地区的青少年是如何用假新闻愚弄特朗普支持者的”BuzzFeed 网站, 2016 年 11 月 3 日,https://www. buzzfeed. com/craigsilverman/how - macedonia - became - a - global - hub - for - pro - trump - misinfo.

213. 在 2015 年,知识共享基金会估计有 11 亿份许可。由于很多知名的平台和文档库都有大量刊载与此许可相关的材料，因此按照2015年前的五年间其许可协议的使用率翻了三倍计算，可以合理推测在2017年的数字将会更大。若要查看2015年的预计数字，可参见如下网址：https://stateof.creativecommons.org/2015/.

214. 罗伯特·霍夫，“MetaX如何计划用区块链制止广告诈骗”，福布斯网站，2017年3月21日，https://www.forbes.com/sites/roberthof/2017/03/21/how-metax-plans-to-use-blockchain-to-stop-ad-fraud/#2e417d0e59da.

215. “《加密货币时代》一书被记录到比特币区块链上”，CoinDesk媒体，2015年2月3日，https://www.coindesk.com/age-of-cryptocurrency-bitcoin-blockchain/.

216. 2017年7月28日，在英属维尔京群岛内克尔岛的2017区块链峰会期间，迈克尔·凯西对伊摩琴·希普进行的采访。

217. “伊摩琴·希普——未来音乐——1/2，London Real” YouTube网站，2015年12月27日，https://www.youtube.com/watch?v=IkLrdRx0F6w.

218. 兰斯·昆斯，“版权的‘双重花费’：数字化的首次销售”，Medium网站，2016年4月27日，https://medium.com/creativeblockchain/copyrights-double-spend-problem-digital-first-sales-f18c586612b9.

219. 2017年3月25日迈克尔·凯西对Mediachain创始人杰西·沃尔登进行的电话采访。

220. 同上。

221. 蒂姆·歌赛尔林，“一种用于奖励知识共享创造者的新型加密货币”，mediachain.io网站，2017年3月9日，https://blog.mediachain.io/

a – new – cryptocurrency – to – reward – creative – commons – creators – e41e 1791c4c0.

222. 萨拉 · 佩雷斯，“声破天收购区块链初创企业 Mediachain 以解决音乐的归属问题”，TechCrunch 网站，2017 年 4 月 26 日，https://techcrunch. com/2017/04/26/spotify – acquires – blockchain – startup – mediachain – to – solve – musics – attribution – problem/.

223. 托德 · 斯潘格勒，“声破天公司为‘不匹配’的歌曲向音乐创作人支付超过 2 000 万美元版税”，Variety 网站 2016 年 3 月 17 日，http://variety. com/2016/digital/news/spotify – nmpa – music – publishers – royalties – 1201732879/.

第十章

224. https://bitnation. co/.

225. 布赖恩 · 福德，“希拉里 · 克林顿与区块链” TechCrunch 网站，2016 年 7 月 7 日，https://techcrunch. com/2016/07/07/hillary – clinton – and – the – blockchain/.

226. 戴安娜 · 尼格，“政府和非政府组织正考虑将 Neocapita 的区块链实验项目用于电子化治理”，《比特币杂志》，2017 年 3 月 31 日，https://bitcoinmagazine. com/articles/governments – ngos – consider – neocapitas – blockchain – pilots – e – governance/.

227. 阿里 · 布兰德，“立法者介绍区块链核心会议”，The Hill 网站，2017 年 2 月 9 日，http://thehill. com/policy/technology/318845 – lawmakers – introduce – the – blockchain – caucus.

228. 杰夫 · 约翰 · 罗伯茨，《公司今天就可以将股东记录放到区块链上了》,《财富》,2017 年 8 月 1 日 ,http://fortune. com/2017/08/01/blockchain – shareholders – law/.

229. 安娜·伊雷拉,“伊利诺伊州监察部门成为首个加入 R3 CEV 区块链联盟的美国监管机构”,路透社网站,2017 年 3 月 16 日,https://www. reuters. com/article/us – blockchain – illinois/illinois – watchdog – first – u – s – regulator – to – join – blockchain – consortium – r3 – idUSKBN16N2FN.

230. The Traderman 组织,“Chainanalysis 与欧洲刑警组织的欧洲网络犯罪中心合作”,The Merkle 网站,2016 年 2 月 22 日,https://themerkle. com/chainanalysis – partners – with – europols – european – cybercrime – centre/.

231. https://www. fca. org. uk/firms/regulatory – sandbox.

232. 尤西·吉拉德、罗姆·赫默、希尔维奥·米卡里、乔治奥斯·弗拉克斯和尼克莱·泽尔维奇,“Algorand:为加密货币而设的可扩展拜占庭协议”,麻省理工学院人工智能实验室网站,https://people. csail. mit. edu/nickolai/papers/gilad – algorand – eprint. pdf.

233. 英国政府科学办公室,《分布式账本技术:超越区块链》,2016 年 1 月 19 日。

234. 凯莉·安娜·科维,“新闻秘书给出‘另类事实’”,来自对国家广播公司新闻网查克·托德的采访,2017 年 1 月 22 日,https://www. nbcnews. com/meet – the – press/video/conway – press – secretary – gave – alternative – facts – 860142147643.

索 引

Aadhaar, 205, 217
Abra, 194
Abu Dhabi, 135
Accenture, 168
adChain, 232
advertising industry, 92–99
Age of Cryptocurrency, The (Casey and Vigna), ix, x, 12, 31n, 41, 49, 61, 69, 115, 164, 194, 226, 232
Aho, James, 27–28
Ahoolee, 104
Airbnb, 9, 104, 224
Akinyemi, Julius, 188
Ali, Robleh, 165
Alibaba, 97
Allen, Chris, 219–20
Allison, Julia, 37
Al-Mheimed, Najah Saleh, 2, 262
al-Shabaab, 196
altcoins, 61, 89, 112
Amazon, 38, 51, 97, 113, 125–26, 155, 171, 213, 250
AMD, 128
Andreessen, Marc, 52, 223
Andreessen Horowitz, 107
AngelList, 107
Anthem Health, 47
anti-authoritarianism, 17
anti-establishment movement, 9, 154
anti-Semitism, 167
anti-trust legislation, 247–48
Ant-miner, 76
Antonopoulos, Andreas, 215–16
Apple, 38, 39, 58, 125, 146, 166, 217, 250
application processing interfaces (APIs), 133–34
Argentina, 175–76
art. *See* innovation and art
Azaria, Asaph, 48
Azraq refugee camp (Jordan), 1–6

BakerHostetler, 107
Bancor, 105, 107
banking. *See* financial crisis of 2008; financial sector; monetary and banking systems
BanQu, 211–12
basic access token (BAT), 91, 95–98, 115
Basic Attention token, 115, 231–32. *See also* Brave Software Inc.
Beale, Inga, 40
Behlendorf, Brian, 168

Belt and Road Blockchain Consortium, 149–50
Benet, Juan, 250
Berners-Lee, Tim, 250, 254
Bessemer Venture Partners, 107
Big Data, 52–53, 197, 209, 215
Birch, David, 207
bitcoin, use of the term, ix, 68
Bitcoin, ix–xi
"civil war," 72–79
consensus logic, 33–34, 71
and cybersecurity, 44–48
and Cypherpunk movement, 31, 52
and decentralization, 4, 64, 66–67, 71, 73, 79
digital assets, 71–72
and financial sector, 9–10
and forks, 74–76
history of, 17, 19–20, 29–30, 52
and open-source innovation, 173, 227
permissionless ideal of, 45, 60–61, 63–72, 163, 173, 192, 216, 219, 238, 258
price of, 11–12
and privacy, 33, 87–88
Satoshi Nakamoto, (pseudonymous creator), 17, 19, 29–31, 49, 60, 63, 66–67, 69, 71, 78, 112, 153–55, 157, 162
and scalability, 131, 133, 147, 163, 238, 251, 258
and security, 39–40, 43–48
SHA-256 hashing algorithm, 32, 70, 132
and trust, 58
Bitcoin Cash (BCH), 77–78
Bitcoin Core, 75, 78
Bitfinex, 110
BitFury, 186
BitLand, 186
BitLicense regulation, 53–54, 195
Bitmain, 76–77
BitPesa, 194
black-hat hackers, 40
blockchain agnostic, 129
blockchain and blockchain technologies
censorship resistance, 66–68, 71, 78
and Cypherpunk community, 6, 31, 49, 64–67, 251
definition and use of the term, xi, 12–15, 19, 64–66, 69
distributed trust protocol, 45, 47, 52, 122, 124, 127, 130, 173, 198, 210, 226, 256–57
and double-spending problem, 3, 49–50, 66, 68, 71, 88, 102, 131, 189, 228, 235
and energy sector, 134–41
and financial inclusion, 178–80, 191, 193, 196, 198–99, 212
and financial industry, 9–10, 151–73
and governance and citizenship, 243–63
hashes, 32, 69–70, 132, 134, 142, 182–84, 187, 214, 219, 227–28, 232
history of, 18–19, 64–72
and identity information, 201–20
and innovation and art, 221–41
and international agencies, 1–6
and Internet of Things, 8, 41, 52, 81, 121–37, 140, 143, 149, 167, 190, 223, 226, 254
and Internet 3.0, 9
potential of, 6–15, 52–53
provably signed transactions, 65
and record-keeping, 17–35
and registries, 175–91
replicated, 65
and security, 39–61
sequentially linked and cryptographically secured transactions, 65
software-driving consensus, 66
and supply chains, 141–50
talent pool, 78, 83, 9899, 114, 117, 168, 259

tokens, 91–120
and trust, 34
as truth machine, 20, 35, 102, 117, 122, 152, 220, 260, 263
See also Bitcoin; distributed ledger technology; Ethereum; permissioned (private) blockchains; permissionless blockchains
Blockchain Capital, 107
blockchain-distributed ledger, 3, 10, 78–79, 153, 161. *See also* double-spending
Blockchain Health, 48
Blockchain.info, 168
blockchain labs, 5, 159
block.one, 89, 108–9, 258
Blockstream, 75, 76, 78, 116, 168, 219
Bloq, 168
Blue Apron, 108–9
Bosch, 133
Brave New, 251
Brave Software Inc., 91–99
Basic Attention token, 115, 231–32
Breitman, Arthur, 107–8
Breitman, Kathleen, 107–8
Brexit, 23, 158, 255. *See also* United Kingdom
Brody, Paul, 126–27
Burniske, Chris, 12
Buterin, Vitalik, 79–83, 86, 99–100
BuzzFeed, 38, 238
Byrne, Preston, 158

capitalism, 25, 28, 94, 101, 115–16, 119–20, 180, 244
Carlson-Wee, Olaf, 105
Casares, Wences, 73
Casey, Michael, x, 189, 198. *See also Age of Cryptocurrency, The* (Casey and Vigna)
CCcoin, 239–40. *See also* Creative Commons
censorship resistance, 66–68, 71, 78
Chain Inc., 45
Chainalysis, 196–97
Charrúa, 175–76
China, 76, 109, 135, 143, 146, 149, 201, 262
Chipotle, 141–44
Chowdhry, Bhagwan, 118
Christianity, 25, 27–28
Chromaway, 184, 186
Cisco, 10, 60, 128, 133
climate change, 118–19, 134–35, 139
Climate Coin, 118
Clinton, Hillary, 230, 252
cloud computing, 8, 41, 125, 171, 213
CME Group, 88
"code is law," 54–56, 249
Code of Hammurabi, 18, 25
Coin Center, 54
CoinCircle, 106, 118
CoinDesk, 98
Bitcoin Price Index, 12
Cointracker, 105
Consensus conference, 10
Coinfund, 110
Coinlist, 110
Cold War, 262–63
Colored Coins, 183–84
Comcast, 125, 232
commons, the, 94, 118, 230–31, 237–40. *See also* Creative Commons; Tragedy of the Commons
Commuterz, 7–8
ConsenSys, 82–83, 100, 133, 213, 233
Constitution, U.S., 243–44
Context Labs, 133–34
Cooley, 105, 107, 111
COP 23, 139
Corda platform, 10. *See also* R3 CEV
Cosmos, 116
costs-per-impression measures (CPMs), 92
Craigslist, 13–14
Creative Commons, 94, 231, 237–40

credit default swap (CDS), 21, 160–61
Crowdfunder, 107
crowdfunding, 11, 56, 81, 88, 91
crypto-asset analysts, 12
crypto-assets, 72, 107
Crytpo Company, 107
cryptocurrency, 11, 20, 33, 49, 197
  and criminality, 193
  and Cypherpunk movement, 31n
  and decentralization, 63, 66, 168
  and fair distribution, 112
  and financial sector, 156–57, 162–63
  and Fourth Industrial Revolution, 126–27
  hoarding, 165, 258
  investors, 85, 104–6
  and privacy, 87–90
  and quantum computing, 32n
  and regulatory challenges, 53, 109
  See also Bitcoin
cryptography
  and blockchain technology, 12, 20, 64–65
  and data storage, 238
  and financial sector, 156, 162
  hashes, 32, 69–70, 132, 134, 142, 182–84, 187, 214, 219, 227–28, 232
  history of, 30
  and identity, 203–4, 210–11, 214–15, 218
  and math, 32–33
  Merkle Tree, 70
  practical byzantine fault tolerance (PBFT), 156
  and registers, 176–77
  and security and privacy, 32–33, 48–49, 51, 56, 87–90, 128, 132, 210–11
  signatures, 30
  and supply chains, 142, 144, 148
  and tokens, 119
  triple-entry bookkeeping, 30–31
  and trust, 257
crypto-impact-economics, 118
Cryptokernel (CK), 165, 258
crypto-libertarians, 6, 248
cryptomoney, 52
Cryptonomos, 11
Cuende, Luis Iván, 181–82
Cuomo, Jerry, 170
cyber-attacks, 47, 257
  ransom attacks, 47, 87, 193
cybersecurity, 39–43
  and decentralized trust model, 42, 44–48
  device identity model, 46
  shared-secret model, 46
Cypherpunk manifesto, 51–52
Cypherpunk movement and community, 6, 31, 49, 64–67, 251

DAO, The (The Decentralized Autonomous Organization), 55–57, 84–86, 102–3, 109
Dapps. *See* decentralized applications (Dapps)
Dash, 33, 88
data analytics, 122–23, 197
data-stores, 41, 214, 238, 250
de Soto, Hernando, 177, 180, 185, 188
Debevoise Plimpton, 107
decentralization
  Bitcoin, 4, 64, 66–67, 71, 73, 79
  blockchain technology, 12, 14, 19–20
  computing, 6, 8, 79, 96
  data storage, 237–39
  energy sector, 134–41
  financial sector, 162, 164–65, 168, 171–72, 190–91
  governance, 237–39, 243–44, 246–52, 257–58
  identity, 5, 204, 207, 211, 213
  innovation, 223–24, 228, 230
  Internet and Web, 11
  Internet of Things, 8, 52–53, 127, 129–34

ledger-keeping, 2, 61
media and content, 9
ride-sharing, 7–8
and token economy, 108–14
trust, x, 8, 40, 42–46, 48–51, 53–58, 126, 184, 237
decentralized applications (Dapps), 11, 80, 82–83, 89, 91, 99, 101–3, 113, 116, 171
decentralized autonomous organizations, 54. *See also* DAO, The (The Decentralized Autonomous Organization)
delegated proof-of-stake, 90
dematerialization, 123, 148
Democratic National Committee, 43
Depository Trust & Clearing Corp. (DTCC), 10, 44, 155, 162, 168
Devcon, 80
device identity model, 46
Digital Asset Holdings, 10, 159, 160, 162, 168, 170
digital assets, 9, 54, 61, 71–72, 80, 91, 102, 114–15, 146–47, 228, 233, 235, 238
Digital Chamber of Commerce, 54
Digital Currency Initiative (MIT), 5, 132, 165, 189, 252
digital rights management (DRM), 234–35
distributed denial of service (DDOS), 41, 82
distributed ledger technology, xi, 3, 10, 20, 33, 44–45, 60, 68, 78–79, 145, 152–54, 157, 159–62, 213, 253, 256
distributed trust systems and protocol, 45, 47, 52, 122, 124, 127, 130, 173, 198, 210, 226, 256–57
domain name system (DNS), 41, 51
dot-com bubble, 11, 101, 104, 113, 118
double-entry bookkeeping, 19, 24–30, 221. *See also* ledger-keeping
double-spending, 3, 49–50, 66, 68, 71, 88, 102, 131, 189, 228, 235
Draper, Adam, 107
Draper, Bill, 107
Draper, Tim, 107
Draper, William H., 107
Draper Fisher Jurvetson, 107
Dryja, Thaddeus, 75, 116
DTCC. *See* Depository Trust & Clearing Corp.
Dubai, 116–17
Dunbar, Robin, 198
Dunbar number, 198
Dyn, 41, 125

eBay, 49
Eckblaw, Ariel, 48
Economic Space Agency (ECSA), 250–51
Edge, John, 202–3
Eich, Brendan, 93, 97–98
Elliptic, 196
energy sector, 134–41
Enigma code, 30
EOS, 88–90, 105, 108–10, 157, 258, 259
Equifax, 204, 215
ERC20, 102–3
Eris Ltd., 158
Estonia, 205–6, 248, 253
ether (ETH), 55–57, 80, 82, 84–86, 92, 100, 103, 105, 109–10, 152
Ethereum, 61, 79–88, 90
adChain, 232
ConsenSys, 82–83, 100, 133, 213, 233
and decentralization, 246, 250
ether (native currency), 55–57, 80, 82, 84–86, 92, 100, 103, 105, 109–10, 152
history of, 79–87
initial coin offering (ICO), 98–103
MedRec, 47–48
and open-source innovation, 173, 227
as permissionless system, 45, 147, 163, 173, 192, 238, 258
Plasma, 86, 164

Ethereum (*cont'd*)
and scalability, 131, 133, 147, 163, 238, 251, 258
and security, 45
workforce, 114, 184
Ethereum Classic (ETC), 85–86
Ethereum Enterprise Alliance, 88
Ethereum Foundation, 57, 84, 102
Ethereum Meetup, 100

Fabric, 170
Factom, 133, 181, 187
"fake news," 23, 39, 93, 229, 260
Fibonacci, 26, 30
Filecoin, 11, 88, 105, 111
financial crisis of 2008, 21–22, 154, 159–64, 167, 196
financial inclusion, 178–80, 191, 193, 196, 198–99, 212
financial sector, 151–73
and central bank fiat digital currency, 164–67
and Hyperledger, 167–72
and permissionless systems, 172–73
and private blockchains, 156–59
and reform, 159–64
See also monetary and banking systems
Forde, Brian, 252
forks, 74–76, 85, 103, 112, 132
Fourth Industrial Revolution, 53, 121–150
and energy sector, 134–41
and Internet of Things, 124–27
and supply chains, 141–50
and trusted computing, 127–34
Foxconn, 133, 146
France, 169, 256
Francis, Pope, 175, 230
Freakonomics (Levitt and Dubner), 96
freemium model, 39
Friedman, Thomas, 48
Furst, Raif, 107

Gage, John, 122
Galt, Juan (pseudonym), 215
Gamecredits, 96
Gem, 48
Gendal-Brown, Richard, 157–58
General Data Protection Regulation (GDPR), 245
Georgia, Republic of, 186
Germany, 30, 133, 165, 262–63
Ghana, 186
Global Blockchain Business Council, 33
Global Synchronization Log, 170
Gnosis, 104
GoBitcoin.io, 68
God Protocol, 29–31
Goldman Sachs, 10, 158
Golem, 103–4
Google, 38–39, 51, 82, 113, 125, 168, 171, 201, 208, 229, 236, 249–50
Google, Amazon, Facebook, Apple (GAFA), 38
governance, 51, 119, 243–263
and Bitcoin, 86, 158
and blockchain technology, 53–54, 79, 89–90, 226
and citizenship, 259–61
and Ethereum, 84, 86
and ICANN, 149–50
and re-decentralization of the Internet, 249–52
and regulation, 252–54
and trust, 255–59
Grid Singularity, 139
Grigg, Ian, 30–31, 89, 157–58
Gün Sirer, Emin, 56, 57, 106–7, 111, 135, 142, 253

Harari, Yuval Noah, 34
Hardin, Garrett, 93–94
Hardjono, Thomas, 209
Harple, Dan, 134
hashes, 32, 69–70, 132, 134, 142, 182–84, 187, 214, 219, 227–28, 232

health care sector, 47, 206
Health Insurance Portability and Accountability Act, 47
Hearn, Mike, 157, 158, 226
Hessel, Andrew, 227–28
Hong Kong, 110, 149–50
Howey Test, 110, 111
Human Genomics, 228
Hyperledger, 10, 60, 167–72

IBM, 10, 41–42, 60, 125–26, 128, 143, 145, 157, 168–71, 212–13, 250
ICANN (Internet Corporation for Assigned Names and Numbers), 149
ICO. *See* initial coin offering (ICO)
ICORatings.com, 110–11
ID2020, 202–3
identity and identification, 201–20
  challenges of, 213–16
  redefining identity, 207–13
  and self-sovereignty, 8, 80, 203–5, 208, 213, 217–19, 260
identity-financial complex, 216
India, 13, 134–35, 140, 190, 197, 201–2, 205–6, 217
Industry 4.0 movement, 53, 144
initial coin offering (ICO), 11, 53–54, 84, 91, 98–111, 113, 133, 157, 179, 251
initial product offering (IPO), 104, 108
innovation and art, 221–41
  Creative Commons, 94, 231, 237–40
  and creative control, 228–37
  and metadata bank, 237–40
institution-building, 2, 186
Intel Corp., 10, 60, 88, 128–30, 168, 170, 212
Inter-American Development Bank, 5, 189, 253
Interledger, 116
Internet Corporation for Assigned Names and Numbers (ICANN), 149
Internet of Things (IoT), 8, 41, 52, 81, 121–37, 140, 143, 149, 167, 190, 223, 226, 254
Internet of Value, 13
Internet 3.0, 9
Interplanetary File System (IPFS), 111, 213, 238, 250
IOTA, 131–33
IPFS. *See* Interplanetary File System (IPFS)
Islamic State, 2, 4
Israel, 7–8
Ito, Joichi, x, 169, 172–73
Ivancheglo, Sergey, 132

J.P. Morgan, 10, 42, 88, 158, 160
Jagers, Chris, 219
Japan, 135, 164, 197, 227, 252–253
Jasanoff, Sheila, 224
JavaScript, 93, 97–98
Jordan, 1–6, 15, 262
Juniper Research, 40

K320 (digital currency), 165–66, 258
Kalanick, Travis, 37
Kickstarter, 11. *See also* crowdfunding
know-your-customer (KYC), 87, 195–96, 198, 212, 254
know-your-machine, 143

Larimer, Daniel, 89
ledger-keeping, 2, 17–20, 34, 50, 59, 61, 137, 156, 159
  and Bitcoin, 17, 19–20
  double-entry bookkeeping, 19, 24–30, 221
  history of, 17–28
  triple-entry bookkeeping, 30, 89, 221
  value of, 17–20
Lehman Brothers, 19, 21, 24, 28–29, 31, 155
Lemieux, Victoria L., 187
Leondrino Exchange, 117
Lessig, Lawrence, 54, 56, 231

Levine, Matt, 29
Lewis, Michael, 160
Lightning Network, 75–76, 86, 116, 126, 131, 138, 148, 162, 164, 258
Linux Foundation, 10, 168–70
Litecoin, 89, 112
Llanos, Juan, 254
Lloyd's of London, 40
LO3 Energy, 137–39
Lovejoy, James, 165, 258
Loyyal, 116–17
Lubin, Joseph, 82–83, 100–101
Ludwin, Adam, 44–45
Lyft, 7, 38
Lykke, 115–16

Madoff, Bernie, 31
Maidsafe, 103, 213, 250
Malaysian Airlines flight MH370, 42
Marshall, George C., 149–50
Marshall Plan, 149–50
Masters, Blythe, 10, 160–61
May, Tim, 51
Mediachain, 237–40
MedRec, 47–48
Merkle Tree, 70
Metastable Capital, 107
Metz, Cade, 118
Micali, Silvio, 258
microfinance, 182, 190
Microsoft, 83, 88, 125, 128, 204, 212–13, 250
Miller, Erick, 106–7, 118
Miller, Mark S., 251
MIT Media Lab, x, 48, 116, 169, 172, 188–89, 209, 219, 252
MIT Media Lab's Digital Currency Initiative, 5, 132, 165, 189, 252
Mizrahi, Alex, 183
MME, 107
Modi, Narendra, 134, 205, 206
Monax, 158
Monero, 33, 88, 197, 258
monetary and banking systems, 154
  central bank fiat digital currency, 164–67
  and community connections, 197–99
  and digital counterfeiting, 50
  mobile money systems, 191–92
  money laundering, 193, 195–96, 212, 252, 254
  See also cryptocurrency; financial sector
Moore's law, 135
Mooti, 211
Morehead, Dan, 107
Mozilla, 98, 168
M-Pesa, 191–92

Nakamoto, Satoshi (pseudonymous Bitcoin creator), 17, 19, 29–31, 49, 60, 63, 66–67, 69, 71, 78, 112, 153–55, 157, 162
Nasdaq, 190, 206, 248
Nelson, Ted, 51–52
New America Foundation, 33
New York Department of Financial Services, 53, 195
Niederauer, Duncan, 155
North American Bitcoin Conference, 81
Norway, 5

Obama, Barack, 245, 252
Occupy Wall Street, 22, 154
Ocean Health Coin, 118
off-chain environment, 73, 75–76, 86, 131, 138, 147–48, 164, 186–87, 238
Olsen, Richard, 115
open protocols, 113–14
open-source systems and movement, 132, 246, 251–52
  and art and innovation, 13, 90, 114, 228, 238
  challenges of, 63, 72, 76
  Cryptokernel (CK), 165, 258
  and data storage, 238

and financial sector, 83
and health care sector, 47–48
and honest accounting, 33
Hyperledger, 10, 60, 167–72
and identity, 213, 219
and permissioned systems, 60–61, 173
and registries, 189
and ride-sharing, 8
and tokens, 114
See also Ethereum
organized crime, 4

Pacioli, Luca, 26–27, 30
Pantera Capital, 107
Parity Wallet, 83
peer-to-peer commerce and economy, 7, 13, 20, 40–41, 80, 138, 152, 158, 179, 223, 249
Pentland, Alex "Sandy," 209
Perkins Coie, 107
permissioned (private) blockchains, 129–30
advantages of, 45, 79, 148
challenges of, 59–60, 78–79, 134, 148, 152–53, 172–73, 219
and cryptocurrency-less systems, 152–53
definition of, 44, 59–60
and finance sector, 156–59, 162–64, 168, 172–73
open-source development of, 60–61
scalability of, 79
and security, 44–45
and supply chains, 145
permissionless blockchains, 45–46, 79
Bitcoin, 45, 60–61, 63–72, 163, 173, 192, 216, 219, 238, 258
and Cypherpunks, 66–67
Ethereum, 45, 147, 163, 173, 192, 238, 258
financial sector, 152, 162–64, 168, 171–73
and identity information, 215–16, 219
mobile money systems, 192
and scalability, 147–48, 238, 258
and trusted computing, 129–31
Pink Army Cooperative, 227
Plasma, 86, 164
Polkadot, 116
Polychain Capital, 105
Poon, Joseph, 75, 86
practical byzantine fault tolerance (PBFT), 156
pre-mining, 84
pre-selling, 84
private blockchains. *See* permissioned (private) blockchains
Procivis, 211, 248
proof-of-stake algorithm, 89–90
proof of work, 67–69, 89–90, 101, 112, 156
prosumers, ix–x
Protocol Labs, 11
Provenance, 143
public key infrastructure (PKI), 65
Pureswaran, Veena, 126–27

R3 CEV consortium, 10, 60, 157–62, 172, 212, 253
ransom attacks, 47, 87, 193
Ravikant, Naval, 107, 110
Realini, Carol, 192
re-architecting, 9, 250
record keeping, 2, 4, 12–13, 171, 180, 185, 218
and proof-of-stake algorithm, 89
and supply chains, 145
and trust, ix, 129, 218, 247
See also ledger-keeping
Reddit, 41, 74, 239
refugee camps, 1–6
Regenor, James, 144–45
reputation scoring, 7, 188
Reuschel, Peter, 117
Rhodes, Yorke, 213

ride-sharing, 7, 38, 114
Commuterz, 7–8
Lyft, 7, 38
reputation scoring, 7
Uber, 7, 9, 37–38, 97, 104, 202, 224
Ripple Labs, 116
Rivest Co., 207
Rockefeller Foundation, 6
Rosenfeld, Meni, 183
rotating savings and credit associations (ROSCAs), 197–98
Russia, 43

Safaricom, 192
Santori, Marco, 105, 111
Sawtooth Lake, 129–30, 170
scalability, 14, 79, 88, 89, 131–34, 197–98, 258–59
and Bitcoin, 131, 133, 147, 163, 238, 251, 258
and Ethereum, 131, 133, 147, 163, 238, 251, 258
and permissionless systems, 147–48, 238, 258
Schneiderman, Eric, 38
Schneier, Bruce, 124–25, 228
Schwab, Klaus, 123
Secure Sockets Layer (SSL), 50
Security and Exchange Commission, 58, 102, 105, 106, 108–13
Segregation Witness (SegWit), 74–77, 164
SegWit2x, 76–77, 85
self-sovereign identities, 8, 80, 203–5, 208, 213, 217–19, 260. *See also* identities and identification
SenaHill Partners, 155
Sequoia Capital, 107
SHA-256 algorithm, 32, 70, 132
sharing economy, 9, 40–41, 126
Shrier, David, 209
Sia, 213, 250
Silbert, Barry, 76
Silicon Valley, 9, 52, 97, 104, 106–7, 198, 245
Silk Road, 87
Sims, Peter, 37
single sign-on (SSO), 201, 212
Skry, 196
Sloan, Alex, 5
Slock.it, 55–58, 103
small and medium-size enterprises (SMEs), 146
smart TVs, 121, 168
Smith, Mark, 155
Snapchat, 118
Sneader, Kevin, 149
Snowden, Edward, 39, 126, 201–2, 245
social capital, 1–2, 6, 29, 34, 127, 185–86, 231, 257
social media, 9, 38, 74, 92, 132, 201, 207, 215, 227–30, 232, 238–39. *See also* Facebook; Reddit; Twitter
Software Guard Extensions (SGX), 129–30
Somalia, 196
Special Agreement for Future Equity (SAFE), 111
Special Agreement for Future Tokens (SAFT), 111
Sprague, Steven, 207
Stampery, 181–82
stamps, digital, 180–85
State Street (bank), 10, 158
Stephens, Bart, 107
Stephens, Brad, 107
Stone, Gregory, 118
Storj, 96, 213, 250
Sullivan Worcester, 107
Sun Microsystems, 122
supply chains, 8–10, 53, 58, 81, 133, 140–50, 167, 170–71, 247, 260
Swanson, Tim, 157–58, 162–63
Symbiont, 152, 154–56, 159, 253
Syria, 1–3, 26, 181, 262
Systemics, 30
Szabo, Nick, 31, 81

Tapscott, Alex, 52
Tapscott, Don, 52
Tarnowski, Lucian, 251
Tatar, Jack, 12
TCP/IP. *See* Transmission Control Protocol/Internet Protocol (TCP/IP)
Tea Party, 22
Tendermint, 116
Tesla, 126, 137, 140
Tez token, 89
Tezos, 88–89, 98–99, 105, 107–8, 111, 258
3D printing, 53, 144–45, 148, 223, 254
Tiananmen Square, 261–62
Tillemen, Tomicah, 33
token economy, 91–118
  and advertising, 92–99
  and digital bartering, 114–16
  and initial coin offerings (ICOs), 91, 98–111, 113
  and open protocols, 113–14
  and regulation, 109–13
  reputation tokens, 116–18
Token Report, 110
TokenStars, 117
too big to fail, 60, 126, 158, 159
Torrens system, 184
Tradle, 211
Tragedy of the Commons, 93–94, 114
Transactive Grid, 137–38
Transmission Control Protocol/Internet Protocol (TCP/IP), 61, 78, 113, 169, 172
triple-entry bookkeeping, 30, 89, 221. *See also* ledger-keeping
Trump, Donald, 22–23, 30, 43, 80, 119, 158, 206–7, 219, 223, 244
trust, distributed, 45, 47, 52, 122, 124, 127, 130, 173, 198, 210, 226, 256–57
trusted computing, 127–34
Trusted Computing Group, 128
Trusted IoT Alliance, 133
trusted third parties, 6, 50, 64, 122, 128
  and Bitcoin, 19–20, 58
  and blockchain-inspired startups, 73
  and blockchain property registries, 187
  and cloud computing, 171
  and energy sector, 136
  and governance, 251
  and identity, 214
  and permissioned systems, 45, 60, 78
truth discovery, 30–32
truth machine, 20, 35, 102, 117, 122, 152, 220, 260, 263
Tual, Stephan, 55, 83, 102–3
Turing, Alan, 30
"Turing complete," 81

Uber, 7, 9, 37, 97, 104, 202, 224
  "God's View" knowledge, 7, 37–38
Ubitquity, 186
UBS, 88, 155, 158, 212
Ujo, 233, 235–36
Ulbricht, Ross, 87
UNESCO, 202
Union Square Ventures, 107, 113
United Kingdom, 143, 206
  Brexit, 23, 158, 255
  Financial Conduct Authority, 255
  Government Office for Science blockchain report, 260
  and universal basic income, 224
United Nations
  UN High Commission for Refugees (UNHCR), 1–5, 202
  UNHCR identity program, 4–5
  World Food Program (WFP), 2–5
universal basic income (UBI), 224–25
user attention, 94–97

Veem, 194
venture capital (VC), 52, 78, 98, 102, 105–8, 118, 157, 198
Ver, Roger, 76
Veripart, 145

Verisign, 50
Vertcoin, 89, 112
Vigna, Paul, 104–5. *See also Age of Cryptocurrency, The* (Casey and Vigna)
Vogelsteller, Fabian, 102

Walden, Jesse, 237, 239–40
Wall Street. *See* financial sector
WannaCry ransom attacks, 47, 193
Waze, 122
Web 3 Foundation, 116
Weber, Mark, 189
WeTrust, 198
Wilcox-O'Hearn, Zooko, 56, 87–88
Wilson, Fred, 113
Wilson, Steve, 215
Wladawsky-Berger, Irving, 209
Wong, Pindar, 147, 150
Wood, Gavin, 83, 99
World Bank, 179, 196, 202, 253
  blockchain lab, 5
World Economic Forum, 6, 118, 123, 208
World Food Program (WFP), 2–5
Wosnak, Nathan, 186
Wu, Jihan, 76
Wuille, Peter, 74–75

Xanadu project, 51–52
Xapo, 73
Xi Jinping, 262

Yelp, 49
Yieira, Thingo, 48
Yunis, Muhammad, 182

Zaatari refugee camp (Jordan), 1–2. *See also* Azraq refugee camp (Jordan)
Zcash, 33, 56, 87–88, 197, 258
Zemlin, Jim, 169–70